ZHONGGUO
JIAOYU FAZHI
PINGLUN

劳凯声 主编

CSSCI来源集刊

中国教育法制评论

第9辑

教育科学出版社
·北京·

目 录

基础教育

教育法理论

民办教育

案件聚焦

他山之石

Contents

Special Manuscript

Higher Education

Elementary Education

The Theory of Educational Law

Private Education Research

Case Focusing

Advice From Others

□孙霄兵

论教育法律思维

【摘　要】教育法学是在教育学和法学两者结合基础上形成的新的交叉学科，在实践上体现了教育作用和法律作用的结合。教育法学作为教育学的一个分支，有着自己特殊的思维方式和思维内容。教育法律思维是法律思维与教育思维的结合，是从教育和法律两个方面对于人的培养发展的特殊思维。本文通过解析教育法学与教育法律思维的产生特点，深入阐释了教育法律思维的性质、基本含义、哲学基础和运用领域以及基本范围和特点，力争为教育法学进一步寻找到适合自己的思维特点和固有范畴，从而更好地推动教育法学及其学科的科学发展。

【关键词】教育法律思维，关爱，规则，惩戒

一、关于教育法律思维的性质

教育法学作为教育学的一个分支，有着自己特殊的思维方式和思维内容。也就是说，从思维特点的角度把握教育法律学科的特点，既符合教育法律本身的性质，也符合人们对教育法律的认识，目的是进一步为教育法学寻找到自己的思维特点和固有范畴。

教育法律，从实践上看，是教育实践和法律实践两个方面的结合，这些实践在学术上和理论上，被总结为教育法学。教育法学从学科上看，是教育科学和法律科学两个方面的结合。教育法律的价值与目的，体现在从教育和法律两个方面结合产生的，对于人的培养发展的新的内容和方法的要求上。也就是说，教育法学不是简单的教育的内容，也不是简单的法律的内容，而是在两者基础上形成的新的交叉学科，在实践上体现新的教育作用和法律作用的结合。

这里，我们首先需要认识到，从教育和法律两个方面产生的人对于人的培养的作用是积极的而不是消极的，是有效的而不是无效的。那种认为教育是被动的、自然的、社会的对于受教育者的作用，也许可以称为磨炼或者历练，但不是教育者和受教育者互动的有意识的或者主动的追求，因此不能称为教育。

法律和教育有着自己不同的思维特点和运用领域，两者结合起来又可以产生新的运用领域和思维特点。教育法律思维是法律思维，也是教育思维，更是法律思维与教育思维的结合。但是不是简单的叠加，而是新的、质的产生。在这个基础上形成的教育法律思维，就是从教育和法律两个方面对于人的培养发展的特殊思维。研究、实践并发展教育法律及其思维，有益于人的培养；研究、实践并发展教育法学及其思维，有益于对人的培养的认识的发展和教育学科、法律学科的发展。

二、关于教育法律思维的基本含义

1. 教育法律思维的基本内容是爱与规则的统一

教育是人对人的培养。教育法律思维对于教育、对于培养人有自己独到的理解、手段和方法。教育法律认为，教育是爱与规范，或者说是爱加规范的结合。教育的重要方法是关爱与规范的统一。爱与规范的统一或者结合，也就是奖励与惩罚的统一。这个结合，不是简单的叠加，而是相互融合后产生的新质。在这个意义上，教育法学真正成为具有特殊意义的教育学。这一概念，在实践中有不同的表述。民国时期李叔同当教师时体现的是“温而厉”（王文赞，2011）。重庆巫山市平河小学教师曹瑾说：“孩子们爱吃糖，表扬时给一颗大糖。批评时要裹一层糖。”这些做法，都体现了爱与规范的统一。

这里，需要说明的是，教育法律或者教育法学所定义的教育与“惩教”是不同的。惩教强调的是对于违法青少年的教育。

2. 爱是教育法律思维的核心

毋庸置疑，爱是教育的核心。任何教育，没有了对下一代和受教育者的爱，是不可能、不完整的。爱是教育的核心内容和最大动力，爱是教师进行教书育人的基本途径和根本立场。在这个意义上，无论如何评价爱对于教育的作用都是不过分的。同样，教育法律思维的核心也是爱。这样的爱具有教育法律思维的有形化、制度化、规范化的特点，而不是类似一般教育学的爱的概念的泛化和弥散。

3. 规范是教育法律思维的方法和工具

对于教育内容是否唯一的就是爱，是有不同看法的。肯定者认为，对于下一代青少年成长中的任何问题，都可以依靠爱心，都可以依靠关心和说服，而且也只能是关心和说服来解决的。我们认为，如果不计时间空间、不计需求成本，也许这样的观点可以成立。但是这对于教育者本身就提出了更高的要求。这在中国现实的社会条件下，是很难做到的。顺便指出，作为教育者的教师，如果没有得到相应的制度和方法支撑教育教学，仅仅强调教师的质量和素质，其工作效果也是不能令人满意的。

规范是教育法律思维强调的方法和工具。德国法学家魏德士指出：“法学从本质上说就是一门与规范（=价值评价）打交道的科学。”（魏德士，2005）因此，我们认为在人对人的培养中提出规范的概念是十分必要的。从教育法学角度来看，爱与规范尽管在概念上有着形式上的平等性，然而在实质内容的价值阶位是不同的，规范在内容上的重要性是不可以与爱比拟的。

4. 教育法律思维的教育学培养目标

教育法律中的教育学意义上的培养目标，不仅是人的发展，而且是基于人的发展的原则下的具体的培养目标。教育法律的培养目标是公民。在实践上，公民作为培养目标广泛体现在世界许多国家的教育中；在理论上，也应当成为马克思主义教育学的重要内容。《国家中长期教育改革和发展规划纲要（2010—2020年）》提出了“培养社会主义合格公民”的要求。有的教育学者不赞成把“培养社会主义合格公民”作为主要培养目标，这不仅因为担心社会上的误读，而且因为学科立场出发点的不同。值得重视的是，“培养社会主义合格公民”在一般教育学以外提供了一个具体的可衡量的教育目标。这一目标在其他的教育学领域中是难以明确建立或者难以明确把握的。

三、关于教育法律思维的哲学基础和运用领域

（一）教育法律思维的哲学基础

教育法律思维不仅有自己的教育学培养目标，还有着自己的哲学基础和广泛的运用范围。从根本上说，教育法律思维的哲学基础是辩证唯物主义，是一分为二的辩证法。教育法律思维的特点与传统的一分为二思维的内涵不同，教育法律思维强调通过产生爱与规范两个概念两极之间的双向运动，达到两个极点之间的交融和谐。“极间交汇”概念应当成为把握复杂状态的一个重要方式。传统的矛盾概念产生的是对立之间的联系性质，诸如对立、统一等。两极之间的双向运动和思维可能产生一条线或者一个面。这一方式对于把握当代中国复杂社会有着重要的意义。这一思想原则与中国古代哲学思想和政治思想是相符的。例如，中国古代的教化优先、先礼后兵的思想和做法，等等。值得指出的是，教育法律思维中教育、教化的作用是占主导地位的，法律、强制的作用是占次要地位的，但绝不是可有可无的。

（二）教育法律思维运用的广阔领域

教育法律思维有着多方面的广阔用途。教育法律思维既体现了教育法律思维的认识论意义，也可以作为指导实践和行动的原则方法。教育法律思维广泛体现在教育和其他的社会领域中。

教育法律思维在教育领域有着重要的作用。目前的教育特别是思想政治教育的做法，往往显得软弱无效。特别是对于习染不良行为较深的个体来说，短时期的教育或者爱心教育不可能起到直接有效的作用，而且同时要付出巨大的成本。这是我们提出教育法律思维的重要出发点。对于受教育者来说，通过教育法律的作用，在成长中的问题显示之前，教育法律思维可以有效预防；在成长中的问题出现之后，可以通过惩戒，促进受教育者的成长。

教育法律思维在法律领域，也有着重要的作用。当前法律是以惩罚和赔偿为主，其方式往往相对简单。如何通过教育因素的引入和增加，增强法律的教育与预防作用，是一个重要的新的领域。况且，法律的作用对于有些违法犯罪的社会成员不起作用。我国近年发生的许多社会恶性事件表明，在失去规则意识的人的面前，有时法律是无力的。因为失去规则意识的人们根本就不害怕法律的惩罚，甚至主动追求法律的惩罚。他们已经在精神和灵魂上死去，已经堕落和绝望。只有在追求社会惩罚的过程中，特别是在追求到相应的惩罚以后，才有悔意，才能触动和挽救自己的心灵，生命才有可能片刻的宁静。这样的社会现象已经冲击了当代中国的社会底线、文化底线和道德底线，更冲击了法律和教育的底线。这些恶性犯罪者已经不是正常的人类社会成员，而是一个自己表演罪恶的演员，追求的是遗臭万年。在这样的社会现象面前，不仅需要全社会的工具反思和应对，更需要全社会的精神反思和文化应对。对于这样的社会成员，必须采取教育或者教育法律结合的方式，挽救他们的心灵和精神。

在社会政治领域，教育法律思维有着积极的作用。毛泽东（1957）曾提出："我们的目标，要想造成一个又有集中又有民主，又有纪律又有自由，又有统一意志，又有个人心情舒畅、生动活泼，那样一种政治局面"。这个理念和设想的形成，是在总结苏联的经验教训的基础上形成的，这应当成为建设社会主义社会的重要内容。由于"文化大革命"的出现，推进实现这一设想的历史进程中断了。"文化大革命"以后，社会生活在很大程度上受到了市场经济的影响和冲击。我们在看到社会主义市场经济的积极作用的同时，也要看到市场经济的负面作用。可以认为，教育法律思维在社会政治领域也有广泛的运用，可以用于分析处理大量的社会现象和社会矛盾。

在实际上，教育法律思维有着多方面的用途，包括在管理领域、政策领域。在这些领域，可以运用教育法律思维提出新的政策、行政、管理概念和程序。

四、关于教育法律思维的基本范畴及其特点

教育法律思维不能只是一个原则，还应当有自己一系列特定的范畴

和概念。在教育法律思维看来，其基本概念，爱和规则构成了一个长长的概念光谱。在这个光谱上，散落着许多不同的概念。这些概念，可以由教育法学的学者和实践者自己来拾掇、提炼、构建、组合和分析。研究提出这些概念，是教育法律、教育法学的学者和实践者基本的思维内容和重要的基础工作。

1. 主体（Subject）

教育法律上的主体，最重要的是受教育者。然而，教育法律上的主体不仅是受教育者，还有其他多个主体。而且每一个主体都要有自己的法定的权利和义务。在这些主体中同样重要的是教育者。因为没有教育者，就没有教育活动的施行。在这个意义上，教育法律不仅要重视保障受教育者的权利和义务，还要重视保障教育者的权利和义务。

2. 权利和义务（Right and Obligation）

义务也可以称为责任（Responsibility）。《中华人民共和国教育法》第九条规定："中华人民共和国公民有受教育的权利和义务。"《中华人民共和国教师法》（以下简称《教师法》）第二章对权利和义务也作了规定。权利和责任是构建教育法律思维的一个必要的环节。我们这里强调的是教育法律上的权利和义务。教育者对于受教育者的教育，既是权利，也是责任。受教育者接受教育，既是权利，也是义务。

3. 关爱（Care and Love）

关爱也称关心、爱护（Concern、Love）。《教师法》第八条第（四）项规定："关心、爱护全体学生。"从字面上看，关爱包括关心和爱两个方面。爱是亲昵、思念和对于爱的对象身心要求的满足。关心则是自认为对于受教育者在正确道路上发展的注视、指导和指引。但是，如果认为教育仅仅是关爱，是不完整的。认为教育是关爱，在当前的我国教育环境下，还必须作更为复杂深刻的思考。从理论上说，不正确的关爱导致主体丧失了权威，增加了受教育者的娇纵。在实践中，很多家长对于孩子的爱，成为对孩子反复的、无休止的、无条件的服从。教育成为对于孩子前途利害的引诱。有的论者认为，西方国家的教育是基于关爱的教育。我们在承认西方国家的教育传统在更多地强调关爱的同时，还应当认识到，西方国家的教育传统和环境与我国是完全不同的。

首先，宗教对人的要求深刻影响了教育。许多西方国家信仰宗教特别是信仰基督教的人占了社会成员的大多数甚至绝大多数。基督教对于人、对于信徒的思想行为，有着严格的宗教要求，要求人们要做信仰上帝、忏悔己过的罪人。基督教思想成为社会的主流意识形态，原罪说深刻地影响着所有社会成员的思想、心理和行为。在这样的传统下，人们不能违反宗教规定，争取使自己的一言一行符合宗教的要求。

其次，法治对人的要求深刻影响了教育。许多西方国家是法治国家。国家对于人的要求，就是要做遵纪守法的公民。特别是对于人们在公共活动空间中的行为，有着在中国人看来严厉甚至严酷的法律要求。“This is illegal”，成为西方社会生活中的口头禅。西方社会中人们的自由有着明确的法律边界。

再次，人口数量和增长形成的因素深刻影响了教育。在西方国家，没有人口过度产生的教育资源、社会资源拥挤和竞争压力。孩子们的教育相对宽松。在西方社会的宗教和法律社会环境与文化背景下，孩子们在教育中的宽松、自由不可能越出宗教和法律的边界。这已经形成了一种社会共识。当今中国社会中一方面存在着不够关爱孩子的状况。而且由于宗教和法律传统的缺失、生活水平的提高和计划生育政策因素的影响，以及教育中惩戒制度和方法的缺失，造成了对于孩子的溺爱状况。这样的溺爱不是关爱，而是无原则的放纵。针对这样的状况，我们需要正确运用关爱的概念。

在教育中，我们必须正确认识关爱和规则的关系，形成一种科学的平衡。否则，过多强调哪一方面的因素，都将不利于受教育者的健康成长。社会、学校和家庭在认识关爱和规则关系上的不平衡会影响受教育者的健康成长。

4. 奖励（Reward）

奖励是爱的物质化、社会化方法。即使是精神奖励，也有社会激励作用。奖励是对于人们行为的正面社会肯定。在教育法律思维中，奖励是作为批评或惩戒的相对概念出现的，具有重要的作用，在实践中应当得到正确的使用。

5. 保护（Protection）

《中华人民共和国未成年人保护法》已经使用了“自我保护”“家庭保护”“学校保护”“社会保护”“司法保护”的概念。保护可以在内容上分为安全保护、权利保护、教育保护，等等。

6. 规则（Rule）

在教育中规则的因素是十分重要的。规则的教育要求，是教育教学的重要内容，包括在学科知识的教育中，抽象思维的教育中，也包括在行为教育中。有关规则的教育在许多国家中小学的年级或者学段的教育目标中，是十分清晰的。

规则就是教育的底线。可以因为不同的家庭、不同的学校、不同的教育而设置不同的底线，但对于孩子的教育不可能没有底线。一般而论，教育的底线就是法律和道德的最为基本的规则。知识底线就是达到基本的能力要求。

纪律（Discipline）的概念类似于规则概念。在语义概念上，纪律是一个程度更为强烈、更为具体的概念。不同的学校可以有不同的纪律。对于受教育者来说，学校纪律、教育纪律同样是正面的规定和要求，强调不能违反，违反之后要受到处分。

与规则、纪律接近的是强制（Compulsoriness）的概念。强制不是强迫，是非志愿，是必须接受。这特别体现在义务教育中。2006年《中华人民共和国义务教育法》第二条规定："义务教育是国家统一实施的所有适龄儿童、少年必须接受的教育，是国家必须予以保障的公益性事业。"

7. 错误（Mistake）和挫折（Frustration）

违反规则或者纪律一般称为犯错误，违反纪律或者规则会遭到挫败。错误和挫折往往是联系在一起的。错误和挫折的概念在一般的教育学理论中是没有地位的。也就是说，对于错误和挫折，普通的教育学是不够重视的。并且，一般教育学认为，对孩子的错误应当加以原谅，对挫折应当给予安慰。这样就大大降低了错误和挫折在认识论和教育学上的意义。教育法学赋予了错误和挫折的概念以特别的意义。错误是从客观上界定的，挫折是从主观上界定的。错误和挫折可以深化对于正确的认识。毛泽东非常重视从错误和挫折中吸取经验、增长智慧。他多次强调自己不是天才，成功的原因只不过善于总结经验罢了。在教育法学的范畴中，我们认为，错误和挫折与成长、转变、纪律、处分等概念有着重要的联系，是受教育者发展逻辑链条上的重要一环。同时，可以引起教育主体者对于学生、受教育者错误和挫折的重视，深化对于个体、个性发展的认识。错误可以包括疏忽、包括知识错误、学习错误、行为错误。错误应当在被纠正的同时，引起反省、反思。错误如果越出了法律的边界，那就成为违法犯罪。挫折可以因努力不足、认识不足、条件不足、环境不足而引起。挫折需要寻找原因，以利于改变形成挫折的因素。值得提出的是，除了方向性、原则性的错误和挫折以外，对于具体的、技术性的错误和挫折，也要加以重视。

8. 批评（Criticism）

批评的概念在《教师法》第八条第（五）项中得到了规定："批评和抵制有害于学生健康成长的现象。"但问题是在当前的中国教育实践中，批评运用得越来越少了。原因主要是教育者提出了批评，如果引发负面现象，是学校和教育者难以承担的。现在的主要问题是，要在法律上给批评的权利、原则的要求和具体的规范，以便给一个教育者行为和言论的准则，以界定批评之后可能出现的事故的责任。

9. 惩戒（Reprimand）

惩戒意味着采取一定的措施和工具对受教育者的精神上、心理上、行为上的有效校正。一定的措施和工具，是有历史含义的，是随着历史的发展而发展的。历史上对于受教育者体罚的"戒尺原则""大拇指原则"在东西方国家都广泛地存在过，指的是在体罚时使用的工具不要超过"戒尺""大拇指般的棍棒"。惩戒的措施还包括"禁闭""停学""开除"，等等。直到今天，对身体上的惩戒在有的国家甚至一直保留。这些手段，在我国已经废除，而且在教育法律法规上明确要求禁止体罚。教育法律所指的惩戒，即采取一定的措施，对违反规则或者自身有明显偏向的受教育者的行为和欲求进行限制和校正。这样的限制和校正，是基于法律法规的规定或者法理的原则，在不侵犯受教育者的法定基本权利下作出的，是基于关爱和健康成长而作出的，是要求甚至是命令但不是侵权。在当前的立法和实践中，有关惩戒的规定是存在的，尽管是不足的。对于惩戒的规定，应当在今后的立法中进一步展开。

10. 矫治（Rectification）

矫治是一个更加具有法律意味的概念。目前，这个概念更多运用在有不良行为的青少年的行为的纠正上。《中华人民共和国预防未成年人犯罪法》已经使用了"心理矫治""对未成年人严重不良行为的矫治"的提法。2010 年 11 月，在有关部门讨论有关改革劳动教养制度的会议上，我建议将《劳动教养施行办法》（1982）改成"教育矫治法"。

2011年7月24日，国家有关文件提出："要做好流浪未成年人的教育矫治。"将劳动教养制度改成教育矫治制度，对于违法青少年的挽救是一个重大的政策和法律转变。

11. 转变（Transformation）

转变在教育法学中是一个共时性的概念，也可以理解为一个历时性的概念，主要指通过对错误的认识和批评、惩戒和矫治导致受教育者产生积极意义上的新质。在共时性的意义上，可以用变化等概念来加以表达。在历时性的意义上，可以用发展、成长、跨越等概念来加以表达，从而进一步健康成长。其实，受教育者在发展成长的过程中，常常不是循序渐进的、一帆风顺的，往往经历着多次的蜕变。俗语说："浪子回头金不换"，也是指的这样的重要的变化。古今中外都有著名人物在成长中转变的范例。教育法学上的转变，更带有刚性的、规范的、规律的意味，而不强调转变的偶然性、机遇性。

12. 成长（Development）

关爱和惩戒共同促进了受教育者的成长。这里所指的成长主要是青少年的身心发展。这样的成长不仅仅是自然的成长，也不仅仅是哈耶克的自组织理论中的成长，而且是通过教育特别是通过教育法律作用产生的受教育者的成长。这是教育法律思维与自然主义教育学、自由主义教育学的根本区别。

我提出以上概念作为教育法律思维讨论的内容和起点，期望不断加深对教育法律思维体系、作用和概念的认识，不断深化对教育法律思维的地位和功能的认识，从而促进教育法学的不断发展。

五、关于教育法律思维的实践方式

教育法律作为一种思维方式，应当有其实践的方式。教育法律思维的实践方式应当在我国的教育立法、执法和普法活动中体现出来。

1. 教育法律思维在教育立法活动中的体现

教育法律思维在我国的教育立法活动中已经得到了积极的体现，但还有不足。关键是对如何进行教育惩戒的概念和措施规定不足。目前已经有全国人大代表提出了关于教师惩戒权的提案。今后应当加强教育惩戒的立法。

2. 教育法律思维应当在我国的教育执法活动中得到体现

在我国的教育执法活动中体现教育法律思维也是非常重要的。一方面，在我国的教育行政活动中，要体现教育法律思维，做到依法行政；另一方面，要在教育执法活动中用好现有的相关教育法律规定和法律规范。

3. 教育法律思维应当在我国的教育普法活动中体现

我们在教育普法活动中，不仅要普及法律知识，而且更为重要的是要在普及法律的基础上，培养人们善于运用教育法律思维的习惯，使运用教育法律思维成为人们社会生活中的习惯。

参考文献

毛泽东 . 1957. 一九五七年夏季的形势［G］//毛泽东选集. 北京：人民出版社：142.

王文赞 . 2011. 惆怅李叔同［N］. 中国教育报，2011 - 09 - 04（4）.

魏德士 . 2005. 法理学［M］. 北京：法律出版社：133.

Prove into Educational Law Thinking

Sun Xiaobing

Abstract: Educational law is a new interdisciplinary subject, which combines the pedagogy and the law, it also reflects the combination of education and law in practice. As a branch of pedagogy, the educational law has its special form and content of thinking. Educational law thinking combines the legal thinking and educational thinking, which focuses about the students' develop from the perspective of both education and law.

This essay deeply analyses the properties, the basic meaning, philosophical base, application fields, basic range and characteristics of educational law by explaining the generation characteristics about educational law and its thinking mode in order to look for its own thinking characteristics and natural category and to better promote educational law' development.

Key words: Educational law thinking, care, rule, reprimand

作者简介

孙霄兵，教育学博士，教育部政策研究与法制建设司司长、教育部法制办公室主任、全国教育科学规划领导小组成员，主要研究方向为教育政策、教育法、教育管理。

□周光礼

中国大学办学自主权1949—2010：政策变迁的制度解释[①]

【摘　要】大学办学自主权的扩大与落实取决于大学的自主性及外部控制的程度。中国大学办学自主权的演变经历了新中国成立十七年、改革开放初期、社会转型期三个阶段。政策变迁经历了集权—放权—集权—放权的多次反复，但始终没有跳出“一收就死，一放就乱”的循环。中国大学办学自主权之所以成为久拖不决的政策难题，主要源于宏观制度环境的制约、行动者认知方式的制约以及制度的历史累积效应的影响。任何政策变迁都涉及三个基本因素：环境、行动者和制度。政策变迁实质上就是行动者在一定环境制约下变革旧制度、创造新制度的过程。

【关键词】大学办学自主权，政策变迁，同构逻辑，认知逻辑，积淀逻辑

---

① 本文系教育部新世纪优秀人才计划支持项目（项目编号：NECT－08－0236）成果之一。

一、问题界定

大学办学自主权是指大学在法律上享有的，为实现其办学宗旨，独立自主地进行内部事务管理的资格和能力。落实和扩大办学自主权取决于大学自主性的提升。大学办学自主权在中国之所以成为久拖不决的问题，主要源于政府对大学的集权管理模式。20世纪50年代，与高度集中的计划经济体制相适应，大学与其他社会机构一样均实行以政府集权控制为核心的制度。然而大学毕竟是学术组织，有其自身的内在逻辑，学术自由是大学的灵魂。大学的行政化导致大学学术的衰微。改革开放以来，落实和扩大办学自主权成为中国高等教育改革的一个中心议题，不时浮现出来。最近，人们又把落实和扩大办学自主权与建设世界一流大学联系起来。《教育部、财政部关于加快推进世界一流大学和高水平大学建设的意见》（2010年）明确提出，"'985工程'学校要率先进行体制机制改革试点，落实和扩大学校在建设高水平大学上的自主权"。由于大学办学自主权既涉及大学与政府、与社会的外部关系，又涉及大学内部的各种关系，故大学的办学自主权的扩大与落实涉及大学体制机制的根本变革与转换，是高教政策调整的主要内容，在公共政策中处于核心地位。从政策变迁的角度来探讨中国大学办学自主权的历史演化，对于构建现代大学制度，建立世界一流大学具有十分重要的意义。

二、政策变迁的历程描述

根据高等教育系统的权力配置，现代高等教育系统主要有两种理想类型：罗马传统的高等教育体系与盎格鲁撒克逊传统的高等教育体系。前者是国家控制的一元结构，后者是"社会选择"的多元结构。中国高等教育体系在新中国成立前主要受美国影响，属于盎格鲁撒克逊传统的高等教育体系，大学自治作为一种核心价值理念为人们所认同；新中国成立之后，实行"全面学苏"政策，具有浓厚的罗马传统色彩。根据政策范式的阶段特征，可以将新中国成立之后大学办学自主权的政策演进分为三个阶段：新中国成立十七年、改革开放初期、市场经济转型期。

(一) 新中国成立十七年 (1949—1966):《高教六十条》与国家本位的政策范式

新中国成立之后，随着“以俄为师”的全面展开，中国建立了一套高度集权的计划体制。为了适应高度集权的计划体制，政府采取了一系列强有力的行政措施，对大学的课程、教学、专业设置等进行了改革，并实施了大规模的院系调整，建立了政府集权管理的大学制度。这种大学制度对于恢复大学秩序、推动新中国的经济建设、建立适应计划经济需要的高等教育体系具有十分重要的意义，但是这种过于集权化的大学制度还是很快地暴露出其弊端：它抑制了大学办学的主动性，而且挫伤了地方政府的办学积极性。故很快就传出高等教育非集权化的呼声。在这种情况下，1958 年 8 月中共中央、国务院发布了《关于教育事业管理权力下放问题的规定》，决定结束苏联式高度集中的教育管理体制，实行教育权力下放。权力一旦下放，地方举办高等教育的热情被调动起来，高教规模因缺乏必要的控制而高速发展，形成了所谓的“教育大跃进”和“教育大革命”。如 1957—1959 年，高等学校从 229 所增加到 841 所。1960 年高等学校又在一年中增加 448 所，达到 1289 所（张俊洪，1999）[88-89]。高教规模的急剧扩大超过了国民经济的承受能力，教育质量急剧下降，要求集中整治的呼声开始高涨。

应该说，始于 1958 年的整个社会的“大跃进”至 1960 年已难以为继，多、快、好、省地建设社会主义的“总路线”为国民经济建设的“调整、巩固、充实、提高”的八字方针所取代。1961 年，为贯彻“八字方针”，中央要求工业、农业、教育、科学、文艺等各个系统在总结经验的基础上，制定相应的工作条例草案，以指导和规范各方面的工作。在此背景下，教育部草拟了《教育部直属高等学校暂行工作条例（草案）》（即《高教六十条》），以此来整顿高等教育发展中的无序状况。1961 年 9 月 15 日经中央政治局常委通过，正式发布，并在全国高等学校普遍实行。

《高教六十条》确立了两大原则。第一，学术自由原则。其中第四条规定：“高等学校必须贯彻执行百花齐放、百家争鸣的方针，在毛泽东同志《关于正确处理人民内部矛盾的问题》中提出的六项政治标准的前提下，积极开展各种学术问题的自由讨论，以利于提高教学质量，提高学术水平，促进科学文化的进步和繁荣。”第二，集中管理原则。这一原则是《高教六十条》的核心原则。第七条规定：“教育部直属高等学校，行政上受教育部领导，党的工作受省、市、自治区党委领导。”“教育部直属高等学校规模的确定与改变，学制的改变与改革，都必须经教育部批准。”至此，下放给地方的自主权重归中央。由于集中管理原则是核心原则，故《高教六十条》中充斥着“指令性规则”。从教学计划到专业设置，从教师调动到招生，从教学到科研均有细致入微的规定，大学办学自主权并未进入决策者的视野。大学学术事务，事无巨细，《高教六十条》均有详细的规定，大学实际上只是政府的附属机构。

《高教六十条》是新中国第一部用于指导高等教育的条例，它标志着中国在高等教育管理上探索出了一条摆脱苏联高等教育模式的道路，用毛泽东的话说，“总算有了自己的东西”（忻福良，1992）。它的试行使混乱的教学秩序得到恢复，对高等教育的巩固提高起到了一定的积极作用。就政策的价值取向而言，《高教六十条》是一种典型的国家本位的政策范式。政策的出发点是以国家利益为基点的，集权管理是其基调，学术自由原则在高度集中的计划经济体制下只能流于形式而无法真正实行。笔者认为，中国大学一直缺乏活力的根本原因即在于此。这也是中国大学办学自主权政策变迁的滥觞。

（二）改革开放初期（1978—1992）：《中共中央关于教育体制改革的决定》与大学办学自主权

《高教六十条》试行不久就为“左”的思潮所打断。1969年中央发布了《关于高等学校下放问题的决定》，大学被下放到地方，高等教育再次走向失控。“文革”结束后，人们发现《高教六十条》生机尚存，于是稍作修订后又重新颁布。所谓拨乱反正，在高教领域其实就是恢复《高教六十条》所确立的政策范式。1978年十一届三中全会召开，决定将工作重点由阶级斗争转移到经济建设上，并决定对国民经济实行“调整、改革、整顿、提高”这一新的“八字方针”。高教事业也开始执行方针以恢复教育秩序。虽然以“改革、提高”取代了《高教六十条》中的“巩固、充实”，但调整、整顿的思想却是一脉相承的（周光礼，2003）[147]。

然而，这毕竟是一套带有保守色彩的条例，在改革开放的时代重新实行难免显得步履蹒跚、活力不足。也正是在这种历史的反差中，大学办学自主权问题开始浮出水面。1979 年 12 月 6 日，《人民日报》发表了复旦大学校长苏步青、同济大学校长李国豪、上海师大（今华东师大）校长刘佛年、上海交大党委书记邓旭初呼吁给高等学校一点自主权的文章。《人民日报》在编者按中提出：学校应不应该有点自主权，应该有哪些自主权，教育体制应如何改革才能更好地适应工作重点的转移，这是很值得探讨的问题（张俊洪，1999）[226]。正是在这种情况下，1985 年出台了《中共中央关于教育体制改革的决定》（以下简称《决定》），第一次由中央明确提出高校办学自主权问题。

《决定》明确了高教体制改革的指导思想，把提高办学效率作为基本的政策价值理念。《决定》第一部分详细地分析了办学效率不高的原因：几十年来在行政机构的直接领导下，高等学校没有自己的办学自主权，严重地束缚了高校的办学潜力，已经不能适应社会发展的需要。为了提高办学效率，进行教育体制改革就成为关键，一如《决定》所言，“中央认为，要从根本上改变这种状况，必须从教育体制入手，有系统地进行改革。改革管理体制，在加强宏观管理的同时，坚决实行简政放权，扩大学校的办学自主权”。《决定》第四部分对这一思想作了进一步的阐释。“当前高等教育体制改革的关键，就是要改革政府对高等学校统得过多的管理体制，在国家统一的教育方针和计划指导下，扩大高等学校的办学自主权，加强高等学校同生产、科研和社会其他各方面的联系，使高等学校具有主动适应经济和社会发展需要的积极性和能力。”基于提高办学效率的指导思想，《决定》进而提出了两方面的改革，一是招生计划和毕业生分配制度改革；二是扩大学校办学自主权。

《决定》明确规定了高等学校有教学、科研、招生、人事、财务与国际交流等方面的自主权。由于《决定》是一个纲领性文件，故关于大学办学自主权，《决定》仅作了原则规定。为了贯彻落实这些原则，国务院于 1986 年颁布了《高等教育管理职责暂行规定》，把高校办学自主权扩充为八项，即招生、科研、教学、财务、人事、基建、职称评定和国际交流。

《中共中央关于教育体制改革的决定》的出台标志着自“文革”以来高等教育的整顿和调整阶段的结束。《决定》以国家意志的形式肯定了高等学校八个方面的自主权，这在新中国成立以来的政策中尚属首次。然而，《决定》的理想与高度集中的计划体制的政策环境是矛盾的，《决定》的政策范式仍然是国家本位的。国家对高校的控制仍然十分强烈，高校缺乏应有的自主性，实际上扩大高校办学自主权的改革在1992年之前并无大的进展（周光礼，2003）[157]。

虽然经济体制改革为高校改革引入了一点市场的因素且提出了扩大大学办学自主权的诉求，但政策范式的国家本位却不可能对大学内在的自主性给予适当的关注。政策更多的是从经济利益考虑而不是从大学学术发展着眼，《高教六十条》中的“双百方针”在决议中没有体现。正是因为对大学自主性的漠视，以致在20世纪80年代末期，大学开始经受越来越大的经济压力，导致滥用办学自主权的现象出现，一些大学把本来就不多的一点办学自主权用于“创收”，使办学质量受到严重影响。在这种情况下，社会不满，政府也产生了“怕放权”的思想。“政府开始担心把权力下放给高校后，高校不能很好地运用自主权，甚至干出违法乱纪的事情，出现一放就乱的现象。”（姚启和 等，1999）

（三）社会转型期（1993—2010）：《高等教育法》与市场本位的政策范式

扩大高校办学自主权的改革在《决定》颁布后，不但没有取得实质性进展，而且诱发了高教秩序的无序与混乱。因此，在1990年前后，扩大办学自主权的改革又为新一轮的“治理整顿”所打断，政府又强化了对大学的管理与控制。

直到1992年中共十四大正式确立了社会主义市场经济体制的改革目标，建立与市场经济体制相适应的高教管理体制与运行机制才提上了议事日程。在这种背景下，1993年3月中共中央、国务院正式颁布了《中国教育改革和发展纲要》（以下简称《纲要》），教育的“治理整顿”才正式结束，扩大高校办学自主权的改革才开始真正起步。《纲要》明确提出，要进一步改革办学体制，为大学自主办学创造一个宽松的环境，使高等学校真正成为面向社会自主办学的法人实体。《纲要》的实施标志着中国高教政策范式开始转换，即由国家本位向市场本位演进。然而，由于《纲要》不是正式的法律，其权威性、稳定性有限，约束力也不强，这与市场运作所需的法制环境相差甚远。

1998年，《中华人民共和国高等教育法》（以下简称《高等教育法》）的颁布才真正标志着政策范式的转换。《高等教育法》从 1985 年开始起草到 1998 年正式审议通过，前后近十三年。从某种意义上说，《高等教育法》的酝酿过程就是中国由计划经济体制走向市场经济体制的转型时期。社会转型引发了高等教育体制改革。进入 20 世纪 90 年代后，随着市场经济体制的确立，改革高度集权的管理体制进入了实质阶段：一方面高等教育的管理权限从中央向地方转移，这是纵向的地方分权；另一方面，高等学校的管理权限从教育行政部门向高等学校转移，这是横向的职能分权。横向的职能分权成为改革的重中之重。正如《关于国家教委直属高等学校深化改革、扩大办学自主权的若干意见》（1992 年）中所指出的，"改革的重点方向是理顺政府与学校之间的关系，转变政府职能，扩大学校办学自主权，逐步确立高等学校的法人地位，进一步明确学校的权利与义务，利益与责任，以利于增强学校办学活力，主动适应和服务于国家经济建设和社会发展的需要"。自主权的扩大意味着大学与政府、社会等各种外部关系及大学内部的各种关系发生了深刻变化。这种种关系亟待法律来进行调整，这是《高等教育法》产生的重要背景。

《高等教育法》阐述大学办学自主权的内容包括两个部分：法律原则与具体制度。办学自主权的法律原则有二。第一，面向社会，依法自主办学原则。《高等教育法》第十一条规定："高等学校应当面向社会，依法自主办学，实行民主管理。"第二，学术自由。《高等教育法》第十条规定："国家依法保障大学中的科学研究、文学艺术创作和其他文化活动的自由"。由于高等学校是一个高度专业化的学术机构，发展学术、追求真理是其本质，故大学的办学自主权实质上是学术自主权。学术自由原则的确立有助于学术自主权的实现。

办学自主权的具体制度主要包括两个方面。第一，大学的法律地位。确定大学的法律地位，是处理大学与国家、社会以及大学内部各种关系的前提，故它是办学自主权最重要的内容。《高等教育法》第三十条规定："高等学校自批准设立之日起取得法人资格。高等学校的校长为高等学校的法人代表人""高等学校在民事活动中依法享有民事权利，承担民事责任"。可见，中国大学的法律地位是：在民事活动中依法享有民事权利，承担民事责任的法人。第二，大学办学自主权的具体规定。《高等教育法》第三十二条到第三十八条明确列出了大学具有

“调节系科招生比例”“设置和调整学科和专业”“制订教学计划、选编教材、组织和实施教学活动”“开展科研活动，技术开发和社会服务”“开展国际交流与合作”“设置内部机构和聘任人员”“管理和使用学校财产”七个方面办学自主权。

《高等教育法》的出台标志着市场本位政策范式在中国的正式确立。20世纪90年代以后，随着市场经济体制的确立及高等教育的国际化，政府高等教育的价值取向发生了重大变化：引入市场机制，增强质量与效益意识。市场式治理强调质量与选择，要求改变高等教育的科层式治理，给大学以更多的自主权。然而，市场式治理也意味着政府缩小职能范围，从而减少了对高等教育的投入，大学需要在市场中获取办学资源。1999年以来，中国大学大幅度扩招，但政府对大学的直接经费投入并没有相应的增长，致使大学面临严重经费问题。办学自主权又有滥用的趋势，教育质量堪忧。可见，高教政策范式由国家本位向市场本位转换虽说是一大进步，但高等教育的两种治理模式都是从外部的需求考虑公共政策，大学的自主性依然不高。

总之，随着高等教育政策范式从国家本位向市场本位的转换，中国大学办学自主权也经历了从无到有、从抽象到具体、从法定权利到实际权利的演变过程。作为高等教育改革的晴雨表，大学办学自主权问题时而浮现，时而隐匿。进入21世纪以来，在建立现代大学制度的旗帜下，大学办学自主权问题再次凸显，成为学术界和实践界共同关注的重要问题。

三、政策变迁的制度逻辑

纵观中国大学办学自主权60年的演变，政策变迁经历了集权—放权—集权—放权多次反复，但始终没有跳出“一收就死，一放就乱”的循环。中国大学办学自主权的政策变迁为什么会呈现出这种特点？笔者试图从社会学制度主义的角度建构一种新的解释框架。

社会学制度主义是以价值观为基础的制度主义，十分强调意义建构和价值在制度变迁中的重要性。马克斯·韦伯认为，文化价值与社会的正式结构之间有着直接关联，文化价值决定了社会结构。迪尔凯姆发现，符号体系与制度之间关联明显，制度只是符号体系的一种表达方式。塞尔兹尼克则直接从制度的角度理解组织，研究组织变迁。塞尔兹尼克认为，研究制度变迁必须重点关注在一个组织内构建价值和认知框架的过程。值得指出的是，社会学制度主义是从广义上来理解制度的，认为制度包括一切有关认知、规范和规制的结构，它为人类行为提供意义框架和认知模板。作为一种意义系统，在制度内，组织和个体的行为依赖意义的注入和符号的运用。根据社会学制度主义，政策变迁受制于同构性逻辑、认知逻辑和积淀逻辑三种机制。

（一）同构逻辑与制度变迁

社会制度主义强调环境在政策变迁中的作用，这就是所谓的同构性逻辑。根据这种逻辑，制度将要且必须适应环境变迁方式，宏观的社会结构将限制任何制度背离现状太远。当然，同构性逻辑并不排斥组织（制度）对环境的能动性。大学作为社会中的组织，其制度安排受到宏观的经济、政治结构的塑造。

中国大学办学自主权政策演变与计划经济体制、集权管理政治体制密切相关。新中国成立后，我国实行“全面学苏”的国策，与此相适应，国家逐步建立起计划经济体制，以及与之配套的中央集权化管理方式。在这样的制度环境下，政府很快将大学纳入全面行政管制之内。中央政府通过 1950 年《高等学校暂行规程》、1961 年《高教六十条》等规章条例，把大学变成了政府的附属机构，大学失去了办学自主权。

计划经济体制是与市场经济体制相对的一个概念。前者是以国家指令性计划调控经济生活，后者则以市场调控经济。我国在相当长的时间实行计划经济体制。计划经济体制对中国大学办学自主权的扩大和落实具有决定性的影响力。计划经济体制包括两个方面：一是经济运行方式的计划调控，二是资源配置的政府主导。经济运行方式的计划调控直接影响着大学办学自主权的落实。长期以来，在中国高等教育的体制机制安排中，大学办学的权力比较小，政府的直接干预较大，社会参与的机会很少，这与计划调控的体制密切相关。随着计划调控向市场调控的转型，中国大学办学自主权在逐步扩大，政府的直接干预逐步变少，社会参与大学管理的程度正在增加。教育资源配置的政府主导也直接制约了大学办学自主权的落实。在计划经济体制下，政府以行政手段配置教育资源，此时大学的办学理念基本上是政府意志的反映，对社会发展需要反应迟钝。随着市场经济体制的初步建立，以市场作为教育资源配置手段逐步受到重视，逐步形成了市场调节和政府调控相结合资源配置方式，大学开始面向社会自主办学（周光礼 等，2009）。

与计划经济体制相配套的是高等教育体制的集权模式。在相当长的时间内，中国大学的办学权和管理权归属中央政府，地方政府和大学没有办学的权力。高等教育管理体制的中央集权使地方办学的积极性和教育管理的制度能力被极大地削弱。这种教育权的配置对大学办学自主权的扩大和落实影响很大。依如上述，中国大学办学自主权60年演变，政策变迁总跳不出“一放就乱、一收就死”的怪圈：①1958年以前，经过2次大规模的院系调整，确立了高度集权的高等教育体制，建立了与计划经济相适应的大学制度，大学办学权力完全集中于中央政府。②1958—1963年，经历了一次放权—收权的急剧变革。20世纪50年代后期，高度集权的苏联模式使各高校在办学中很难有灵活变通的余地。1956—1960年进行了“教育大革命”，实行以地方管理权力为中心的体制改革，将教育部和中央各业务部门主管的大部分高校下放地方，高校办学由地方政府自行决定。然而，权力的下放导致高等教育系统呈现无序增长和混乱的状况。为了纠正高等教育领域的盲目冒进，1961年9月印发了《高教六十条》，重申实行统一领导，实行“中央统一领导、中央和地方两级管理”体制。③“文革”10年，外部政治环境发生急剧变迁，高等教育的管理权、领导权再次下放地方。在“以地方为主”的管理体制下，大学发展出现失控现象。④1978—1992年，中央政府仍处于主导地位，高校取得一定的办学自主权。“文革”结束后，中央决定恢复高等教育管理的集权模式，重新实行“中央统一领导、中央与地方两级管理”体制。1985年中共中央发布了《关于教育体制改革的决定》，提出在加强宏观管理的同时，实行简政放权，扩大学校的办学自主权。其后的几年，扩大高校自主权进展不大。⑤1993年以后，随着市场经济体制改革的深入，大学逐步成为面向市场自主办学的法人实体。1998年高等教育管理体制改革取得突破性进展，国务院机构改革撤并了9个部委，这些部门主管的91所高校实行中央政府和地方政府共管共建，其中81所实行以地方管理为主的体制。其后，又进行了两次中央部委院校的集中调整，至此，我国计划经济体制形成的条块分割的高等教育管理模式最终被打破。1998年颁布的《高等教育法》明确了大学 7 个方面的办学自主权。

大学办学自主权难以落实的状况与中国长期形成的“极强政府—极弱社会”的结构直接相关。极强政府的集权倾向导致大学缺乏办学自主权，大学失去活力。为了激活大学的办学活力、提高地方办学的积极性，政府选择下放办学自主权。然而，由于社会和大学制度能力和自主能力太弱，大学办学自主权在实践中出现垄断和滥用，造成办学的无序和混乱，出现所谓的“一放就乱”现象。当办学自主权因垄断和滥用引起“民怨”时，政府本能的反应就是加强集权控制，把下放的权力重新收回，又出现了所谓的“一收就死”现象。办学自主权的扩大和落实之所以出现这种恶性循环，归根结底是因为计划经济体制和集权管理的思维方式没有得到根本的转换，政策在一定程度上受制于宏观社会背景。同构性逻辑制约了政策的创新和变迁。

（二）认知逻辑与制度变迁

根据社会学制度主义的认知逻辑，行动者认知方式对政策变迁发挥巨大作用。因此，要关注制度内成员作决策时，是如何在其结构和“框架”下认识形势的。社会学制度主义有一个重要假定，即一个制度内成员已被培养成同一类型的感知方式，他们以大致相同的方式解释来自环境的信息。政策被锁定可能源于行动者群体认知上的思维定式；反之，行动者认知方式的改变可能导致政策变迁。

改革开放以来，国人关于大学办学自主权的讨论，其根本的落脚点在于通过协调大学与政府的关系以建立现代大学制度，使大学成为面向社会自主办学的法人实体，以增强大学主动适应经济和社会发展需要的能力。这种思考问题的方式，明显地反映了当时特定环境对人们思考问题的角度的规定。当时正值国家工作重点从阶段斗争向现代化建设为中心的轨道上转移，人们迫切希望社会各方面的力量参与高等教育以抗衡政府的控制，使大学在各种力量的均衡中获得一定的自主性。市场经济体制的确立无疑为这种思维方式的展开提供了现实的依据。可见，这种思维方式顺应了中国社会由国家权力一统天下向国家与社会二元结构分化的转变，在相当程度上促进了中国高等教育体制的改革。然而，就大学自主性的实现而言，这种外部性的思维方式是必要的，但却不是充分的；是重要的，但却不是基本的（周光礼，2002）。

由于是从大学的外部着眼，人们所关注的自然是大学所受的外部控制和影响，冲破单一控制的格局、实现控制主体的多元化自然就成为改革的首选。据此，人们所进行的多次改革或者是限于中央国家机关之间或中央政府与地方政府之间的“集权”与“分权”，或者是实施科层式治理的同时采取市场式治理模式。前者只是权力的转移，大学并无办学自主权可言，大小事物依然要按上级指示办理，不敢越雷池一步；后者只是权力的分化，即制约大学的主体出现了国家与市场的结构分化，大学同时承受了政府与市场的双重压力，自主性依然处于缺失状态，虽然权力的分化也给大学带来了自由活动的空间和机会，但同时也使大学的办学走向无序与混乱。可见，无论是权力的转移还是权力的分化都无助于大学自主性的提升。正因为如此，中国高等教育管理体制改革在权力的分配上，常常是“放”了想“收”，“收”了又想“放”，时而“放”，时而“收”（孟明义，1985），陷入了“一收就死，一放就乱”的两难困境，走不出“放权”与“收权”的怪圈。可见，这种外部性向度的思维方式对落实和扩大中国大学的办学自主权显得无能为力。

其实，这种外部性的思维方式从一开始就存在着严重缺陷。简而言之，主要有两个方面。一是过于强调外部因素对大学办学自主权的决定作用，人为地切割掉了探究大学自主性的内部向度。这种思维方式在理念层面的展开，就是认为只要政府放权了大学自然就有了自主性，外部性问题的解决可以一劳永逸地改变大学缺乏办学自主权的状况。有时虽然也注意到大学自身在落实办学自主权方面的作用，但也只是强调大学的自我控制、自我约束。这种思维方式在实践层面的展开，也就只能是在外部矛盾得到某种程度的消解，大学内在的自主性并未得到相应的增强，更不用说根本改观。二是由于对大学内在自主性缺乏意识，大学在极力摆脱政府单一控制（其实并未真正摆脱）的同时，又落入市场经济的陷阱。大学与市场的结盟似乎给大学注入了“活力”，似乎使大学具有“去行政化”的特质。实质上在这“活力”与“去行政化”的背后，却是政治意识形态以一种更巧妙的方式实现对教育的影响（欧阳教等，1994）。落实办学自主权所诉诸的“多元控制”，最后演变为市场经济与政治的双重挤压，以学术创造为己任的大学所创造的不再是知识而是知识经济。

正是这种思维方式本身存在问题，致使我们忽视了大学内在逻辑对落实大学办学自主权的重要意义。在此，我们可以借用卢曼（Niklas Luhman）的社会系统功能分化理论对这个问题作进一步的分析。卢曼认为，社会生活在现代是通过将自身分割为经济、政治、学术（文化）等不同的功能系统而存在的。每个功能系统都执行一个无法为其他系统所取代的任务，在此基础上，每个功能系统都发展出了自己独特的运作逻辑和特有的沟通媒介。卢曼认为，沟通媒介是每个功能系统相互区别的根本标志，因为每一功能系统为了以自己的功能立场和原则传达和处理信息，以凸显自己的自主与特性，都分别发展出自己的沟通媒介。而且每个功能系统都会通过限制适当的沟通，与环境划清界限（宋林飞，1997）。卢曼进而认为，政治系统的沟通媒介是权力，经济系统的沟通媒介是金钱，学术（文化）系统的沟通媒介是真理。每个功能系统都通过拒绝或否定其他功能系统的沟通而建构自身的自主性。大学作为专门的学术机构，探求真理、发展学术乃是大学这一功能系统的本质所在。因此大学这一功能系统的自主性不是来源于外部，而恰恰是来源于大学自身，来源于大学自身独特的沟通媒介——真理（学术）。大学完全接受政治或经济的沟通媒介（权力或金钱）则意味着大学自主性的丧失。因此，试图诉诸外部的政治、经济因素来实现大学的自主性无异于缘木求鱼。

实际上，大学办学自主权的核心是学术的自主权，离开学术探讨大学的办学自主权没有任何意义。而学术自主权之所以有意义，也只是因为大学是学术创新的事业，需要有独立思考、自由讨论的氛围与环境。只有拥有学术自主权，才有可能冲破种种限制与禁区，为学术的传承与创造提供有利的条件。可见，大学办学自主权的问题说到底其实就是一个学术自由的问题。也只有从这个角度我们才能发现，大学的办学自主权并非外部的恩赐而是大学与生俱来的权利。人们之所以很少从学术的角度来理解大学的办学自主权，是因为内部视角的缺失遮蔽了自己的视野。从某种意义上说，内部视角的缺失是大学办学自主权问题难以解决的根源所在。因此，改变这种状况的关键就是转变思维方式，变单向度思维为双向度思维。也就是说，在思考中国大学办学自主权问题时，视角需要从外部性转向内部性，并最终打通这两种思维方式。只有这样，才能触及中国大学自主性问题的实质，走出高教管理体制改革中的“放权”与“收权”的两难困境（周光礼，2002）。

（三）积淀逻辑与制度变迁

社会学制度主义强调历史积淀对政策变迁中的影响。制度具有历史连续性和累积性，当前的实践是建立在过去基础之上的，在一个当前实践下面埋藏着历史遗留下来的不同层次的价值和理解力。高等教育系统早期确立的结构和信念在一定程度上制约着后来的结构与信念。正如玛格丽特·阿切尔所言，“一旦一种既定形态的教育得以存在，它就会对未来教育的变革产生影响”（克拉克，1987）。因此，高等教育制度变迁具有历史的延续性，制度化是一种历史过程，呈现出一定的路径依赖。

正如早在六百年前创建的牛津、剑桥对19世纪创建的其他大学产生重大影响一样，19世纪末创建的京师大学堂对中国高等教育现代化过程中出现的其他高校产生了重大影响。作为中国创建最早的现代意义上的大学，京师大学堂沉淀了中世纪大学的文化基因和罗马传统的高等教育理念。然而，当前国内学术界论述大学办学自主权问题，习惯于把论述的起点定在20世纪70年代末的改革开放时期，很少把视线延伸到中世纪欧洲的大学自治。支撑这种论述的理论预设是：中国大学的自主办学与西方的大学自治有本质的区别，它们没有任何思想上的渊源（别敦荣，2000）。其实，这是过于夸大了中国大学办学自主权与西方大学自治的区别。虽然两者产生的历史背景不同，自主性的程度也有差别，但这不能说明它们本质的不同，也并不妨碍大学自治成为落实大学办学自主权可资利用的文化资源。恰恰相反，大学自治是大学办学自主权的一种价值积淀。因为，作为办学理念，大学自治与大学的自主办学都根植于大学的内在逻辑之中，是大学探求真理、发展学术的本质赋予它们充分的合法性。事实上，中国建立现代大学制度的尝试始于19世纪末现代大学的引进。大学自治制度随西方大学一并被引入中国。大学自治从一开始就与中国传统的以皇权依附为主要特征的学术价值观产生严重的冲突。冲突的结果是大学自治被修正，大学更多地受到政府的控制。但由于大学自治毕竟是根植于大学的本质之中，大学自治在中国还是艰难地生存下来了，只是自治的程度不如西方。中国建立现代大学制度的最初尝试集中地体现在蔡元培的《教育独立议》中。蔡元培认为，教育应脱离政党而独立。“教育是求远效的；政党的政策是求近功的。……教育事业不可不超然于各政党外。”（蔡元培，1922）大学要实行教授治校制度。“大学的事物，都由大学教授所组成的委员会主持。大学校长，也由委员会举出。”（蔡元培，1922）蔡元培所设想的正是西方的大学自治、学术自由的制度，虽然这种大学制度没有完全被实现，甚至在国民党推行“党化教育”之后遭到相当程度的破坏。但大学自治制度的基本精神还是一直沿袭下来了，受到学者们的广泛推崇。

大学办学自主权作为一种文化现象，其呈现出来的情况，有些是必然发生的，有些则是偶然的，加入了前人的人为选择。京师大学堂是模仿东京大学创建的，而东京大学的原型来自于罗马传统的德国和法国。虽然民国时期中国一度选择了盎格鲁撒克逊传统的高等教育体系，但是，新中国成立之初的“全面学苏”使中国重返罗马传统的高等教育体系。罗马传统的高等教育体系是国家控制的一元结构，即高等教育系统的所有单位是一个大一统的正规结构的组成部分，它们具有共同的目标，由中央统一进行决策。盎格鲁撒克逊传统的高等教育体系则是“社会选择”的多元结构，在这样的结构中，高等教育系统没有统一的目标，由各自治组织独立地进行决策（克拉克，1994）[154]。尽管这两大高等教育体系均源于中世纪大学，但是其价值分野十分明显。

罗马传统的高等教育体系基于这样一种逻辑：高等教育权是国家主权的重要组成部分，对领土的统治权是政府拥有创办大学权力和管理大学权力的法理基础。罗马传统的高等教育体系具有三个主要特点。第一，高等教育归属于国家体制。在这种体系下，所有的大学都处于政府当局的领导下。大学的经费几乎全部来自于政府拨款。第二，政治系统与教育系统不分，大学一般不具有法人地位。教师一般具有公务员身份，政府拥有大学人事方面的特殊权力，使国家有可能对高等教育进行具体的监督和管理。第三，教育奉行国家主义的价值观。在培养目标上，强调培养人力的“成才”教育，忽视养成健全人格的“成人”教育。国家对大学课程的控制程度很深。大学被视为致力于国家福利事业的事业单位，以尽量满足公共事业和企业的专业需求为己任（周光礼，2010）。

盎格鲁撒克逊传统的高等教育体系则基于这样一种逻辑：在高等教育中没有整合一切的统一目标，只有个人的目标和地域性的目标。由于国家只是地方社区的综合，因此高等教育体系应该是非政府型、非控制型的。盎格鲁撒克逊传统的高等教育体系具有三个主要特点。第一，高等教育系统的结合是松散的。从根本上说，高等院校处于一种市场体制之下。“它更多的是一种社会选择，是根源于各自治院校间竞争的相互作用和自愿模仿的结果。”第二，政治系统与教育系统分离，大学一般都具有法人地位。人们普遍认同大学自治和学术自由价值观的理念。“由于特定传统的尊重院校自治和个人的学术自由，政府‘羞于’提出国家的目标”。(克拉克，1994)[155]然而，社会通过市场机制对大学提出了自己的需求，因此，大学十分重视学术研究和应用推广。第三，人文主义的绅士教育受到重视。在培养目标上，以养成健全人格的“成人”教育为主，培养人力的“成才”教育为辅（周光礼，2010）。

这两种高等教育传统在中国高等教育体制的建构中均形成了一定的积淀，受罗马传统高等教育体系的影响，中国在20世纪50年代确立了国家本位的高等教育政策范式，实施科层式治理模式；受畚格鲁撒克逊传统高等教育体系的影响，大学自治成为一个不死的传说，并为20世纪90年代后推行市场式治理提供了合法性基础。因此，对政策变迁的讨论离不开对传统的研究，中国现存的大学治理模式是不同历史时期各种残余治理模式“沉淀”的结果。正如伯顿·克拉克（1994）[263]所言，“在当代的结构和信念中我们可以感到历史的沉重之手。现实制约着未来。”

四、结论与对策

纵观中国大学办学自主权60年的变革，政策变迁呈现出“一放就乱、一收就死”的特点。究其原因，主要有三点。第一，宏观制度背景制约着高等教育的变革。在同构性逻辑的作用下，大学制度的演变必然要适应环境变迁的方式，受制于宏观的社会结构。中国大学治理制度最初呈现出的中央集权形态是由宏观制度背景决定和选择的，之后，随着国家政治经济体制的巨大变革，大学治理制度也在“亦步亦趋”地改革。第二，行动者认知方式制约政策变迁。行动者作决策时，其对环境信息的感知方式直接影响最后的政策产出。中国大学办学自主权涉及两个层面：政府与大学之间的权利分配、大学自治权在大学各利益相关者之间的分配。由于行动者内部性思维的缺失，我国高等教育体制改革一直停留在第一个层面。其实，第二个层面是更为根本的。在大学内部没有形成良好的治理模式的情况下，把权力下放大学只能导致权力的垄断和滥用，为进一步的集权提供依据，从而陷于“一放就乱、一收就死”的困境。内部性思维的缺失使扩大与落实大学办学自主权的改革从来没有触动过大学的内部结构，这是根本性变革难以发生的原因。第三，制度的累积效应影响着高等教育的变革。在大学办学自主权的落实上，当前的实践是建立在过去基础之上的，在一个当前实践下面埋藏着历史遗留下来的不同层次的价值和理解力。中国高等教育的结构与信念中不仅沉淀了中世纪大学自治的理念，而且深深地打下罗马传统高等教育体系的烙印。积淀效应要求政策变革不能偏离大学的内在逻辑，不能远离传统的大学理念，否则，将面临合法性问题。

实际上，任何政策变迁都受制于三个基本因素：环境、行动者和制度。政策变迁实质上就是行动者在一定环境制约下改变旧制度、创造新制度的过程。高等教育的革新和变化往往首先产生于高等教育系统基层单位内部，而且以渐进的变革为主要特征。反观中国高教政策变革，笔者认为，要进一步落实和扩大高校办学自主权，在具体的制度设计上，可作如下考虑。

（一）抓住制度变迁的“历史否决点”，实现制度创新

“历史否决点”是制度的薄弱环节，是制度由一条轨道向另外一条轨道转型的契机。一般来说，“历史否决点”在两种情况下出现：一是宏观的社会经济系统和政治背景的大变化产生某种特殊的政策环境，使旧制度无法继续复制；二是能动的行动者为追求新目标采取行动，积极谋求制度变革。当前，随着社会转型的深化和事业单位改制的全面铺开，宏观背景已经营造出一种制度变革的情势，这为大学办学自主权的扩大和落实提供了有利的政策环境。宏观的制度背景既对行动者进行限制，同时也为行动者提供机遇。政府、大学、大学基层学术组织等行动者应利用宏观结构变革提供的机遇和有利条件，促使办学自主权的落实和扩大。

（二）超越科层式和市场式治理体制，建构高等教育网络式治理模式

中国政府对高等教育的治理，以科层式治理为主，市场式治理为辅。由于这两种高等教育治理模式都是以外部力量为基点进行利益整合的，因此，从长远看，它们并不能保障大学自主性的实现。在国家本位的政策范式下，政府对大学实行科层式治理，大学缺乏办学自主权；在市场本位的政策范式下，政府对大学实行市场式治理，大学缺乏自主性，办学自主权被滥用，政府再实施科层式治理。网络式治理是一种新的治理理念，它是与科层式、市场式并列的第三种治理模式。网络式治理是指政府和大学等其他社会实体在高等教育治理过程中形成的一种相对稳定的关系形态，它既不同于传统的政府计划干预，也不同于自由市场的资源配置。网络治理能够避免科层式治理中的政府失灵，也能克服市场式治理的市场失灵。由于网络式治理强调平等协商，它能够避免科层和市场治理方式所带来的问题。利益相关者由于卷入其中的经常性的互动及其带来的共享价值和信任的扩展，使得网络产生了一种解决问题的能力。这种处理政府与大学关系的新视角，对政府及其部门树立服务意识，改进管理方式，完善监管机制，减少和规范对大学的行政审批事项，依法保障大学充分行使办学自主权具有重要的意义。

（三）转换认知方式，推动大学内部治理变革

落实和扩大大学办学自主权需要思维转换，要由关注大学与政府的权力关系转移到关注大学内部权力的配置。现在阻碍办学自主权进一步落实和扩大的关键，已经不在大学之外，而在大学之内。政府下放给大学的权力基本集中在学校高层行政人员手中，由于大学缺乏自我管理、自我约束的制度能力，这部分权力常常被滥用，导致政府和社会对大学的不信任。这实质上涉及大学内部如何善治的问题。国际惯例是，拥有自治权的机构必须具有良好的内部治理结构。对大学来说，良好的内部治理结构体现在两个方面：一是决策权在大学各群体之中合理分配，一是大学权力在学校与基层学术组织之间的合理配置。要进一步扩大和落实办学自主权，中国大学必须完善治理结构，建立中国特色现代大学制度。首先，在坚持和完善党委领导下的校长负责制的前提下，设计各群

体参与大学决策的机制。要充分发挥学术委员会在学科建设、学术评价、学术发展中的重要作用；要积极探索教授治学的有效途径，充分发挥教授在教学、学术研究和学校管理中的作用；要加强教职工代表大会、学生代表大会建设，发挥群众团体的作用；还要健全社会支持和监督大学发展的长效机制。其次，坚持管理重心下移，落实基层学术组织的自治权。最后，为了规范大学权力的运行，必须制定大学章程，把良好的大学治理制度化。尊重学术自由，培育大学的自主性，为建立有中国特色的现代大学制度奠定基础。

参考文献

别敦荣. 2000. 中美大学学术管理［M］. 武汉：华中理工大学出版社：84.

蔡元培. 1922. 教育独立议［J］. 新教育（3）.

克拉克. 1987. 高等教育系统新论：多学科的研究［M］. 王承绪，等，译. 杭州：杭州大学出版社：134.

克拉克. 1994. 高等教育系统：学术组织的跨国研究［M］. 王承绪，徐辉，殷企平，等，译. 杭州：杭州大学出版社.

孟明义. 1985. 高等院校应当是一个独立实体［J］. 高等教育研究（1）.

欧阳教，黄政杰. 1994. 大学教育的理想［M］. 台北：师大书苑：261.

宋林飞. 1997. 西方社会学理论［M］. 南京：南京大学出版社：149.

忻福良. 1992. 各国高等教育法［M］. 上海：上海交通大学出版社：57.

姚启和，等. 1999. 落实和扩大高等学校的办学自主权［J］. 高等教育研究（5）.

张俊洪. 1999. 回顾与检讨：新中国四次教育改革论纲［M］. 长沙：湖南教育出版社：226.

周光礼，吴越. 2009. 我国高校专业设置政策六十年回顾与反思：基于历史制度主义的分析［J］. 高等工程教育研究（5）.

周光礼. 2002. 学术自由与大学办学自主权［J］. 科技导报（6）.

周光礼. 2003. 学术自由与社会干预：大学学术自由的制度分析［M］. 武汉：华中科技大学出版社.

周光礼. 2010. 走向高等教育强国：发达国家教育理念的传承与创新［J］. 高等工程教育研究（3）.

University Autonomy in China 1949 – 2010: The Institutional Explanation of Policy Change

Zhou Guangli

Abstract: The expansion and implementation of university autonomy depend on the degree of university independency and external control. The evolution of university autonomy in China has undergone three stages: the seventeen years after foundation of People's Republic of China, the initial stage of reform and opening up and the transition period to a market economy. Policy change experienced multiple replications between centralization and decentralization, which was in a cycle of "close to death, free to chaos", and policies were caught in an inefficient lock. University autonomy in China became a protracted problem mainly due to constraints of macro-institutional context, cognitive styles of actors and influences of history continuity and cumulative effect. Any policy change involves three basic factors: environment, actors and institutions, and the essence of policy change is the process that actors transform old institutions and create new ones under certain environmental constraints.

Key words: university autonomy, policy change, isomorphic logic, epistemic logic, cumulative logic

作者简介

周光礼，男，华中科技大学教授，博士生导师，主要从事教育法学、教育政治学、高等教育政策与管理研究。

田鹏慧

校规制定过程的师生参与[①]

【摘　要】教师和学生参与校规制定在西方高校已经成为普遍现象，但我国还没有师生参与校规制定的制度保障。校规制定行为具有行政行为和立法行为双重性质，不论从行政行为还是从立法行为进行考察，师生都应该参与校规制定过程。不仅如此，师生参与校规制定在尊重高校办学规律、尊重教师的政治地位、保护学生权利、协调高校与学生关系、培养学生的民主能力等方面都具有重要的现实意义。因此，应该通过立法确保师生参与校规制定过程。

【关键词】校规制定，师生参与，高校内部管理

重庆邮电学院女生怀孕被开除案提出了校规[②]的合理性问题，通过什么样的机制保证校规的合理性是至今没有解决的问题。校规的合理性虽然受到各方面因素的制约，但校规制定程序的正当性是决定校规合理性的主要因素。《国家中长期教育改革和发展规划

① 本文为河北师范大学博士基金项目“高校权利研究”（课题编号：W2008B16）的研究成果。

② 本文所言校规如无特别说明，均指非营利性高校的学生管理规定。

纲要（2010—2020年）》提出建设现代学校制度，提出了加强教职工代表大会、学生代表大会建设，发挥群众团体作用等具体措施，为校规制定程序的完善提供了契机。

关于校规的制定过程，《中华人民共和国高等教育法》（以下简称《高等教育法》）第四十一条规定，“高等学校的校长全面负责本学校的教学、科学研究和其他行政管理工作，行使下列职权：（1）拟订发展规划、制定具体规章制度和年度工作计划并组织实施……高等学校的校长主持校长办公会议或者校务会议，处理前款规定的有关事项”。基于该条规定，以校长为代表的高校行政部门享有校规制定权（校规应该属于“具体规章制度”的范畴），高校教师和学生没有参与校规制定过程的制度保障。高校师生是否应该参与校规制定，关系校规的合理性问题，应该加以研究。

一、师生参与校规制定已经成为具有普遍性的现象

校规指高校制定的学生必须遵守的规则①。对于学生来说，校规是强制性的，不遵守校规往往会招致不利后果，有的时候甚至是纪律处分。根据校规所要达到的目的及其采用手段的不同，可以将其大致分为三类。第一类是通过奖励与惩戒的方法构建教学和生活秩序。比如学籍管理规定、学位授予细则、宿舍管理规定、图书馆管理规定、卫生管理规定、食堂管理规定、学生处分条例、社团管理规定、评优办法、立功授奖条例等，这些内容的目的主要在于规范和秩序，重点在于罚，通过惩戒规范学生行为，实现教育目标。第二类是通过服务达到育人的目的。比如学生贷款办法、各种类型的奖学金的管理办法、勤工助学规定、特困生学费减免规定等。这些规定体现服务育人的宗旨，重点不在于惩戒，而在于服务。当然，如果在这些活动中学生出现了违反服务宗旨的行为，也可能受到惩戒，采用鼓励与惩戒并用的思路。第三类是教学科研的相关规定。比如学生科研成果或者学位论文的保密规定、研究生培养工作规定、研究生综合考试办法、学生出入境审批办法、科技工

① 也有词典将校规定义为学校制定的师生共同遵守的规则，本文特指学生应该遵守的规则。

作准则、学位论文管理办法、学位论文抽查制度、学位论文匿名评审和导师在答辩中的回避制度、硕博连读研究生培养规定、学位论文基本要求与书写格式等。这些规定的目的是使教学科研管理更加规范化和正规化，为学校和学生提供方便，提高工作效率，提高学校工作的透明度。这些规定具有指南的性质，如果学生不遵守，一般不会受到纪律处分，但可能达不到学校的要求，如毕业条件、学位条件等，将会影响预期利益。可以看出，校规通过构建秩序、提供服务和进行指导等方法，从教学、科研、生活等各方面对学生进行管理，从而实现教育目标。高校与学生之间，是教育者与受教育者、管理者与被管理者之间的关系，校规是高校对学生进行管理的依据。

实际上，自清朝结束以后，到1949年，法律一直规定校规制定权由包括教师代表在内的集体行使，并非行政机关的独享权力。中华民国建立以后，蔡元培任第一任教育总长，并筹组教育部。在他的带领下，制定了新的学制，史称“壬子·癸丑学制”。1912年10月24日，当时的教育部公布了《大学令》，1913年1月12日和16日又公布了《大学规程》和《私立大学规程》。这些教育法律法规规定，大学内部设评议会，以各科学长及各科教授互选若干人为会员。校长任议长，可以随时召集评议会。评议会审议下列事项……大学的内部规则……（李国均，2000）可以看出，中华民国的第一部教育法律就规定校规（属于大学的内部规则）由包括教师代表在内的评议会来制定。在以后的学制改革中，教师参与校规制定的制度一直没有发生变化。

不仅如此，由教师代表组成的决策机构制定校规或者学生参与制定校规是西方各国的通行做法。

德国各大学设有全学会议和大学评议会，由全学会议选举校长和副校长，制定学校的有关规则。全学会议的代表自下而上产生，由教授、助教、行政管理人员和学生选举（时伟 等，2006）[101]。

法国大学享有广泛的自治权，学生、教职工及社会有关人士均有权以一定的方式参与学校管理。法国大学第一级管理机构是大学理事会，各类人员在理事会中都有一定的比例，教师、研究人员、学生与行政人员和职工都在其中。理事会是全校最高决策机构，可以对本校所有重大问题做出决议（时伟 等，2006）[108-109]。

以牛津和剑桥为代表的英国大学的管理也体现了民主的特征。20

世纪30年代，以牛津、剑桥为代表的传统大学已经基本改变了过去的管理方式，大学管理权逐步过渡到大学管理委员会和全校教师组成的评议会，教授或学术人员更多地参与民主管理，体现民主的由学术人员管理大学的方式逐步取代了以前由少数人控制的传统（黄福涛，2003）。20世纪60年代中期以来，英国学生要求参与治校的呼声日益高涨，绝大多数大学都通过允许学生代表参加各种委员会（包括特别建立的师生联合团体和评议会、理事会的各种常规委员会）来减轻来自学生的压力，直到现在，英国绝大多数大学理事会都有学生成员参加（宋丽慧，2007）。

学生参与高校管理是美国高校的一大特征。美国大学内设各类具有决定权的管理委员会，不仅有知名教授参加，也有部分一般教师参加，同时行政管理人员，甚至学生也参与其中（张君辉，2006）。根据学者的调查，美国80%的高校，学生参与了校规的制定和执行程序（Berger et al，1999）。

西方国家教师和学生参与高校内部管理的制度基础是大学自治。自从洪堡成立柏林大学以后，探索真理成为大学所承担的使命之一，西方国家和社会对此已经达成共识。探索真理涉及的是未知世界，因此，大学教师需要学术自由。学术自由的制度保障是大学自治制度，大学实行自治的目的是排除政治的、宗教的、经济的等外界力量对大学的干预。西方国家具有发达的自治制度，既有地方自治，也有团体自治，自治成为国家制度的重要内容。自治指国家基于管理的考虑，通过法律授权人民团体自己管理内部事务。自治使人民团体具有较大的独立性（经常体现为授予“公法人”地位），享有自治权限（立法权、执行权、人事权、处罚权等），承担自治任务。自治的根本特征是团体内人们对内部事务的民主管理，或者说团体成员对团体事务发生决定性影响（翁岳生，2002）。自治不仅意味着自治团体与国家的分权，还意味着自治团体内部事务的民主管理。自治权的内容之一是团体内部的规则制定权，德国称自治团体内部立法为自治规章，“自治规章是由自治公法人根据自治权制定的规范，它的制定不需要法律的授权，也不是为了执行法律。它只适用于自治公法人内部并受法律的承认和保护”（于安，1997）。自治团体制定的内部规则之所以受法律的承认和保护，是因为它具有民主的基础，凭借自治团体成员的契约性权利让渡，这种局部的

“社会契约”产生正当性，并对社团成员产生约束力。大学自治是自治的一种形态，不仅具有抵御外界力量干预大学学术自由的功能，还使大学成员享有对大学内部事务进行民主管理的权利。教师、行政管理人员、其他工作人员、学生是大学的成员，具备管理大学事务的权利，法律授予大学享有的自治权使他们享有制定大学内部规则的权利。可见，教师、学生参与校规制定的权利，是大学自治制度的安排。

二、师生参与校规制定过程：校规合理性[①]的来源

我国没有实行大学自治制度，但这并不意味着师生参与校规制定在我国就不具备正当性。依法治国是我们的基本国策，师生是否有权参与校规制定过程应该适用法治的逻辑。我国法律制度将高校归为法律法规授权的组织，是一种特殊的行政主体。高校根据法律法规的授权制定校规。校规是公法规则而非私法规则，其目的是维护校园的教学生活秩序，维护所有大学成员的利益，为达成教育使命服务。从性质上，校规属于抽象行政行为，因此，校规的制定行为属于行政行为，同时具有立法性质。校规制定过程的正当性既是行政法的研究对象，也是立法理论的研究对象。

美国行政法学家理查德·B. 斯图尔特通过对英美法系国家行政行为的正当性模式进行研究，将行政行为的正当性模式归纳为三种，即传送带模式、专家知识模式和利益代表模式。传送带模式是早期的行政法治模式。这种行政法治模式将行政机关设想为一个纯粹的传送带，行政机关的职责是在特定案件中执行立法指令。因此，有人称之为传送带模式。传送带模式将行政行为设想为议会制定的法律的传达工具，行政行为的正当性来自于议会制定的法律。传送带模式适合于消极行政行为正当性的解释，对于行政机关自由裁量行为的正当性，存在解释能力不足

① 这里的合理性概念，是与合法性相对应的，校规的一部分内容来自于上位法的授权因此具有合法性；另外一部分则是学校自己制定的，没有上位法的依据，就产生了合理性的问题。当然，合法的不一定就是合理的，这就产生了法的正当性的问题或者法的合理性问题。合理性与正当性从概念使用上难以进行清晰的分割，具体含义要看具体语言环境，有时二者是通用的。下文将使用到行政行为的正当性和立法的正当性等概念，并且都将转换到校规的正当性。为使行文保持一致，最后用“校规的合理性”来表述。

的缺陷。

专家知识模式建立在这样一种假设基础上，即公共行政存在可知的目标，并且实现该目标的客观规则能够被发现和执行，依据事先已经知晓的规则，不偏不倚的适用，行政行为就获得正当性（斯图尔特，2002）。根据这样的假设，只要授权法提供了规则，就不存在自由裁量权，只要授权法提供了目标，行政人员就可以借助长期积累起来的专门知识实现目标。平时，人们总是愿意将自己不能处理的事务交给受过专门训练的专家去处理，这种思想在行政过程中的应用就促成了行政活动的正当性。专家知识模式的目的是为现实中大量存在的自由裁量权提供正当性论证。如果行政过程涉及大量价值偏好的冲突，行政人员的专业知识将失去作用，行政专家不能用自己的价值判断代替大众的或者立法者的价值判断，这就是专家理性模式的局限性。

利益代表模式是针对专家理性模式的不足而设计的行政行为正当性模式。行政过程在涉及价值判断时，往往表现为各种利益的冲突，行政过程表现出政治过程的特征，一个使行政过程合法化的思路被提出来，那就是将行政过程视为一种政治过程，通过向行政过程注入民主要素，从而使行政过程及其结果获得正当性，这是面对政治多元主义和先验的公共利益不存在时行政合法化的一次新的努力，称为利益代表模式。利益代表模式认为各方利益代表参与可以为行政决定提供正当性，“通过参与而使行政决定得到合法化的逻辑，来自于一个基本的信念，即当所有利益都得到考虑时，正义也就随之产生”（王锡锌，2007）。

理查德·B. 斯图尔特的三种行政法治模式是对当今行政行为获得正当性的途径所进行的分类和概括，虽然是对英美法系国家的行政行为进行的研究，但其结论却可以推广至大陆法系国家的行政法制模式。理查德·B. 斯图尔特的三种行政法治模式，为研究我国校规制定过程的正当性提供了一个理论框架。

首先，传送带模式只能为承接性校规提供正当性。《高等教育法》授权以校长为首的行政部门制定校规，作为抽象行政行为，校规的制定以《中华人民共和国学位条例》《中华人民共和国学位条例暂行实施办法》《普通高等学校学生管理规定》等法律、行政法规和规章的内容作为依据。校规的很多内容，比如应予退学的情形等，都来自于上位法的规定，这些内容属于法定情形，高校必须执行，传送带模式为这类校规内容提供了正当性。但校规在其内容上并非纯粹的执法行为，除了承接上位法的内容以外，还有大量的自由裁量行为。比如，《普通高等学校学生管理规定》只对开除学籍的情形作了列举性规定，警告、严重警告、记过、留校察看等纪律处分的适用情形并未规定，而且列举的可以开除学籍的七种情形中，出现了“性质恶劣”“行为严重”“情节严重”“造成严重后果”“经教育不改”等程度性规定。上位法的相关规定为校规的制定预留了大量的自由裁量权。我们不妨将来自于上位法规定的校规称为承接性校规，将高校在自由裁量权范围内和自主管理权范围内制定的校规称为自主性校规。行政法治的传送带模式只能为承接性校规提供正当性，不能为自主性校规提供正当性。

其次，行政法治的专家知识模式只能为校规中没有价值偏好和利益冲突的自由裁量行为提供正当性。专家知识模式将行政人员看做行政专家，专家的知识为其行为提供正当性。如果将以校长为代表的行政人员作为教育行政专家看待，在不涉及价值偏好和利益冲突的情况下，其制定的自主性校规可以获得正当性。但专家知识模式的缺陷在于它无法为存在价值偏好和利益冲突的行为提供正当性，专家知识对于行政过程中的价值偏好和利益冲突并不能帮助专家获得比常人更多的优势。校规的制定过程中，恰恰存在大量的价值偏好和利益冲突。校规是学生的行为规范，对于同一个行为，行政人员、教师、其他工作人员、学生可能会得出不同的价值判断，即使在行政管理人员、教师、其他工作人员和学生的内部，对同一个行为的价值也可能作出不同的判断，在社会上引起强烈反响的重庆邮电学院女生怀孕被开除案折射的就是这种价值偏向的冲突。因此，即使将以校长为代表的行政人员看做教育行政专家，也无法为其制定的存在价值偏好和利益冲突的自主性校规的提供正当性。

最后，当传送带模式和专家知识模式不能完全解释以校长为首的行政部门掌握校规制定权的正当性的时候，利益代表模式给出了一种思考问题的路径。校规的制定过程不仅要考虑上位法的规定、考虑行政人员作为行政专家的意见，还要考虑教师、其他工作人员和学生的意见。高校管理中的许多问题存在价值偏好的选择和利益冲突的平衡，这些问题无法从传送带模式和专家知识模式获得正当性解释，将这些问题形成校规，就应该从民主的过程寻求正当性。作为价值偏好的选择方和利益冲突的相关者，教师、学生和其他工作人员等各方代表应该参与校规的制定过程，各方代表通过校规制定过程中的表达和协商，为制定过程注入民主要素，校规因此获得正当性，具备约束力和执行力。利益代表模式为校规提供了正当性，也使教师、其他工作人员、学生等参与到校规制定过程中来。

可见，行政法理论要求师生参与校规制定过程。如果将校规的制定过程视为一个立法过程，高校成员的参与程度应该比利益代表模式更加深入。关于法的正当性问题，西方形成了一系列经典理论。伴随着文艺复兴运动，在对中世纪神学世界观反思和批判的基础上，古典自然法把政权的正当性来源由上帝转向人民，从自然状态、天赋人权、自然法、社会契约等基本观点说明人类的原始状况，强调人的天赋权利和自然权利，强调国家来自于社会成员的集体契约，提出了法律面前人人平等、私人权利神圣不可侵犯的原则，提出了民主、自由、博爱、权利等观念。在洛克看来，“政治权力是每个人交给社会的他在自然状态中所拥有的权利，由社会交给它设置于自身之上的统治者；带有明确的或默许的委托，即规定哪种权力应当用来谋求他们的福利和保护他们的财产……这种权力只是起源于契约、协议和构成社会的人们的相互同意”（洛克，2004）。卢梭认为，政府权力来自全体社会成员的权利让渡，来自于“公意”，“公意”是全体社会成员一致同意的结果。古典自然法将政权的正当性归结于全体社会成员的理性选择，从而，对于法的正当性判断，其标准就是人定法是否是社会成员的集体意志。古典自然法对人类的贡献是巨大的，它直接导致了法国和美国的大革命，并把自由、平等、人权等人类理想写入宪法，进入法律典籍，成为推动人类思想进步的新理论，至今为止，自由、平等、人权与民主一起，成为法治社会的基石。哈贝马斯赞同法的正当性来自于公民的认同的观点，同时也认识到卢梭的法的正当性理论存在的不足，（1）其赖以成立的基础“自然状态”假设本身并不牢固；（2）卢梭所讲的“公意”过于理想化而无法实现；（3）卢梭所说的主权是不受约束的，不受约束的主权必然侵害公民个人的权利。基于此，哈贝马斯提出了新的正当性模式——商议型民主。他认为法的正当性来自于公民的认同和民主的程序，只是在程序上，不是直接民主，而是公共领域的民主商议的过程。因为政策要施加于众人，作为正当性的基本条件，要求众人协商，一个具有正当性的决策不代表众意，但来自于众人的协商，来自于个人意志的形成过程，协商的过程产生正当性。“合法性①、对合法性的相信，以及遵循某个合法性规则的意愿都与通过‘健全理智’形成的动机有关，但这些理智是否是‘健全的理智’，只有在论辩参与者的施行性态度中才能验证，而不能通过对这个或那个论辩参与者认为是健全理智的东西的中立性观察来确定（哈贝马斯，2000）。”只有通过辩论和论证过程的证明，正当性才能得以确立。在正当性确立过程中，话语辩论处于中心地位，只有通过辩论，才能发现真理和事实，“通过这些实际论证和争辩，有效性要求被兑现或批判，论证的力量就在于它们能够为承认有效性要求提供合理根据，从而使话语参与者相信有效性要求”（哈贝马斯，2000）。商议型民主强调通过自由沟通达到一致或者共识，形成正当性，同时，商议的过程中个人的意志得到表达，个人的权利得到尊重和保护。不论是古典自然法学者还是当今的哈贝马斯，都将法的正当性归因于民主基础上的共识，归因于民众的参与，是民主赋予法的正当性，这也是法治国家的基础和共识。校规的制定过程作为一个校内立法过程，应该是高校成员民主参与的过程，高校成员的民主参与使校规获得正当性。因此，校规的制定过程应该有行政人员、教师、其他工作人员、学生等各方代表的参与。不仅如此，代表的意见还应该是所代表群体充分协商的结果。基层协商与校规制定会议的协商赋予校规正当性。

因此，不论从校规制定过程的行政行为属性进行研究还是从其立法行为属性进行考察，师生参与都是必需的，否则，校规的合理性将受到质疑。

三、师生参与校规制定：教育、教师和学生利益的调节器

校规制定权是高校内部的核心权力，参与校规制定过程体现的是高校师生对高校内部管理的参与权。高校师生参与校规制定，除具有赋予校规合理性的功能以外，还具有我国当前形势下的特殊意义和价值，涉及对教师地位的尊重、对办学规律的尊重、对学术的尊重、学生权益的保护、协调高校与学生之间的关系、培养学生的民主意识和民主能力等

---

① 这里的“合法性”与“正当性”意义相同，均是“legitimacy”的中文译语。

多方面问题，是教育、教师和学生利益的调节器。

教师参与校规的制定过程或者内部管理，是对高校办学规律和教师政治地位的尊重。世界上最古老的大学不是政府或者教会设立的，而是自发产生的，具有高度自治性，教师和学生对大学事务进行自主管理。直到后来发现了大学的重要作用，政府才开始介入大学事务。尽管如此，大学还是保持了与政府的相对独立性，大学实行自治、教师参与大学管理成为一项传统。这种传统的形成与大学的特征相关。首先，大学教师是施教者，教与学的关系决定教师应该具有制定教育教学规则（校规）的权利。最早的大学——博洛尼亚大学是学生组织成立的，由学生进行管理，称为“学生的大学”，随后产生的大学是巴黎大学，由教师进行管理，称为“先生的大学”。随着大学的演进，“学生的大学”逐渐消失，大学全部变成了“先生的大学”。大学走向正规、独立承担教育功能以后，教与学的关系逐渐清晰。大学承担教育的义务和责任，在高校与学生的关系中，教师是学校的代表，是施教者，是教育专家，对于教什么、怎样教、需要什么样的规则，教师拥有先天的优势和责任，学生在学习的过程中则处于相对被动的状态。换言之，大学和大学教师不仅承担教学的义务，对于教学目标实现的环境保障——校规也承担着制定和维护的义务。因此，教师参与大学的内部管理是教与学这对矛盾关系的内在要求。我国法律制度没有体现教师参与高校内部管理的权利，或许与新中国成立初期实行的知识分子政策有关。通过立法的形式赋予教师参与高校内部管理的权利，不仅是对高校办学规律的尊重，同时也是对教师地位的尊重。

其次，高校是以内部自主管理为特征的社团，尊重大学的组织特性，尊重教师的参与权是办好高等教育的需要。大学不是公司，也不是行政机关，大学不归股东所有，也不归属于国家，而是归属于社会。在所有权问题上，我们习惯于非公即私的逻辑，但大学的归属问题不适用这样的思维方式，它应该属于第三者，即社会。国家对大学给予财政支持，对大学进行监督，是因为大学承担着公共职能。承担公共职能的不一定是国家机关，也可能是社会组织，大学即这样的组织。因此，国家对大学的管理不适用国家机关的管理方式，大学仍然保持自己的独立性。大学是学术社团和属人团体，在大学内部由社团成员实行民主管理，即使主要靠国家财政支持的公立大学，国家仍然尊重大学的内部自主管理权。教师作为大学的成员，参与高校内部管理是其所享有的社员权利的重要组成部分。

再次，高校是学术组织，保障教师的参与权是承认大学学术特征的必然结论。大学是学术组织，虽然内部存在科层制管理机构，但大学的行政机构主要是为学术服务的，大学的核心工作仍然是学术。大学教师承担着探索真理的使命，奉行人格独立和学术自由。高校内部的行政权力或行政命令对行政人员影响比较大，但对教师的影响相对较弱。如果行政领导或者学术寡头强迫教师服从，则有害教师的学术自由和独立探索真理的精神。事实上，教师的独立性会经常展现出来，教师与学校领导形成意见分歧是常见的事情。不仅如此，教授还经常批评政府的做法，美国人因此称大学教授是社会的良心。大学之大在于大师，教师是学术的载体，高校的学术中心地位导致了教师的中心地位，在学术管理问题上教师具有发言权是自然而然的事。与管理权同在的，还有他们的主人翁意识，他们参与管理的愿望与责任意识。当然，教师是具有高知识水平的人群，教师的参与有利于学校的正确决策以及政策的执行。

其他高校工作人员参与校规的制定，是因为他们承担着环境育人的功能。大学的使命不仅仅在于培养学生的知识和技能，还在于培养学生的思想品德。学生思想品德的养成，起主要作用的不是课堂上思想道德规范的传授，而是一个良好的环境。高校的各个方面都发挥着环境育人的功能，住宿、食堂等其他工作人员的工作，承担着育人的职能，因此，校规的制定应该有高校其他工作人员参加。

我国现有法律没有赋予教师（包括教学人员和其他工作人员）参与校规制定的权利，原因可能是复杂的，但由此反映出来的是我国没有对教师给予应有的尊重，高校的内部管理制度还存在不符合大学本质特征的问题。因此，应该尊重高校的办学规律，赋予教师参与高校内部管理的权利，包括校规的制定权。教师参与高校的内部管理，其主要意义在于使大学的内部管理回归尊重大学办学规律的道路。

学生参与校规制定过程的意义与教师参与校规制定过程的意义在侧重点上有所不同，学生参与的意义体现在学生权益的保护、协调高校与学生之间的关系、培养学生的民主意识和民主能力等几个方面，其中最主要的是学生权利的保护。

学生参与校规制定过程体现的是学生对高校内部管理的参与权，在高等教育收费的前提下，学生对高校内部管理的参与权对学生权利的保护具有重要意义。虽然国家或者社会对大学进行了大量的资金投入，但高等教育收费已经成为具有普遍性的事实，高等教育具有消费的成分。但是，高校与学生之间的交易或者消费过程不同于其他的“一手交钱一手交货”的即时交付方式。学生要完成交易，或者享受教育消费的成果，必须参与到“生产过程”中来，而且，这种过程较长，需要以年为单位计算。学生付费以后，教育过程的主动权就交给了学校，如果没有其他制约措施，就只好任由大学“宰割”。大学有自己的利益，教师或者管理人员也有自己的价值倾向，不一定完全为学生的权益着想，这样的交付方式即使属于民事法律关系中的债权债务关系，学生的权益也很可能受到侵害。况且，高校与学生的法律关系不是单纯的民事法律关系，高校同时享有行政权力和学术权力，高校与学生间处于一种权利不平衡状态。如果学生想实现其权利，就必须有相应的平衡机制。法律制约是制约大学权力的一种方式，但法律的管辖权是有限的，大学的自主管理特征在很大程度上屏蔽了法律的效用。对于学术判断，法官原则上尊重大学的意见，学术权力很难受到司法权的实质性制约。对于高校的行政权力，只有涉及学生的重要权利时才能受到司法审查，存在大量的司法不能介入的空间。即使从民法的角度考虑高校与学生的纠纷，现有的合同理论也无法适用高校与学生间的教育关系，在泰代斯基诉瓦格纳学院（Tedeschi v. Wagner College）案中，法官指出，由于适用困难，双方权益无法衡平，合同理论不是一个完备的理论，对于私立大学（美国的私立大学是非营利性高校）来说，合同理论并不适用。可见学生教育权益无法通过民法、行政法等司法途径获得有效保障，需要寻求其他的路径。有效的途径之一就是赋予学生参与高校内部管理的权利，通过这样的方法制约大学权力、保障学生权益。学生通过参与大学管理，参与政策制定和执行，及时与不利于自己的行为作斗争，保障自己权益的实现。从这样的角度说，学生参与大学管理是一种学生权益的“担保方式”。学生通过参与高校内部管理的方式实现自己的权益，在一定程度上缓解了特别权力关系状态下学生权利救济途径缺乏的状态。高校与学生的法律关系处于双重领域，一部分属于法律调整的范围，学生的权益可以通过行政诉讼等司法途径得到救济；另一部分属于特别权力关系，处于特别权力关系的事项无法通过行政诉讼等司法途径实现学生权利的救济，这部分内容成为学生权利保护的难题。学生代表进入校规制定机构以后，学生的权益可以在源头的部分，即校规制定的时候得到保障。学生权益不能得到保障的最主要原因是校规中存在不利于学生权利甚至是损害学生权益的规定，学生代表的作用，就是通过积极的活动避免这些问题的发生，这种方式类似于西方国家实行的议会民主的思维方式，在校规制定过程中实现权益是权益保障的最积极的方式，也是最有效的方式。同时，校规的制定为学生提供了一个制度平台，使学生权益可以在校规的执行以及校内申诉等纠纷解决过程中构建有利于学生权益保护的机制，实现学生权益的全方位保护。学生代表进入校规制定机构，最重要的意义在于学校的最高权力机构有了学生利益的代表。高校的最高权力机构有权决定高校内部的重大问题，学生可以对高校内部重大事务的决策产生影响。高校的学生管理、教学管理、后勤管理等各方面都与学生权益相关，学生的权益蕴涵在高校内部管理的各个方面，有些事项是校规所不能涵盖的，校规中的权利和其他方面的权益都是学生权益的内容，学生更广泛的参与才能实现学生权益的全面保障。学生代表进入高校的最高权力机关，为学生权益的全面保障搭建了制度平台，可以在高校内部实现学生权益的全面保障。

学生的价值观念和学校管理者的价值观念需要在校规中得到协调。社会在发生变革，价值观念多元化已经是一个事实，学生内部存在不同的价值观念，学生和管理者之间也存在价值观念的冲突，大量价值冲突的存在使管理者在价值观念的选择上存在困难，校长或者行政管理人员不能根据自己的判断来决定价值冲突的结果，价值观念冲突只能在协商的过程中得到协调，这种方式就是哈贝马斯倡导的商议型民主。法律的正当性由社会契约过渡到公共领域的民主商议，其基本前提是民主，校规的制定过程是一个行政过程，也是一个局域内的立法过程，校规的正当性来自于不同利益主体的协商过程，只有通过充分的协商和利益表达，校规才能对它的受众具有约束力。学生是校规的受众，校规的制定过程应该体现学生利益，学生应该加入协商的过程。传统的观念认为，学生是受教育者，必须接受学校的安排。这种观点把学生作为教育的客体或者管理的对象，也许在中小学或者幼儿园阶段具有一定的合理性，但是，学生不是客体，不了解学生的意图很难产生良好的教育效果，即使在中小学阶段也是如此。况且在大学阶段，学生基本上是成年人，教育的效果很大程度上在于其对学习目标的选择和自身的学习积极性，他们不再是学习的客体，而是学习的主体，教育过程必须体现学生的参与。校规的侧重点不是知识的传授，而是确保知识传授的措施或者秩序，校规的目的是确保每个人都能受到良好的教育或者在良好的教育环境中接受教育。并不是只有高校或者教育者才希望学生有良好的教育环境，学生作为学习的主体，本身具有强烈的学习欲望，也希望有一个良好的学习环境。况且，大学生作为以成年人为主的主体，有能力表达自己的意愿，并通过自己的行为促进良好学习环境的创建。因此，校规的制定，不仅仅是学校的事情，而是包括学生在内的高校所有成员的事情，学生作为校规的主要受众，其利益必须在校规中得到表达。学生参与校规制定过程，提供了一个学生的价值观念和学校管理者的价值观念进行对话协商的机会，这种协商使高校与学生之间的价值冲突得以协调，从而减少了高校与学生之间的直接冲突与对抗。

高校还承担着培养学生民主意识、培养学生民主能力的使命。一个民主法治国家，需要她的公民具有民主的意识和民主的能力，而民主意识和民主能力的培养不是来自于政治社会，而是来自于市民社会，高校恰恰属于市民社会的空间。高校承担着为社会输送人才的任务，高校规模的扩大使其在社会生活中的作用越来越大，高校不仅要培养学生的知识和技能，还要培养学生的民主意识和民主能力，在建设法治国家的阶段，这个任务尤其繁重。高校不能输送具有民主意识和民主能力的人才，国家就不可能走向法治社会。学生的民主意识和民主能力，不仅仅是课本上知识和理念的学习，更主要的是在实践中培养，需要在民主参与中获得。校规的制定过程就是一个政治过程，一个微缩版的立法过程，一个具有典型意义的民主参与过程，从培养合格公民的角度出发，没有理由不让学生参与校规的制定活动。

四、结　　语

法治是和民主结伴而行的，没有民主，法治可能沦为暴政的工具。高校内部依校规进行管理是法治的要求，但法治同时要求校规必须是公正的，师生参与校规制定是确保校规公正性的措施。法治的进程，应该是民主不断扩展和完善的过程，不断完善民主，才更有利于制度建设，有利于法治的进程。

师生参与校规制定，意味着高校内部治理结构的变化，高校的内部管理机构将由行政管理方式向委员会管理方式转变。现在的高校行政部门，既是政策的制定者，也是执行者。很多学生管理制度，都是由学生处、教务处、研究生处等行政部门具体制定，报校长办公会议或者校务会议通过并颁布实施，制度的执行仍然由学生处、教务处、研究生处等部门负责。师生参与校规制定，将改变高校的内部管理制度。在现有职能划分的前提下，成立由学校行政部门代表、教师代表、其他工作人员代表、学生代表组成的委员会，重大事项的决策和规章制度的制定由委员会负责，行政部门的职能主要是制度和决定的执行，同时，教师、其他工作人员和学生也会参与到执行中来。这将导致两方面结果，一方面，高校管理权由集中走向民主，有利于对行政权的控制、对腐败的预防、对学生权利的保护以及教师和学生积极性的发挥；另一方面，管理的义务和责任也传递给所有参与者。民主并不仅仅意味着权利的行使，更重要的是责任意识，没有责任意识，不可能有真正的民主，参与高校的内部管理，是培育学生民主意识和民主能力的过程。

师生参与校规制定只是一个切入点，师生有资格参与校规制定意味着已经进入了高校的权力核心地带，几乎可以介入所有内部管理问题，这是民主在高校的实现方式。高校现存的很多问题，都可以通过民主管理的方式进行化解或者缓解，应该通过立法将高校的民主管理制度确立下来，正在制定的“学校法”或许是一个契机。高校内部的民主管理是我国高等教育改革的一个突破口，将为我国高等教育的发展提供新的动力。

参考文献

哈贝马斯 . 1989. 交往与社会进化［M］. 重庆：重庆出版社：207.

哈贝马斯 . 2000. 合法性危机［M］. 上海：上海人民出版社：140.

黄福涛 . 2003. 外国高等教育史［M］. 上海：上海教育出版社：151 – 152.

李国均，王炳照 . 2000. 中国教育制度通史：第七卷［M］. 济南：山东教育出版社：23 – 24.

洛克 . 2004. 政府论两篇［M］. 西安：陕西人民出版社：227.

斯图尔特 . 2002. 美国行政法的重构［M］. 北京：商务印书馆：42 – 48.

时伟，吴立保.2006. 现代大学教学管理制度研究［M］. 合肥：安徽大学出版社.
宋丽慧.2007. 学生参与：转型时期高校管理的视界［M］. 北京：北京大学出版社：68－69.
王锡锌.2007. 公众参与和行政过程：一个理念和制度分析的框架［M］. 北京：中国民主法制出版社：35.
翁岳生.2002. 行政法［M］. 北京：中国法制出版社：340.
于安.1999. 德国行政法［M］. 北京：清华大学出版社：77.
张君辉.2006. 中国教授委员会研究［D］. 长春：东北师范大学：18.
Berger C J，Berger V. 1999. Academic Discipline：A Guide to Fair Process for the University Student［J］. Columbia Law Review（2）：299－310.

The Participating of Teachers and Students in the Enacting Process of Administrative Regulations on College Students

Tian Penghui

Abstract：The participating of teachers and students in the enacting process of administrative regulations on college student is a prevalent phenomena in western countries. The rights of the participating of teachers and students in the enacting process of administrative regulations on college students have not been ensured by law in our country. The action establishing administrative regulations on college students is both administrative action and lawmaking action. Researching from the two ways wo know that teachers and students are supposed to participate in the enacting process of administrative regulations on college students. The participating of teachers and students in the enacting process of administrative regulations on college students have realistic meanings in complying to the rule of higher education，the respect of political status of teacher，the protecting of students rights，the harmonizing of relation between students and higher education institutions，the training of democracy capability of students and so on. Therefore the rights of participating of teachers and students in the enacting process of administrative regulations on college students are supposed to be established by law.

Key words：the establishing of administrative regulations on college students, the participating of teachers and students, the inside administration of higher education institutions

作者简介

田鹏慧，男，汉族，1966 年 1 月出生，河北省石家庄人，河北师范大学公共管理学院教授，博士，研究方向为教育管理与法治。

□祁占勇

走向法治化现代大学制度的体制障碍与机制选择[①]

【摘　要】建设具有中国特色的现代大学制度既是我国高等教育事业发展的必然要求，也是对现代大学重新进行制度变迁与制度设计的再造，更是高等教育领域的重建运动和制度选择。实践中走向法治化的现代大学制度正遭遇着高等教育行政管理体制、高等学校内部组织体制、高等学校成员权利保障机制、高校法人治理机制等体制性障碍与掣肘。走向法治化现代大学制度建设的关键在于加快、加强、加速完善现代大学法人制度，确定高校法律定位。在此基础上，走向法治化现代大学制度的机制选择与法治精神的重塑，理应是“大学自治、学术自由、公益为本、科学管理”的现代大学法人治理结构的新型制度，体现法治社会的精神，实现大学依法治校（教）。

【关键词】法治化，现代大学制度，大学自治，学术自由

① 本文系2009年度教育部人文社会科学研究青年基金项目“现代大学制度视域下的我国公立高等学校法人内部治理结构研究”（项目编号：09YJC880066）的阶段性成果之一。

近年来，随着高等教育体制改革的推进，建立与我国政治、经济、文化和社会体制相适应的现代大学制度成为高等教育改革的一项重要内容与主要任务。现代大学作为一种社会机构，伴随着高等教育领域内旧有利益关系与格局的打破，必然要求对高等教育范围内的权力结构进行重新配置并重构新的利益保障与权衡机制。在新的权力配置与权利保障机制中，如何保障现代大学健康、有序、和谐地运行，确保现代大学“自治、自由、自律、责任”的精神特质，整合不同的高等教育资源使现代大学更好地实现教学、科研与服务社会的功能，重构大学领域内的不同权力（利）主体关系的话语权等，是摆在高等教育体制改革面前急迫而又重大的现实与理论问题。我们不是没有制度而是缺乏时代发展需要的现代大学制度，这就需要重新审视我国目前旨在建设的现代大学制度。2010 年 7 月 29 日中共中央、国务院颁布的《国家中长期教育改革和发展规划纲要（2010—2020 年）》第四十条明确指出要“完善中国特色现代大学制度”，并在第六十七条将“现代大学制度改革试点”作为“组织开展改革试点”中的其中一项，足以可见国家层面对中国特色现代大学制度建构的重视程度和殷殷关切。在当前现代大学制度研究中，基于理性指导、制度重构与法规制约等的多重标准，对现代大学法人制度、法人治理、法人治理结构等问题还缺乏共性与共识的研究。高校作为一种特殊的社会组织，还未能充分体现法治的精神实质，其治理还未能完全符合法治主义的精神。在此背景下，从法律视野出发对现代大学制度进行探讨既是实践的客观要求也是研究者的理性选择。

一、走向法治化的现代大学制度正遭遇着体制性障碍

新中国成立以来，我国有关教育方面的改革一直未有间断过，而高等教育真正进入实质性改革，则源自 20 世纪 70 年代末的改革开放政策的大力发展、实施与推进。

但是，时至今日，现代大学在不断的发展、改革、变革过程中，不仅遭遇了空前的困惑与困境，不同的利益主体有着不同的利益诉求，作为理性和价值中立模式的学者共同体陷入了多种目标的相互冲突之中；而且先前所探讨的问题“并不意味着相关的过去争论不休的理论与实践问题都已得到解决”（李泽彧，2001）[44]，大学作为现代社会中一个具有

建制特征、专业利益、资本分配和转换机制的场域，相对独立于政治、经济和社会权力场域。然而，现在大学在发展中的主导资本依然是政治资本、经济资本，文化资本、学术资本并没有得到很大程度上的发挥；大学的办学自主权并未得到真正的落实与扩大，大学的法人地位并未得到真正的落实；办学目标的过于功利化、学术管理的官僚化、校园文化的泛政治化等，使大学的功能日趋萎缩与退化；大学传承学术和发展学术的功能不断弱化；大学作为高深学问的权威机构则因文科研究充任现行政策的注释员，理工科重实用技术轻基础理论而变得名不副实（李泽彧，2001）[44]。“高等学校由政府包办的传统思想观念仍然存在，计划经济体制下形成的管理制度也依然起作用，政府转变职能进展缓慢，高等学校对政府的依赖意识和等、靠、要思想没有从根本上改变，已经规定的办学自主权实际尚未到位，没有得到根本落实，改革的效果不能令人满意。”（周远清，2001）大学组织结构的内在秩序日益走向失范，对物质资源的追逐导致大学精神理想、教育价值、学术规范正在遗失，大学正遭遇着“本体危机”的尴尬！其实，这种本体危机正好映衬了大学生存空间中制度的缺失，制度障碍成为阻碍大学发展的瓶颈，使得大学在处理学术自由、大学自治与政府、社会干预间的关系时，处于二者的“夹缝”中。大学同时承受了政府、社会、市场等的多重压力，其自主性依然处于缺失状态；大学脱离了其良性运转的轨迹，大学对不同利益主体的利益诉求与表达存在着失衡，“在中国，权力干预学术自由的时代还没有完全过去，我们又将迎来一个金钱主宰学术方向的时代”（甘阳 等，2004）。

面临问题重重的高等教育，阻碍我国高等教育改革与发展的障碍到底是什么？事实上，正如有学者所言：“现在教育发展中遇到的很多问题都是制度性障碍，不克服这些制度性障碍，教育就不可能有大的发展。比如说，推动学校自主办学，搞了多年，效果并不理想，问题在于现在主要靠的是政策性放权，而不是制度性建设。学校能不能作为一个法人独立办学，关键在于有没有制度保障。只给政策而不革新制度，是难以取得实质性进展的。不久前教育部公布的《从人口大国迈向人力资源强国》的报告提出建立现代大学制度，完善学校法人制度，都是着眼于克服制度性障碍，抓住了根本”（熊庆年，2003）。大学正在遭遇着制度性障碍，如何建构适合中国国情的现代大学制度？政府如何管理大学？大学如何有效运作？大学如何进行制度性变革？“人类社会发展到今天，已形成庞大而复杂的制度协调，即分领域、有层次、多形式的‘制度之网’，不同领域、不同层次、不同形式的制度之间相互作用，共同向导与规范着人们的政治行为、经济行为和文化行为。”（王军，1997）一部大学发展史，就是一部大学制度创新史。实践中我国高等教育发展所面临的体制性障碍可以概括为以下四个方面。

（一）高等教育行政管理体制的障碍

从20世纪80年代中期开始，高校自主权的落实与扩张遭遇瓶颈，即政府和社会为大学提供的资源和制度空间很小，大学陷入了“本体危机”的边缘。主要是因为高等教育行政管理体制障碍所致。从制度分析的角度来看，制度环境建设的核心是完善大学办学自主权。1998年，联合国教科文组织通过了《世界高等教育大会宣言》，呼吁世界各国政府不要过于干预大学，要维护大学的办学自主权和独立的法人地位。2000年，国际大学协会也发表了《学术自由、大学自主和社会责任》的声明，并准备起草一份维护大学办学自主权的国际公约。

高等教育行政管理体制，即我们通常所说的政校关系问题，从体制的角度来看，政校关系的核心是权力的分配问题，即政府和学校之间职权、职责的界定问题。政校关系理不顺，政府该管的没有管，形成权力缺位；不该管的，自然也管不好，形成权力错位。政府职能的缺位和错位就会导致高等教育改革的梗阻，影响整个高等教育事业的发展。但我国大学长期运行于行政权力主导的环境中，政府高度统一管理、行政权力高度泛化与强化导致权力的结构性失衡。

大学办学自主权的落实与扩张，正在遭遇着制度性障碍，主要是因为政府和社会为大学发展提供的资源和制度发挥的空间很小，从而使高校陷入了对外缺乏自治权与对内滥用自治权并存的境地。

（二）高等学校内部组织体制的障碍

高校内部治理走向泛行政化，即大学自身制度整合办学资源以及把握发展机遇能力有限，大学成为了行政机关的一个缩影与再现。主要是因为高等学校内部组织体制障碍所致。高校作为一个特殊的社会组织，是以学术自由为真谛的，大学的生命力在于学术本性。我国已在法律体系中确立了学术自由的原则，但是在具体实践中没有相应的制度作保障。如何将学术自由的原则具体化，最主要的是确立大学自治的制度。但我国现有的高等学校管理体制是与计划经济相适应的，高等学校习惯于依赖政府，成为政府的一个层级。大学自治的实现，不仅要改变高等学校依附于教育行政主管机关的状况，使其成为真正意义上的法人，将高校与政府之间的关系框定在法治的范围之内，意味着大学对于国家和社会的相对独立性，而且有待于微观自治的实行，即大学的有效治理。而大学的有效治理不仅仅在于大学内部权力的有效运行，还要注重保障大学成员尤其是教师和学生的权利。

但现实中，高校内部治理在不断地挤压学术权力，通过行政权力的模式来维持高校的发展，造成了大量的学术失范。高校自身把握机遇能力有限，习惯于按照行政命令、指导的方式行使，其自主性、主体性没有得到发挥。大学组织结构的内在秩序日益走向失范，对物质资源的追逐导致大学精神理想、教育价值、学术规范正在遗失。

（三）高校法人治理制度的障碍

高校法人治理缺乏合法性，陷入了法治与德治、人治博弈的泥潭，而结果往往都是人治占据了上风，“政策流行”“规则至上”成为了治理的逻辑。这主要是因为高校法人治理机制的障碍。高校法人治理的提出，主要导源于“政企分开”的“法人治理结构”的治理理念与全球性的高等学校法人化运动，即建立现代企业制度与走向法人治理，试图为高等教育改革带来经验上的福音，使“政事分开”的改革能够更好地开展。同时，大多数国家与地区也在积极地进行高等教育改革，其改革的方向是“公立高等学校法人化”，即赋予高校法人地位，其实质是一种公法人化的改革，比如日本、新加坡以及我国台湾地区等。虽然，各国的法律体制不同，但至少说明了进行高等教育法人化改革的必要性。政企分开的成功与国外高校法人化改革的趋势，使人们对高等学校改革取得成功寄予了厚望。在高度民主化、法治化的社会里，高等学校的治理应该通过法律手段来治理。走向法治化高等学校的前提是赋予确定的高等学校法律地位与法人地位，使高校实现法人治理，而法人治理的前提与基础是有完善的法人治理结构。

然而，事与愿违，忽略二者本质上的不同，必将使事业单位改革陷人泥潭。同时，简单的移植与照搬，最终也必将落下水土不服的状况。因此，我国高校如何走向法人治理还有待于进一步的研究与探讨。高校的法律地位、法人地位、法人治理结构等问题依然亟待澄明。

(四) 高等学校成员权利保障机制和法律主体地位的障碍

大学成员权利保障机制缺乏有效的救济渠道，即大学成员在高校发展中的权限空间很少，主体性地位没有真正得以发挥。主要是因为高等学校成员权利保障机制的障碍所致。在我国高等教育改革中，高等学校是改革的重心，因此明晰高等学校与教师、学生的法律关系，确定高等学校教师、学生的法律地位，对于改革高等学校管理体制，规范高等学校的权力至关重要。高等学校权力的行使者，既包括政府等外部利益主体，也有高校等内部利益主体。从权力的本质来看，权力的本性在于扩张，行政权力尤然，只要是权力就可能侵犯权利，政府是大学权利的威胁者，要建立以社会制约权力的社会制衡机制，人们才能得以免受国家强权的干预，保持相对的自主性。大学是教师和学生权利的威胁者，对于大学来说，只有"存在诉诸法律的可能性，才有在实际上受到尊重的极大可能性"（韦伯，1998）。

但从我国高等学校法律实务来看，高校教师、学生的法律救济渠道没有真正打通，法律上缺乏明确的规定，从而导致高校法律救济渠道混乱不堪。

显然，如何从法律的角度探讨现代大学制度已是一项刻不容缓的、亟待解决的、时代性与现实性很强的又具有理论性的基本课题。我们需要重新认识高校内、外部的权力配置与保障问题，现代大学需要健全的法人机制，通过继续深化高校内外部管理体制改革，建立健全完善的现代大学法人制度。

而且，近年来，国家在教育法律、行政法规以及教育规章等文本中，也对现代大学制度的建构给予了很大的关注。在教育部 2004 年 2 月 10 日颁布的《2003—2007 年教育振兴行动计划》中，明确地提出要"深化学校内部管理体制改革，探索建立现代学校制度"。而且进一步指出："高等学校要坚持和完善党委领导下的校长负责制，推进依法办学、民主治校、科学决策，健全学校的领导管理体制和民主监督机制。""遵循'从严治教，规范管理'的原则，加强学校制度建设，逐步形成

'自主管理、自主发展、自我约束、社会监督'的机制。"

2007年5月18日，国务院批转教育部制定的《国家教育事业发展"十一五"规划纲要》，该《纲要》在"保障措施"部分明确地提出要"深化体制机制改革，增强教育发展的生机与活力"，不仅要推进教育管理体制改革，"完善中央和省级人民政府两级管理、以省级人民政府为主的高等教育管理体制""进一步明确和落实各级各类学校的法律地位，完善学校法人制度，建立和完善现代大学制度"，也要建立健全学校内部管理制度，"建立健全办学规范、管理有序、监督有效、保障安全的学校内部管理制度。加强学校管理，推进科学民主办学和依法办学。……努力建设平安、健康、文明的和谐校园"。

《国家中长期教育改革和发展规划纲要（2010—2020年）》在第四十条也明确指出要"完善中国特色现代大学制度"，在第六十四条要求"学校要建立完善符合法律规定、体现自身特色的学校章程和制度，依法办学，从严治校"，并在第六十七条"组织开展改革试点"中将"现代大学制度改革试点"列为试点先行的重大改革试点项目。

因此，解决现代大学遭遇的制度性障碍需要法治精神的支撑，建立和完善现代大学制度，不仅关系着我国高等教育管理体制改革的进程，而且关涉着高校法律地位与法人地位的完善与落实，更与高校内部管理制度的健全、高校依法办学、创建和谐的法治校园密切相关。

二、走向法治化现代大学制度的关键是建立现代大学法人制度

目前中国高等教育的发展趋势是向着"以市场机制为导向、以政府调控为主导、以学校办学为主体和以社会参与为基础"的方向发展（闵维方，2000）。也就是说，经过我国改革开放30多年的努力，我国高等教育的办学、投资、管理等方面的制度格局已发生了很大的变化，有的变化已在政策、法律中得到了体现与落实，有的改变依然是高校自身的行为并没有得到认可与承认，更多的是小打小闹性的变化。高等教育的变革不仅有政府主导型的、也有社会主导型的，更应该有政府与社会主导型的，同时还应有自下而上变革型的。而要使变革能够得以彻底地贯彻执行、落实，使变革能够持久地永续发展下去，应有良好的制度环境作为支持平台，而制度环境的高级形态则是法制的健全与完善，努

力实现依法治教。现代大学制度建设的根本，需要加快、加强、加速完善现代大学的法律制度。

现代大学法人制度的建设，首先应该明确大学的法律地位、大学的法人地位。但大学拥有什么样的法律地位、法人地位呢？

从西方世界来看，无论是大陆法系国家还是英美法系国家，公立高等学校的法律地位都可以称为“公务法人”。公务法人是近代行政管理的新技术，是行政组织在新的历史条件下的一种扩张形态（马怀德，2002）[34—35]。它不同于私法人和其他公法人，具有以下四个特点。第一，公务法人是依据公法设立的法人，是公法人的一种，不同于以私法设立的私法人。所谓公法人就是“根据公法规定而成立法人，以公共事业为成立目的”（李震山 等，1993）。第二，公务法人是国家行政主体为了特定目的而设立的服务性机构，与作为机关法人的行政机关不同，它担负着特定的行政职能，服务于特定行政目的。如公立高等学校通常是由国家设立的，但学校一经设立，就享有依法办学的自主权，负有向学生和其他受教育者提供教育服务的义务。第三，公务法人享有一定的公权力，具有独立的管理机构及法律人格，能够独立地承担法律责任。它不同于行政机关内部单位和内设机构，也不同于行政机关委托的组织、个人，而是可以以自己的名义独立行使某种权力、承担相应的法律责任。第四，公务法人与其利用者之间存在着复杂的法律关系，既有民事法律关系，也有行政法律关系。如公立学校与学生之间既有民事关系，又有行政关系。而不同的法律关系决定不同的法律救济渠道。如果涉及行政争议，就以行政诉讼的方式解决纠纷；如果是民事争议，则适用民事诉讼的途径实施法律救济（马怀德，2002）[34]。

在我国，关于现代大学的法律地位问题，仍然是一个悬而未决的议题。从目前学术界、理论界的研究来看，主要形成了事业单位法人、公法人、公法人中的特别法人、法律法规授权组织、第三部门等不同的观点。

（一）大多数学者、专家将高等学校定位成一种非企业法人的事业单位法人

理由是《中华人民共和国民法通则》（以下简称《民法通则》）依据法人宗旨、任务的不同，把法人分为企业法人和非企业法人。划分企

业法人与非企业法人的一个重要标志就是是否以营利为目的，凡是以营利为目的的组织均为企业法人，而不是以营利为目的的组织则为机关、事业、社团法人。作为非企业法人中的事业单位法人的高等学校，其法律地位比较特殊。“一类是以权力服从为基本原则，以领导与被领导的行政管理为主要内容的教育行政关系；另一类是以平等有偿为基本原则，以财产所有和流转为主要内容的教育民事关系。”（劳凯声 等，1997）

（二）高等学校是一种公务法人

公务法人是公法人的一种。所谓公法人，“是指以社会公共利益为目的，由国家或公共团体依公法所设立的，行使或分担国家权力或政府职能的法人”（魏振瀛，2000）。具体言之，公法人是按照涉及公共利益的法律建立的、能够作为公权力主体行使公权力课以义务的组织，它是为了公共利益而存在的主体。大陆法系国家将公法人分为“公法团体、公共机构和公法财团三大类”。其中，公共机构是依照公法成立的，由某些物及人组成的，以持续方式达成特定行政目的的组织体，也称为公务法人，如公立学校、图书馆、博物馆、公立医院等。这种观点认为，我国的事业单位法人与大陆法系国家的公立公益机构（即公务法人）在功能方面有很多类似之处，如都是国家依法设立的提供专门服务的公益组织，具有特定的行政上的目的即行使一定的公共权力，具有独立的法律人格。故应当将学校等事业法人定性为公法人的组成部分之一即公务法人。大学不是普通的民事主体，也不是国家行政机关，而是承担公共职能追求公共事业的公务法人（马怀德，2000）。

（三）高等学校是公法人的“特别法人”

这种观点是在公务法人理论的基础上认为，“就我国公立高等学校与政府之间的关系而言……《教育法》和《高等教育法》分别明确的高等学校法人地位，绝不仅仅是一种民事主体地位，而是还包括它在行政法上的特殊主体地位。这种地位不仅在民事活动方面将高等学校与政府的关系区分开来，即高等学校是一个具有独立民事主体资格的法人，享有独立的民事权利与义务，而且在民事活动之外的教学、科研、教师及学生管理等领域也明确了高等学校与政府的关系，即高等学校在这些领域也具有独立的主体地位，是行政法上的特别法人”，也就是公法人中的特别法人。作为公法人中的特别法人，“公立高等学校不再是政府的附属部门，与政府之间则是两个法人之间的关系。既是两个法人，则高等学校与政府应分别具有自己的意志，享有法人权利并独自承担责任”（劳凯声，2003）。

（四）高等学校是法律、法规授权的组织，具有行政主体地位

这种观点认为，依据《中华人民共和国行政法》（以下简称《行政法》）与《中华人民共和国行政诉讼法》，行政主体是指依法享有并行使国家行政权力，履行行政职责，并能独立承担由此产生的相应法律责任的行政机关或法律、法规授权的组织。由上述概念可以看出，具有行政主体资格的，一是国家机关，二是法律、法规的授权组织。很显然，高校不是国家机关。所以，判断高校是否具有行政主体资格的关键，就是看它是否是法律、法规授权的组织。《中华人民共和国教育法》（以下简称《教育法》）规定学校所拥有的权利，诸如招生权、处分权、颁发学业证书权等，都具有明显的单方面意志性和强制性，符合行政权力的主要特征，因而性质上应属于行政权力或公共管理权力。由此可以推断，高等学校是经由国家法律的授权，行使国家行政权力或公共权力的事业单位，具有行政主体资格。在“田永案”中，法院也明确指出，高等学校具有行政主体地位——“在我国目前情况下，某些事业单位、社会团体虽然不具有行政机关的资格，但是法律赋予它行使一定的行政管理职权。这些单位、团体与管理相对人之间不存在平等民事关系，而是特殊的行政法律关系”（最高人民法院办公厅，1999）。

（五）高等学校是第三部门

劳凯声教授认为，就教育属性而言，教育属于政治与经济之间的第三领域，应定位于社会的第三部门（劳凯声，2002）。同时，劳先生进一步指出，公立学校的未来面貌应该是由国家设立的，以培养专门人才、开展学术研究为目的、为不特定多数人服务的公立公益性机构，是面向社会自主办学的组织机构，是一种介乎公法与私法之间的“特别法人”（劳凯声，2010）。邬大光教授以为，当代高等教育改革已有意无意地受到了第三部门理论的影响，在实践取向上已越来越具有第三部门

的特性。第三部门视野中的高等教育的关键词应是“非营利组织”与“社团法人”（邬大光 等，2002）。所谓社团法人是指“以人的集合为基础的有民事权利能力的社会组织”（苏力，1999）。将非营利组织与社团法人加以合并，即第三部门视野中的高等教育机构应是一个非营利性社团法人。熊跃根认为，“值得注意的是：同发展中国家明显不同的是，西方‘第三部门’的形成和发展过程中具备一定的制度条件，其中包括：公/私界限较清晰的划分使社会力量得到了良好的发育，智识群体在社会福利事业中的广泛介入与参与，自下而上的民间自助组织和社会运动的发展以及国家在社会生活领域中有意识的‘功能让渡’。而我国，很难将公/私二分法以及清晰的国家—市场关系构成”（熊跃根，2001）。从第三部门理论出发，基于中国高等教育的自治与非营利要求，第三部门或许是高等教育的发展方向。但是，它依赖于“国家—经济部门—公共领域”结构的建立。在我国，要形成第三部门所需要的制度条件，还有漫长的路程要走，任何大学的自治都必然是有条件的、与政府合作的、有利于学校和国家发展的自治。就此而言，高等学校很难发展成为第三部门要求的“民间性”团体。

从以上分析中可以看出，每一种理论都有其优点与缺点，而且学界在探讨高校法律地位过程中，将高校的法律地位与高校法人地位有时作为同一个概念去谈，这是不合理的。我们认为，结合我国高等教育运行的实践，由于高等学校法律关系的复杂性，高校作为社会组织，法律地位应是多种多样的，将其局限在某一个方面都会为高等学校在实践运作与理论拓展等方面造成很大的困难，以至于陷入泥潭与沼泽。我国公立高等学校法律地位的定位依然面临着严峻的挑战。

在此基础上，学界对高等学校的法人地位也展开了广泛的讨论。大学的法律地位与法人地位是两个不同概念，高校的法律地位既包括学校在民事关系中的法人地位，也包括学校在行政关系当中的法律地位问题。

高等学校具有法人资格，理论界的看法是基本相同的。关于高等学校法人地位的争论主要体现在高等学校是什么性质的法人和高校法人权利性质与内容两个方面。

高等学校是民法意义上的法人，还是公法人性质的法人。一种观点认为，根据我国《民法通则》第三十六条到第五十条的规定，我国现有高等学校属于事业单位法人，自批准成立之日起，取得法人资格。《教育法》和《中华人民共和国高等教育法》（以下简称《高等教育法》）关于高等学校法人地位的规定与《民法通则》是一致的。高等学校是一般意义上的法人，即民法意义上的法人（石正义 等，2002）。但也有学者认为，高校法人还不是完全意义上的法人，而是民事能力、行为能力和责任能力都受到限制的不完全的“准法人”（胡劲松 等，2001）。另一种观点则认为，高等学校是公法人中的特别法人，享受民事方面的权利和公法上的权利（申素平，1997）。因此《教育法》和《高等教育法》所规定的法人应该是公法人，高等学校的权利也是公法权利，不是民事权利。

理论界对高校法人问题争论的另一个焦点就是高校法人的权利性质与内容。一种观点从民法视角出发，认为高等学校具有法人地位，享有办学自主权。《教育法》和《高等教育法》所规定的学校的权利是高等学校依法享有的法人权利（肖远军，2000）。另一种观点则认为，高校作为公法人中的特别法人，既享有民事权利，也享有公法上的权利。高校的民事权利主要有财产权、人身权、债权、知识产权等；高校法人在公法上的权利主要有招生权、专业设置权、科学研究权、教学权、人事权、资产权以及对外交往权等。《教育法》和《高等教育法》所规定的权利不是民法意义上的权利，而是高校基于授权而获得的公法上的权利（申素平，1997）。

我们认为，要正确认识高等学校的法人地位问题，必须以我国现行法律为依据。

我国《民法通则》依据法人宗旨、任务的不同，把法人分为企业法人和非企业法人。划分企业法人与非企业法人的一个重要标志就是是否以营利为目的，凡是以营利为目的的组织均为企业法人，而不以营利为目的的组织则为机关、事业、社团法人。从这个层面来看，高校是事业单位法人，这是确定无疑的。但这种法人分类本身有其缺陷与瑕疵，无法体现公立高校的特殊性。正如有学者所言：“在我国的法人分类理论中，法人被分为机关法人、企业法人、事业法人、社会团体法人。这种分类理论完全是一个以国家为指挥、以各类机构分工承担为配合的高度中央集权型治理模式，整个体系是以命令与服从来维持和运转的，个人的权利要求在其中找不到位置。实际上这套法人理论作为政治上层建筑也是计划经济结构的法律映射物。个人在其中消失了。在这个基础上的行政法注定是管理法，而不可能为个人权利找到法律上的根据和理论上的解脱。”（湛中乐，2003）而且，有学者具体分析了这种分类的不足，有研究者指出，这种划分的缺陷是非常明显的，其主要表现如下。(1) 没有明确公、私法人的分类，减弱了民法的社会功能。法人制度只有通过清晰的公、私法人分类，严格设定民事生活领域的准入规则，才能完成对公法人进入私法领域的限制，实现对私法领域实施自主行为的保障。(2) 受计划经济的影响，突出不同所有制企业的特殊性，已不能适应当前的经济生活。在市场经济条件下，决定法人分类的标准不是所有制身份，而是法人的组织结构和运行机制。(3) 事业单位法人包含的类型过于宽泛，既有国家拨款成立的兼有部分行政管理职能的公法人，又有依国家行政命令组建的公益法人，还有由自然人或法人组建并办理登记成立的私法人。这些法人没有按其特征抽象出同一类别的因素和基础。(4) 没有确认财团法人，不能包容我国现有的法人类型，如基金会、寺庙、捐赠财产构成的各类组织等（马俊驹，2004）。

但无论怎么说，在我国相关教育法律法规没有作出修订之前，我们只能在“高校是事业单位法人”的框架内讨论高校法人，基于高校事业单位法人的法律地位探讨现代大学制度的法律重塑问题，这样的讨论和研究才具有实际意义、理论价值与建设性，否则就流于形式。

综合上述观点，正如有学者所言，依据目前法律制度，我国公立高等学校在民法中的法律地位是明确的，即公立高等学校是事业单位法人。同时，公立高等学校在特定的领域中具有行政主体地位，是法律、法规授权组织。基于此，我们认为可以在事业单位法人和行政主体的基础上，整合我国公立高等学校法人的制度安排。其一，事业单位法人可以完全解决公立高等学校法人在民事权利、民事行为和民事责任方面的问题，因此不必再另行设立新的法人制度专门规范公立高等学校法人。其二，由于公立高等学校法人也承担着部分政府公务，为解决其主体地位问题，可以采用的立法概念主要有两个：行政主体和行政机关。但将公立高等学校视为行政机关显然不符合目前世界高校法人化改革的浪潮，不利于我国政府改革，而使用行政主体则可以解决此问题。因为，行政主体包括行政机关和法律、法规授权的组织，我国法律、法规对公立高等学校也有相应的授权条款，则公立高等学校实际上具有法律、法规授权组织的地位，为行政主体的有机组成部分，承担着部分政府公务（覃壮才，2004）。其三，当公立高校与政府发生法律关系时，公立高校则是行政相对人，政府为行政主体，公立高等学校要接受政府的管理，政府对公立高校所采取的管理方式主要有行政指导、行政监督、行政服务等。

因此，我国公立高等学校的法律地位具有多重性，概括起来的话，高等学校具有三种主体资格，即作为行政相对人的高校、作为民事主体的高校（法人）和作为行政主体（法律法规的授权组织）的高校。

三、走向法治化现代大学制度的机制选择与法治精神的重塑

大学的治理，从法理学层面来讲，就是权力的分配与制衡。权力的分配必须考虑三个基本维度：一是权力类型，即哪些权属于中央控制，哪些权属于地方掌握；二是使用权限的程度，即中央和地方在多大程度上使用这种权力；三是大学自身应拥有的独立自主权，即政府与高校在权限划分中高校基于自身的独特性而拥有的权利。显然，走向法治化现代大学制度的机制选择与法治精神的重塑，核心就是解决高校与政府、社会、教师、学生的法律关系，明确大学成员在我国法律制度上的权利主体地位，合理配置不同主体的权利，通过法律确定大学成员在法律上的权利与义务，廓清各自所享有的权利边界，从而实现高校法人内部治理中的权利有效保障。其实质就是实现高等学校共同治理，共同治理本质上也是世界范围内高等教育治理的主要模式。

第一，从大学与政府、社会的法律关系出发，现代大学制度应当体现“大学自治”的治理精神，大学自治的前提是大学要成为法人实体，是自我负责的办学主体，本质上反映的是大学的主体性，即体现大学的自由制度——由多数人所决定的民主制度，从而实现权力的多中心化。

然而长期以来，我国大学的发展过多地依赖于政府的控制，以政府控制模式为主，即中国高等教育是在政府集中控制和行政约束的制度环境中运行的，通过一个个等级结构（各级政府或部门）由上对下进行垂直领导。在这种制度安排下，高等学校办学的主体是国家及教育行政部门，高等教育隶属于政府，高等学校的建立、经费来源、专业设置、

招生计划、教学过程、科学研究、毕业分配、人才引进、基本建设、后勤服务，等等，都遵循国家或主管部门的指令办事，形成了以单一的行政配置机制为主要内涵的运行机制。这种制度下的高等教育制度是缺乏创新的，因为“（1）在高度集中控制下的高等学校自发进行的制度创新，在一般情况下都会与已有的行政规则相冲突，偏离已有的规则，不服从集中控制的‘叛逆行为’；（2）作为高等教育的主管部门与其所管理对象的权力与信息的不对称，导致制度创新乏力；（3）在强制服从模式下，两者之间信息沟通的障碍；（4）在这种办学体制及运行机制的支配下，学校封闭划一，按部就班，缺乏活力，学校吃国家的大锅饭”（毛亚庆，1998）。具体来讲，在大学与政府的法律关系中，主要以行政法律关系为主。但我国大学与政府形成的行政法律关系中，行政主体的权力与行政相对人权利之间存在着严重的不平衡，存在着重视实体法权利而忽视程序法权利、彰显行政权而忽视行政相对人权利的问题。主要表现为：一是教育行政法律关系中过于彰显政府的行政指导、控制与命令，忽视了政府义务和责任的承担，造成信息失真、不对称等现象，难以克服政府失灵的效应。二是教育行政法律关系是由行政主体和行政相对人构成的，在彰显教育行政机关的权力时，则必然弱化行政相对人的权利，强调政府的优势地位忽视行政相对人的主体地位，缺乏对行政相对人的权利的研究。三是《教育法》和《高等教育法》等法律法规虽然对高校的权利与义务作出了相应的规定，但这些权利是学校基于民事主体或者法律、法规授权的行政主体的资格而取得的办学自主权，并没有对高校作为行政相对人的权利进行说明，容易造成政府与高校权利与义务的脱离，导致行政主体对行政相对人权力的侵犯。这种认识明显地受到了行政法“管理理论”的深刻影响，相信和信任政府，而缺乏对行政相对人权力的认识，重视二者的不平等性，忽视双方的平衡。其实，从行政法理论的发展来看，对于行政主体与行政相对人之间的权利义务关系的认识主要有三种不同的理论。第一种理论认为行政主体和公民的关系是一种“支配与服从的关系”，把公民置于被管理、被支配的地位，主张二者法律地位不平等，强调维护行政特权，被称为“管理理论”。这种理论曾流行于德、日等大陆法系国家和实行计划经济体制的国家，如苏联等。第二种理论强调控制行政权、保护公民权利，主张通过立法、行政程序和司法审查来控制行政权，认为只有行政权受到严格控制，公民权利才有保障。其最大特点是突出监督行政的关系，被称为“控权理论”。这种理论主要流行于英美等普通法系国家。第三种理论认为行政法关系的各方主体都是能动的，扩张的，又有两重性。双方既对立又合作，是行政法制发展的根本原因。行政法对双方主体既要加以制约，又要加以激励，强调制约行政权。同时，行政主体应维护和增进相对方的合法权益，行政相对方要理解和支持行政主体的执法行为，特别是要通过互动的参与机制形成和谐、合作的行政关系格局，被称为“平衡理论”。显然，前两种理论分别都是为了解决“政府失灵”和“市场失灵”而提出的，在当时具有很大的历史进步性。但是，历史是向前发展的，此时的时代背景与昔日相比有很大的不同，“政府失灵”与“市场失灵”的现象没有因为“管理理论”与“控权理论”的发展而不复存在。因为，无论是“管理理论”还是“控权理论”都是偏执一词，站在了事物发展的两个极端，要么重视对行政权的弘扬来压制行政相对人的权利，要么重视对行政权的严格控制来保护行政相对人的权利。我们认为，在现代民主法制进程比较健全和完善的前提下，要纠正前两种理论的弊端，就应该重视利用“平衡理论”来认识行政主体与行政相对人的权利义务关系，构建新的行政法理论。据此，结合《教育法》《高等教育法》《行政法》以及《国家教育事业发展“十一五”规划纲要》等相关法律法规和政策的规定，我们认为，我国政府对大学管理权限主要表现为：有权制定教育规划，统筹安排高等教育事业的发展，即教育行政规划权；有权对高等学校进行监督，包括对高等学校的办学水平、教育质量、财务活动等的监督，即教育行政监督权或教育行政评估权；有权对高等学校进行宏观指导、统筹与协调，在法律或法律原则范围内，运用非强制的指导、鼓励、建议、劝告、说服、教育及指引等方式进行管理，从而优化高等教育结构和资源配置，提高高等教育的质量和效益，即教育行政指导权；有权在高等学校的设立、校长任免、招生计划等方面进行必要的行政命令，作为高校必须服从，但行政命令必须有法律依据，受法律严格制约，即批准设立与任免权；有权对高等学校的国家划拨的教育经费进行分配，即教育经费分配权。虽然我们对政府管理大学的权限进行了初步的界定，但在具体的行使过程中，要把握一个最基本的原则，那就是：大学和行政部门能做的事，坚决由大学去做；地方和中央能做的事，坚决由地方去做；

市场和政府能做的事，坚决由市场去做。政府做大学和市场不愿做和没有能力做的事。对于市场，不是法律禁止的行为，政府不干预；对于政府，不是法律规定的事情，政府不做（转型期中国重大教育政策案例研究课题组，2005）。而高校作为行政相对人所享有的权利可以概括为：第一，参与国家有关高等教育事业的管理权；第二，排除违法行政的请求权和行政介入权；第三，拥有建议、批评、控告、揭发权；第四，获得国家物质保障和受益权；第五，获得行政救济和赔偿权。

而在高校与社会的关系中，以交换为原则的市场机制在大学与社会之间存在着，大学只有在它提供高品质服务的同时，才能从社会获得其发展所需要的各类资源的回报。也就是说，社会与大学之间存在着某种可见或不可见的利益关系。密歇根大学前校长詹姆斯·杜德斯达曾风趣地指出："在过去的30年中，密歇根大学从'州支持'的大学成为'州帮助'的大学，后来又成为'州有关的'大学，最后到'位于州内'的大学。"（杜德斯达，2005）今天"许多名义上官办的高等教育机构其实是一种混合体。它们收学费，从而把教学卖给学生。它们接受建筑物的捐赠，从而出售纪念物。它们同政府或私人企业签订研究合同。很多州立大学得到大量私人捐赠，如伯克利的加利福尼亚大学、密执安大学和威斯康星大学，这些只是其中的少数几个"（米尔顿·弗里德曼，罗斯·弗里德曼，1982）。在我国，有关研究表明，"目前我国高校的经费大致有52%来自政府财政拨款，48%需要学校自筹；在48%中，其中有20%左右来自于学生的学费，28%则要学校通过其他方式获得，如横向科研课题、联合办学、接受私人捐赠等"（席恒，2003）。

我国作为一个"后发外生型"的现代化国家，正在逐步进入一个依靠机制诱导而非靠行政强制的时代，大学与社会存在着多重关系状态的重叠交织，这种多重的关系状态，可以用"协调与张力模式"来整合。大学要实现与社会的良性互动，关键的环节是处理好大学与社会间"即"与"离"的关系。"即"指大学与社会的密切关联；"离"指大学的发展要遵循自身的规律，与社会保持相对距离，对来自外部的控制保持相对独立。在大学发展史上，任何脱离社会的举动，都可能使大学发展置于危险的境地。作为社会的中心机构，大学教育的好坏足以影响乃至决定一个社会文化与经济的盛衰。大学与社会间的"离"既表现为组织机构、学术行政管理上的相对距离，再表现为思想、理智活动的独立。伴随着社会对大学需求的不断增加，探寻纯知识的目标在大学变得越来越模糊，追逐金钱、强调训练、突出应用使大学变得浅薄世俗，大学在“社会机器”的高速运转中，在“效率”和“效益”的呼声中，功利主义膨胀。大学的社会化绝非大学的政治化、产业化、庸俗化、商业化，“大学不是风向标，不能流行什么就迎合什么”。“不受妨碍地追求真理”是大学组织进行学术活动普遍遵循的原则，它具有深厚的历史传统和经验基础。所以，大学既需与社会共生共进，又要与社会保持一定张力。大学体系作为整个社会的轴心力量之一，二者的关系需要从索取走向支持、从均衡与非均衡走向平衡、从冲突走向融合。也就是说，大学体系与社会体系的合理性互融与互洽，表现为相互依存中的互动。首先，社会体系是大学体系的环境和基础，大学行为以社会环境为其“场地”，大学以社会为存在前提，靠社会提供经济和文化资源而发展；同时，大学体系的权力输出又以社会环境为对象，以满足社会发展要求为目的。其次，大学体系建基于社会环境之上，它对社会体系具有指导作用。社会体系的良好存在与发展，离不开大学体系的支持和指导，以及具体大学行为对社会活动的适度介入。社会体系在自我运行过程中遇到自身难以调节和克服的重大问题，需要寻求大学的技术支持，就会通过相应的中介渠道提出大学支持的信息输出。总之，大学体系乃整个社会的轴心力量之一，大学与社会的关系需要从索取走向支持、从非均衡走向均衡、从冲突走向融合，从而实现二者的和谐发展，进而实现《国家中长期教育改革和发展规划纲要（2010—2020年）》中所强调的“扩大社会合作。探索建立高等学校理事会或董事会，健全社会支持和监督学校发展的长效机制。探索高等学校与行业、企业密切合作共建的模式，推进高等学校与科研院所、社会团体的资源共享，形成协调合作的有效机制，提高服务经济建设和社会发展的能力。推进高校后勤社会化改革”的目标。

因此，在大学与政府、社会的关系中，首先，大学不是政府的附属机构，不是阶级斗争的场所。正如蔡元培所言：“教育是帮助被教育的人，给他能发展自己的能力，完成他的人格，于人类文化上能尽一分子的责任；不是把被教育的人，造成一种特别器具，供他种目的的人去应用的。”（蔡元培，1912）其次，大学对社会的反应不能太迟钝，应有一定的责任感与使命感。也就是说大学的发展，不能脱离政府与社会，相互之间应体现有效的制衡，从而实现权力的平衡。大学的法人治理结构中要实现权力的多中心化，从大学的外部关系来看，应当是一个相互制衡中的平衡，大学不是超然于政府、社会的存在物，政府的控制与社会的干预有其理论上的合理性与现实上的必然性。因此，大学的自治、自由与政府的控制、社会的干预在相互保持各自主体性之际，最为重要的是把握与保持“度”。政府、社会与大学本质上的运行机制、价值追求是迥异的，大学不是纯粹的社会发展的“服务站”，也不是政府的“附属机构”。再次，大学自治不能等同于教授治校。正如约翰·S. 布鲁贝克所指出的那样：“尽管赞成学术自治的论据看起来合乎逻辑”，然而“高等教育越卷入社会事务中就越有必要用政治观点来看待它，就像战争一样太重大，不能完全交给将军们决定一样，高等教育也相当重要，不能完全留给教授们决定。”（布鲁贝克，1987）另外，社会尤其是中间机构应主动为高校的发展提供服务，当前我国的社会组织和中间机构大致包括“参与高等教育发展决策的咨询审议机构，承担政府职能转变委托任务的执行机构，行业协作自律和社团组织机构，以及民间自发成立的机构”等类型，这些机构“积极参与高等教育治理、主动提供服务的社会认可程度应是一个逐步提高的过程，提高公信力和参与能力，使之能够充分发挥用”（范文曜，2010）。基于此，大学、政府、社会三者之间必须保持必要的张力，从而实现“有限的政府、开放的社会、自主的大学”相得益彰、良性循环的关系。

第二，从大学与教师、学生的法律关系来看，在政府控制模式的指导与影响下，大学的内部结构中，学者处于大学决策的边缘，因为大学内部的组织结构与政府行政组织有着明显的同构性质，大学内部行政权力主导，学术权力严重缺位。从大学的法人治理结构来看，大学内部存在着行政权力、学术权力（利）与学习权力（利）。但在大学内部的法人权利结构中，只凸显了行政权力，而学术权力、学习权力则日益萎缩。无论是现代管理的最新理念——“管理就是服务”“领导就是服务”，还是法人的治理结构中所强调的——权力必须得到必要的制约以至达到相互的制衡——才能实现平衡。因为一旦决策权与制定权集中在一个人或同一个机关之手，自由便不复存在。正如孟德斯鸠所言：“一切有权力的人都容易滥用权力，这是万古不易的一条经验。有权力的人们使用权力直到遇有界限的地方才休止。”因此，“要防止滥用权力，就必须以权力来约束权力。”（孟德斯鸠，1961）同时，一个健全的大学法人制度，需要各权力主体之间形成一个相互制衡的治理结构，不允许不受制约的权力主体存在。然而在现实的大学法人治理结构中，依据《高等教育法》的规定，大学实行党委领导下的校长负责制。党委常委和校长、副校长由主管部门的党组织决定任命，其中党委常委必须在党内选举的基础上，由上级党组织任命，学校党委对学校干部有任免权，对重大事项有决定权，校长对行政、学术、教学、外事等工作有决定权；学校学术委员会作为学校的“咨询机构”、“审议机构”为学校的教学、科研发展提供保障；教职工代表大会居于参政、监督地位。但这种权力配置机制，存在着严重的缺陷，集中表现为：学校法人权力的高度集中、大学的学术权力不断萎缩以及监督权的不断弱化。权力配置的缺陷反映在大学法人权力的运行中，大学依据行政规则办事而忽略了学术规则；按照“自主章程”制定上位法律未有之事宜来规范相对人，违反了法律保留原则；随意扩大权限，未经或考虑相对人的利益，单方面地发布规则，未履行正当程序原则。大学的单边性（抑或是单子式的主体——领导）在其治理中得到了淋漓尽致的体现，然而，作为大学主体的教师与学生的自由与权利则被无情的剥夺，失却了话语权，成为了既得利益的牺牲品。比如，拿教职工代表大会来看，现实中大学的行政权掌握在校长手中，校长可以按照自己的意愿决定教代会的组成、召开时间、审议议题、会议程序，学校的教代会很难按照《高等学校教职工代表大会暂行条例》的规定“每三年为一届，定期开会，一般应每学年开一次”。出现了学术权力的空位，即使按期召开，也流于形式，教职工代表大会成了“大学行政权力的扩大会议”，有名无实，使大学的决策与发展缺乏应有的民主，没有体现现代社会的民主、法制精神，仍是一种家族式的经验管理模式，是现代性思想中“效率”为中心理念在大学的集中体现。大学的行政权力压制学术权力，外行管理内行，强调通过规范的制度来管理，缺乏灵活性与多变性。

显然，大学的法人治理结构中，宏观上过多地依赖于政府控制与规制，反映在大学内部治理中，过多地强调行政权力而忽视学术权力，进而影响到教育者与受教育者的科学研究与学习自由。从实质上讲都是对法治的践踏，使大学的治理缺乏法治精神，是现代大学制度法律失语的集中反应。

因此，从大学与教师、学生的法律关系出发，现代大学制度应当贯彻“学术自由”的思想精神，学术自由来源于大学的学术特性和追求真理的特性，是大学共同的特性，是大学的共同理想和追求，本质上反映了学生学习与教师教学、研究的主体性，即体现大学的精神自由，从而实现教学、研究自由与学习自由。

一是教学自由是教师主体性的体现，《世界高等教育宣言》明确指出：大学自治和学术自由是21世纪大学发展的永恒原则。因为教师是实施教育计划的主将，把最新的知识传授给学生，是学校成为学校的第一要素。教师的教育教学权也是《中华人民共和国教师法》和《教育法》明确规定的教师的一项权利。这项权利在教育教学过程的实现即为教师的教学自由，也就是说教师可以根据教育计划、教学大纲、教学工作量等的要求，合理地确定教学内容与进度、针对不同教学对象而开展教学改革与试验。任何机构、组织都不得干涉教师的教学自由，否则就是对教师权利的干涉。“在一个大学中，知识就是它本身的目的，而不只是达到目的的手段。一个大学如果变成教会、国家或任何局部利益之工具，那它将不再对它自己的本质忠实。大学是为自由研究的精神所塑造。”“大学的任务即在于提供一个最有益于思维、实验和创造的环境。那是一个可以达成大学的四项基本自由的环境——在学术的基础上自己决定‘谁来教’（Who may teach?）、‘教什么’（What may be taught?）、‘如何教’（How to teach?）以及‘谁来学’（Who may be admitted to study?）。”（申素平，2003）显然，教学自由的实现，是教师主体性的实现。

二是教师除了教学自由以外，还应当有研究自由，体现治学自治的精神，实现教师的思想自由。在我国，虽然在相关的法律法规中学术自由的直接表述，但有学者研究认为，《中华人民共和国宪法》（以下简称《宪法》）第二条规定的“中华人民共和国的一切权力属于人民。人民行使国家权力的机关是全国人民代表大会和地方各级人民代表大会。人民依照法律规定，通过各种途径和形式，管理国家事务，管理经济和文化事业，管理社会事务”是大学自治的法律依据。《宪法》第三十五条规定的“中华人民共和国公民有言论、出版、集会、结社、游行、示威的自由”和第四十六条规定的“中华人民共和国公民有受教育的权利与义务”则是学术自由的《宪法》渊源（王伟，2009）。故此我们认为学术自由是我国宪法制度的重要组成部分，是《宪法》所确定的基本权利，同时，我国《高等教育法》第十条规定“国家依法保障高等学校中的教学研究、文学创作和其他活动的自由”。这一认识也与《国家中长期教育改革和发展规划纲要（2010—2020年）》中“尊重学术自由”的精神相呼应，故此，研究自由有了法律的规定性且得到了法律的保护，任何组织、机构都不得违反法律规定而对教师的研究自由横加干涉。因为“大学教师享有按照自己的学术爱好和学术界公认的标准从事教学与研究的自由；在叙述活动中通过语言交谈、书信写作或出版物发表其研究成果的自由；结成学者社团并参与社团活动的自由，通过出版物、口头和书信的方式与大学国内外同事和同行进行学术交流的自由”（杨东平，2005）。在这里，大学的研究自由，需要反对学术霸权，提倡不同声音的展现，才能使学术得到发展；同时研究自由，不是固守“象牙塔”，不是“学术中立”，需要针砭时弊。唯有如此，人类的知识才能丰富，思想才能深刻。在现代大学制度建构中，教师的研究自由是至关重要的，因为教师的研究自由不仅是谋生的手段，更是实现其生命意义与价值的途径；不仅是一种外在的权利层面的自由，更是一种内在精神的自由，是教师在学术活动中对任何学术结论的理性批判和对真理的追求，不是依附于谁，而是基于学者的良心、责任与使命感，实现研究的自由。

三是学生在学习的过程中，也应当体现自由的精神，即学习自由。因为从现代教学论的理念出发，教学本质上就是“教”与“学”的双边活动。学生的学习自由来源于受教育权中的选择自由权。具体来讲，学生的学习自由包括：择校的自由、选专业的自由、选课的自由、上课自由、参与讨论及表达意见的自由。美国 AAUP 联合九个全国性的教育团体于 1967 年发表了《关于学生权利和自由的联合声明》，提出了学习自由的六项重要内容：接受平等教育的自由、在教室内言论表达的自由、学生记录免于不当公开的保障、在校结社的自由、在校外行使公民权的自由、对学生的惩戒履行正当程序（周光礼，2005）。然而现实中学生的学习自由受到学校规则、教师教学自由的限制乃至与其冲突，使得学生的学习自由很难实现，也没有引起人们的重视。我们认为，学生的学习自由，应当有明确的法律保护，学校、教师对学生的惩戒应履行正当程序原则。“举凡教育内容、学习目的、修课目录、学生之地位等有关大学生学习自由之‘重要事项’，皆应以法律明文限制之，或有法律明确之授权。尤其是足以剥夺大学生学习自由之退学或开除学籍处分，更应以法律明定其事由、范围与效力，而不得仅以行政命令或各校之学则即予剥夺，此乃法律保留原则之基本要求也。”（董保城，1993）

总而言之，现代大学制度建构中体制性障碍的消解与法治精神的重塑和机制的选择，应是“大学自治、学术自由”的现代大学法人治理结构的新型制度，体现法治社会的精神，实现大学依法治校（教）。

参考文献

布鲁贝克. 1987. 高等教育哲学［M］. 王承绪，等，译. 杭州：浙江教育出版社：152.

蔡元培. 1997. 蔡元培全集：第四卷［M］. 杭州：浙江教育出版社：585.

董保城. 1993. 德国教育行政“法律保留”之检讨［G］//当代公法评论. 台北：月旦出版社.

杜德斯达. 2005. 21世纪的大学［M］. 刘彤，译. 北京：北京大学出版社：262.

范文曜. 2010. 高等教育治理的社会参与［J］. 复旦教育论坛（4）.

甘阳，李猛. 2004. 中国大学改革之道［M］. 上海：上海人民出版社：214.

胡劲松，葛新斌. 2001. 关于我国学校“法人地位”的法理分析［J］. 教育理论与研究（6）.

劳凯声，郑新蓉. 1997. 规矩方圆：教育管理与法律［M］. 北京：中国铁道出版社：240.

劳凯声. 2002. 社会转型与教育的重新定位［J］. 教育研究（2）.

劳凯声. 2003. 变革社会中的教育权与受教育权：教育法学基本问题研究［M］. 北京：教育科学出版社：257-258.

劳凯声. 2010. 中国教育的问题是公立学校的问题［J］. 教育研究（2）.

李泽彧. 2001. 关于我国高等学校办学自主权的探讨［J］. 人大复印资料·高等教育（7）.

李震山，等. 1993. 当代公法理论：翁岳生教授六十诞辰祝寿论文集［M］. 台北：月旦出版社：259.

马怀德. 2002. 公务法人问题研究［G］//劳凯声. 中国教育法制评论：第1辑. 北京：教育科学出版社.

马怀德. 2000. 行政制度建构与判例研究［M］. 北京：中国政法大学出版社：314-315.

马俊驹. 2004. 法人制度的基本理论和立法问题探讨：上［J］. 法学评论（4）.

毛亚庆. 1998. 我国高等教育制度创新乏力分析［J］. 北京师范大学学报（4）.

孟德斯鸠. 1961. 论法的精神：上册［M］. 张雁深，译. 北京：商务印书馆：154.

米尔顿·弗里德曼，罗斯·弗里德曼. 1982. 自由选择·个人声明［M］. 胡骑，等，译. 北京：商务印书馆：182.

闵维方 . 2002. 中国高等教育运行机制［M］. 北京：人民教育出版社：58.
申素平 . 1997. 试论高等学校法人地位问题［J］. 高等师范教育研究（4）.
申素平 . 2003. 公立高等学校与政府的分权理论［J］. 比较教育研究（8）.
石正义，蔡琼 . 2002. 论学校的两种主体资格［J］. 咸宁师专学报（10）.
苏力，等 . 1999. 规制与发展：第三部门的法律环境［M］. 杭州：浙江人民出版社：153.
覃壮才 . 2004. 我国公立高等学校法人治理结构研究［D］. 北京：北京师范大学：51.
王军 . 1997. 可持续发展［M］. 北京：中国发展出版社：152.
王伟 . 2009. 我国学术自由的宪法规范分析［J］. 前沿（7）.
魏振瀛 . 2000. 民法学［M］. 北京：北京大学出版社：76.
邬大光，王建华 . 2002. 第三部门视野中的高等教育［J］. 高等教育研究（2）.
席恒 . 2003. 公共事业运行机制研究［M］. 北京：商务印书馆：197.
肖雪慧 . 2000. 教育：必要的乌托邦［J］. 社会科学论坛（7）.
肖远军 . 2000. 试论学校法人［J］. 宁波教育学院学报（9）.
熊庆年 . 2003. 抓住机遇　创新制度［J］. 上海教育（11）.
熊跃根 . 2001. 转型经济国家中“第三部门”的发展：对中国现实的解释［J］. 社会学研究（1）.
韦伯 . 1998. 经济、诸社会领域及权力［M］. 李强，译. 北京：生活 · 读书 · 新知三联书店：6.
杨东平 . 2005. 现代大学制度的形成、演变和创新［J］. 国家教育行政学院学报（5）.
湛中乐 . 2003. 高等教育与行政诉讼［M］. 北京：北京大学出版社：253.
周光礼 . 2005. 学习自由的法学透视［J］. 高等工程教育研究（5）.
周远清 . 2001. 21 世纪中国的高等教育［M］. 北京：高等教育出版社：85.
转型期中国重大教育政策案例研究课题组 . 2005. 缩小差距：中国教育政策的重大命题［M］. 北京：人民教育出版社：83－84.
最高人民法院办公厅 . 1999. 田永诉北京科技大学拒绝颁发毕业证、学位证行政诉讼案［J］. 中华人民共和国最高人民法院公报（4）：141.

On Study of System Barriers and Mechanisms Choice of Marching to the Rule of Law with Modern University Institution

Qi Zhanyong

Abstract: Establishing China feature's modern university institution is a necessary requisition of higher education development and reconstruction and system choice of higher education field and the reconstructive of system design in the university. In practice, marching to the rule of law with modern university institution is being stress the system barrier in the administrative system and internal organization system and guaranteeing the rights and legal person administer and so on. The key to march to the rule of law with modern university institution is to complete modern university legal person system and establish the orient of university legal person. On these bases, the way of choosing the modern university mechanism to legislation and remodeling the law spirit should be the adaption of the new system of modern university legal person governance structure - "university independent, academic freedom, for public benefit, scientific management", which embodies the spirit of law social and realize to administrate a university by law.

Key words: the rule of law, modern university institution, university independent, academic freedom

作者简介

祁占勇，陕西师范大学教育学院副教授，教育学博士，研究方向为教育法学。

□蔡海龙

高等学校行政化的问题及其改革[①]

【摘　要】当前我国高等学校的行政化问题主要表现为政府对高等学校的行政化控制和高等学校内部的行政化管理体制二者之间的相互结合，它是政府干预、市场竞争以及学术共同体缺失等多方面因素交互作用的结果。要改革高等学校的行政化问题，不能仅仅依靠政府放权，也不能片面诉诸以学术权力取代行政权力，而是应当在尊重教育自身规律和市场竞争规则的前提下，创新体制环境，从调整政府与学校关系、改革学校内部管理制度和培育专业自主精神等方面，创建一个以公共利益为目标、以学术自由为核心、以大学自治为形式、以自我负责和社会控制为保障的体现公共性的现代大学制度。

【关键词】行政化，市场化，公共性，政府与学校关系

一、

高等学校的行政化是当前我国高等教育的热点问题。有人认为高等学校之所以被行政化，其原因就在

① 本文系教育部人文社会科学研究青年基金项目“中国公立高等学校公共性的实现机制研究”（课题编号：10YJC880008）成果之一。

于过多的政府控制，因此要求政府进一步放权，实行大学自治；也有人认为行政化是因为在高等学校内部的行政权力对学术权力的压制，因此要求以学术权力取代行政权力，实行教授治校。究竟应该如何理解高等学校的行政化，行政化背后的原因是什么，如何改革当前我国高等学校的行政化问题，这对于深化高等教育体制改革，重构政府、市场与学校关系具有重要意义。

一、高等学校行政化的内涵和表现

"行政"一词的本义为执行与管理，但在不同的语境下含义也会有所不同。在威尔逊与古德诺的"二分法"中，行政作为与政治对立范畴专指政府在执行和操作性的部分，仅仅涉及国家意志的执行功能；而在组织社会学研究中，行政又往往与专业相对立，泛指为以主要目标为导向的一切组织和管理活动。高等学校行政化有两种不同的含义。其一被用来指代高等学校与政府之间的紧张关系，它源于院校自主与政府控制这样一对基本的矛盾。一方面，高等学校承担着文化生产与知识创新的社会功能，这种社会功能的发挥客观上要求一个较为宽松的社会环境，使大学能够作为一个法人团体享有相对独立的办学自主权，能够在大学内部实行学术自由和大学自治，按照学术规律处理学校内部各项事务，最小限度地接受外界的干扰和支配。另一方面，由于高等学校所从事的知识生产和技术创新在促进经济发展和社会进步中的作用越来越大，国家基于政治、经济和文化因素等众多因素的考虑，通过经济调节和行政干预强化对高等学校的控制成为一种普遍的趋势。行政化另一种含义涉及高等学校内部，它反映了以科层制为特征的行政化管理模式的泛化和滥用，把大学当做行政机构来管理，把学术事务当做行政事务来管理（钟秉林，2010）。就应然的角度而言，学术与行政本身并不矛盾。学术的价值在于保存、传递和创造知识，而行政的目的在于对学校组织的运作进行组织、计划、协调、管理，并最终服务于学校功能的发挥和学术价值的实现，行政职能的发挥不是妨碍而是有利于学术价值的实现。特别是由于现代社会的发展，高等学校功能的急剧扩张和组织结构的日益复杂，行政专业化成为提升组织效率和实现组织功能的重要手段，客观上要求赋予行政机构以更多的权力。但由于行政本身所具有的权威性、强制性、优先性，高等学校中行政权力的过度强化又往往会与学术权力的运行相冲突。特别在缺乏有效监督与规制的情况下，掌控行政权力的行政机构和行政人员极易导致异化，使得行政权力反客为主凌驾于学术权力之上，从而产生过度行政化的问题。

从现实情况来看，这两种不同意义上的行政化问题在我国高等学校都有着相应的表现。其中，政府与高等学校关系上的行政化主要表现为政府将高等学校作为行政机构或者行政机构的附属物来进行管理，依据行政机构设置决定高等学校的等级、人员编制和机构设置；通过设定学校领导的行政级别来强化官本位的特色；依赖行政命令对高等学校进行管理，自赋权力随意干涉学校内部事务等方面。而高等学校内部管理上的行政化则主要体现在行政权力的集中化，学校组织的科层化以及由此而导致的学术权力弱化、学术组织缺位等方面。在实践中，这两种不同意义上的行政化的相互结合还使得在高等学校内部逐渐产生了权力集中和利益分化的局面。高等学校的管理阶层为了维护自身特殊利益和追求行政管理的便利，强力推行以行政方式统一管理学校所有事务，客观上使得高等学校正在被异化成为以官僚机构模式运转的机构。高校以行政方式分配研究经费和学术资源；以行政方式组建学科和专业；以行政方式确定研究方向和研究项目；高校还通过简单量化评估的方式进行学术评价并分配学术荣誉。正是这样一种完全行政化的管理方式，使得高等学校内部充满着一股浮躁的气息，教师难以按照教育自身规律进行人才培养和科学研究，严重影响了教育质量的提升。总之，在政府与学校关系以及高等学校内部管理体制上的行政化，造成了行政逻辑逐渐取代学术逻辑在高等学校中居于支配性的地位，使得高等学校越来越偏离其作为学术性组织的特性，严重影响了高等学校人才培养、科学研究和社会服务职能的发挥。

二、高等学校行政化的原因和背景

我国公立高等学校的行政化问题有着深刻的历史原因和背景。众所周知，我国高等教育发展的历史与西方大学产生与发展的历史进程之间存在着巨大的差异。西方大学最早产生于中世纪时期教会与国家权力的缝隙之中，作为市民社会的组成部分，拥有大学自治与学术自由的历史传统。而在我国，真正现代意义上的大学是在政府的推动下才得以发展起来的，长久以来，公立高等学校作为高等教育的主体与政府之间一直存在着一种密切的关系。特别是在新中国成立初期，受传统计划经济体制的影响，我国逐渐形成了一个政府举办、计划调控、封闭办学、集中统一的教育体制。国家通过行政手段对高等学校实行国家化改造，把所有的院校都统合于国家计划体制之中，通过计划对高等教育实行调控。在这种情况下，高等学校只是政府的下设机构，是不具备独立法律地位的社会组织，没有独立自主的办学权力（劳凯声，2010）。

公立高等学校的这种制度设计与法律定位在推动高等教育发展和扩大公民受教育权利方面发挥了很大作用，但随着社会变迁与经济体制的改革，显得越来越不能适应经济和社会发展的需要。特别是在1993年之后，随着传统计划经济体制向社会主义市场经济体制的转变，《中国教育改革和发展纲要》（以下简称《纲要》）设计了“建立适应社会主义市场经济体制的教育体制”的改革目标，并提出了一系列市场化改革的措施，从而赋予了20世纪90年代以来高等教育改革一种市场化的特征。作为经济体制改革在高等教育领域的扩展和延伸，这一改革和整个的社会变革一起逐渐将不同类型的社会组织卷入市场经济的广阔领域之中，并使其按照市场经济的基本规律进行活动，深刻地改变了现代政府与高等学校的社会定位与相互关系，也迫使我们不得不从一种政府、市场与学校三者之间的互动关系网络来解读当前高等学校的行政化问题。

（一）政府过度干预与高等学校的行政化

通过法律的方式确立高等学校的独立法人地位并赋予其以相应的办学自主权，这是我国20世纪90年代高等教育改革的一项重要举措。改革的目的在于通过对政府与学校关系的调整实现简政放权，从而达到转变政府教育职能，实现学校自主办学的目标。但由于改革的不彻底性，政府与学校之间的关系并未完全理顺，学校面向社会自主办学机制发育尚不成熟，政府对高等学校的过度干预仍然屡有发生。首先，政府仍然保留着涉及高等学校办学与管理的许多重要权力。《中华人民共和国教育法》和《中华人民共和国高等教育法》（以下简称《高等教育法》）虽然以列举的方式赋予了高等学校的若干办学自主权利，但却没有对高等学校的办学权与政府的管理权作出明确区分，实际上政府与学校之间的权限划分仍不明晰，其结果是政府仍然掌握着很多直接影响高等学校管理和运行的重要权力，高等学校的办学自主权难以落实。如按照《高等教育法》第二十三条规定，高等学校依法自主设置和调整学科专业，然而由于教育部仍掌握着颁布统一专业目录并严格审查新设专业的权力，实际上使得高等学校难以适应社会需要进行专业设置和调整，不利于学校办出特色。又如招生自主权，由于在招生计划、收费标准等问题上，存在着学校、教育行政部门、地方物价部门之间的不协调问题，使得高等学校的招生自主权受到极大限制。此外，在教学管理、财务自主、文凭发放和国际学术交流等方面都不同程度地存在着政府与高等学校之间的权利重叠问题。其次，传统对高等学校所进行的事无巨细的指令性行政调控方式仍然存在。教育体制改革所导致的政府与学校关系变化客观上要求政府积极转变职能，逐渐建立起一种以经济和法律调控方式为主，并辅之以必要行政调控方式的调控机制。然而，由于制度建设的滞后性，这一与市场经济相适应的调控方式还没有完全建立起来，以至于在面临高等学校的权力滥用导致权力失控时，政府往往为了追求行政效率和行政便利倾向于采用直接行政调控。再次，对于政府财政资源的依赖导致了高等学校的自我行政化。由于高等教育的公共财政投资体制尚不完善，市场融资和社会捐赠渠道孱弱，国家财政投入在高等教育经费中仍然居绝对主导地位，这就使得高等学校在教育经费上不可避免地依赖于政府。除此之外，政府还掌握着支配高等学校发展的许多重要资源，如重点学科、研究基地和研究实验室的设置和投入，研究经费和研究课题的确定和划拨，等等。基于资源依赖的不可或缺性，高等学校各项组织和运作都不得不跟从政府行政所主导的方向。①

（二）市场化改革与高等学校的行政化

在传统的计划经济体制时代，高等学校作为国家全额拨款事业单位，其所需办学经费全部通过行政计划加以配置和使用，此时的高等学校与政府之外的其他社会组织并不发生直接联系，具有非经济性的特

---

① 如西交利物浦大学执行校长席酉民就表示，“目前资源配置过分依赖各类项目和工程，如‘211’、‘985’等，且有一定行政色彩”。参看：李润文．一位校长眼中的高校行政化:是谁逼得我们“跑部钱进”[N]．中国青年报，2011－06－06（03）．

征。1993年以后，随着高等教育财政投资体制的变化和高等教育的大众化进程，高等学校的经费收入结构也开始相应地发生变化。① 由于财政拨款在高校办学总成本中所占比例的逐年下降，高等学校不得不面向市场寻求教育经费。然而，市场不同于政府，它是一个受价值规律支配的、以商品的自由交换关系为基本特征的领域。市场机制在高等教育中的引入和发挥作用，不仅带来了政府与学校关系的变化，而且引起了高等学校在组织结构和行为方式上的深刻变迁。

1. 市场的不确定性推动了高等学校的行政化

从纯粹经济学的角度而言，人们参与市场竞争的根本动力和目标是为了通过商品交换获取最大收益。但是，竞争者的预期利益目标并不是总能实现的，实际上，竞争本身也会使竞争者面临不能实现其预期利益目标的危险，甚至在经济利益上受到损失。这种现实利益与预期目标发生背离的可能性，就是竞争者面对的风险（金锡万，2001）。在高等教育市场中，由不确定性因素而造成损失或获益的可能性也是同样存在的。高等学校在通过提供教学、科研和社会服务获取教育经费的过程中，同样也会因为决策失误、竞争加剧等原因而蒙受经济损失，形成经营风险。一方面，由于市场竞争中的不确定因素大量存在，风险本身是不可避免的。而且这种风险的大小取决于竞争的规模、激烈程度和竞争方式，它和高等学校的主观因素和市场运行状态无关，其可能的损失及其程度也无法测量，因此只能通过高校对自身决策和经营活动的调整加以规避。另一方面，由于高等学校自身的特征，高等学校作为文化保存与文化传递的机构，它所具有的适应学术研究需要的分散化决策机制和扁平性组织结构使其在遭遇急剧的社会变迁时往往持被动保守态度，因而在面临市场变化时必须借助于强制性的制度变迁才能避免因反应迟缓可能带来的损失，而权力集中和科层制的组织机构在决策和执行上具有某种天然的优势，可以提高对不确定风险的反应力和决策的执行力，因为在组织变革的初期往往被奉为规避风险的理性选择。这就使得高等学校在适应市场机制的过程中，往往倾向于收权并将传统的学术组织行政

① 根据《中国教育经费统计年鉴》，财政性高等教育经费所占的比例逐年下降，从1993年的92%下降到2005年的45%，减少了47个百分点。与此同时，学费收入所占的比例呈现总体上升的趋势，从1993年的6%上升到2005年的34%。

化，改革为富于行政化色彩的科层体制和权力运行机制。

2. 对效率目标的追求加剧了高等学校的行政化

对于任何一个社会组织而言，目标和使命往往是影响其权力结构和行为方式等基本特征的重要因素。组织适应环境的过程往往改变组织本身的目标，而且还要调整达标的手段（闫洪芹，2009）。高等学校区别于企业的一个重要特征在于企业以赚取利润为目标，企业的运行完全取决于赢利的多少，并由此衍生出相应的企业权力和结构模式及其管理制度。因此，在企业之中，管理人员负责指导组织的主要目标活动，居于主导地位；而专业人员为只就目标活动提供所需知识，居于从属地位。但高等学校却没有一个类似的目标。与企业不同的是，高等学校的学者们不仅依专业自主开展活动，也负责确定和维护组织目标，而管理人员却只负责辅助活动，其主要责任不是去控制学者，而是作为助手服务于教学和研究需要（博尔顿，2003）。从组织适应性的角度而言，高等学校所具有的这种特征，可以说是由其所处的外界环境所决定的。一旦大学所处的社会环境发生改变，大学的目标就会发生相应的转移，并能够引起组织机构、行为方式乃至文化的一系列连锁反应。从现实情况来看，不管大学被设置和举办的目的为何，一旦进入市场，大学必须被界定为市场主体并且依照市场的普遍规律开展活动。在自由市场内部，来自于教学、研究和社会服务诸领域的竞争会迫使大学不得不考虑效率目标。特别是当大学试图主张其自主权并挣脱对政府的依赖，或是希冀与其他院校展开竞争时，效率对高等学校所具有的意义会越来越重要。如果缺乏一个基于公共性的有效规制，效率目标的重要性因为竞争的压力和对经费的渴望逐级增长乃至会成为高等学校的支配性目标。它会要求高等学校本身依据效率的原则进行重构，并且借鉴企业的管理方式重新界定行政与学术二者之间的关系。可以说，由于市场机制的引入，当前我国高等学校正普遍经历着一种组织变革进程，对效率和责任等理性原则的强调可能导致两种不同的结果：一方面，它能够使高等学校摆脱传统事业单位的形态，合理配置资源，提高资源利用率和强化竞争力；另一方面，它也可能导致行政权力的一家独大和不受控制，造成对学术权力的压制和戕害，使得高等学校偏离公共性的目标。

3. 高等学校的市场化发展战略强化了大学的行政化

由于市场是一种受价格机制引导，通过商品与服务的需求和供给来实现资源配置的机制，它具有自由选择、自愿交换、自由竞争的特点，因此高等学校想要从市场中获得教育经费就必须处理好两种不同性质的关系。其一，高等学校必须作为商品的生产者和服务的提供者以市场为导向进行生产并提供相应的教育、研究和社会服务，与消费者之间构成平等交换关系；其二，高等学校还必须与其他院校之间就学费、研究经费和其他服务性收入展开竞争，并与其构成一种竞争关系。在激烈的市场竞争中，高等学校想要获得优势地位和充足的教育经费就必须如同企业一般，制定商业化的发展战略，这主要包括三个方面的内容。其一，对内加以调整和改革，集中整合一切可利用的资源，形成比较优势，以适应市场竞争的需要；其二，改革学校内部管理体制，压缩控制生产成本，实现效益最大化；其三，采取综合性发展策略，全面回应来自社会不同层面的需求，寻求规模经济和规避风险。然而，从实践来看，这些市场化的战略与传统的组织结构和行为模式存在着某种不相容性。在实施市场化发展战略的过程中，高等学校往往发现，要想如同企业一般在竞争中取得优胜和实现利益的最大化，只有采取行政化方式组织和开展活动，极力压低学校内部交易成本，才能实现对经济、效益和效能等管理主义价值目标的追求，这只会更进一步导致高等学校内部管理主义的盛行。从另一方面而言，高等学校的市场化发展战略也要求学校必须完成自我的行政化。因为在面临市场压力的情况下，为了推动大学组织变革，改变学术研究重点和经费分配方案，高等学校必须如同企业一样成为自我负责的完全组织，必须要具有完整而强大的行政权力，才能解决学校内部的不确定性问题。

（三）学术共同体缺失与高等学校行政化

在世界高等教育发展的历史进程中，学术共同体及其与之相伴专业精神在维护大学的学术自由与大学自治之中始终发挥着不可替代的重要作用。而在我国高等教育史上，由于政府与市场机制的交替支配效应，高等学校之中的学术共同体长期遭到抑制并处于萎缩状态，难以获得独立地位，这也是造成行政权力泛化的重要原因。首先，我国的高等学校缺乏学术自由的历史传统，大学自治缺乏明确的法律保障。从我国高等教育产生与发展的历史来看，公立高等学校作为实现国家目标的创造物，与政府之间一直存在着一种密切的关系。在相当长的一段时间内，政府集举办者、办学者和管理者三种角色于一身，对高等学校的实际运行和管理发挥着绝对的主导作用。高等学校之中基于专业自主的学术自由和大学自治缺乏明确的法律保障。《中华人民共和国宪法》（以下简称《宪法》）第四十七条仅仅规定了一般公民“进行科学研究、文学艺术创作和其他文化活动的自由”，《高等教育法》第十条拓展了《宪法》的有关规定，确认了“国家依法保障高等学校中的科学研究、文学艺术创作和其他文化活动的自由”，但其内在含义与学术自由和大学自治相较仍具有较大差距。其次，在学校层面，高等学校的学术性组织孱弱，不能依职权开展活动，体现大学文化生产与知识创新要求的学术权力缺乏明确的运行机制。以学术委员会为例，虽然《高等教育法》明确规定了大学中设置学术委员会，但是在大学中往往没有明确的制度或规章具体规定学术委员会的组成、权力和责任。在现实中，学术委员往往由行政决定其组成人选，由行政决定其领导，由行政决定其会议的召开和议程，因此，这种制度安排决定了学术权力隶属于行政权力，造成了学术委员会经常形同虚设的形象。再次，作为高等学校之中从事教学和研究工作的学术人员，大学的教授和普通教师对于大学的专业精神缺乏足够的认同。由于学校的事业单位性质，长久以来，我国公立学校教师被定位为事业单位工作人员，比照公务员制度进行行政化管理，他们更多将自身定位于事业单位的工作人员，而非专业人员。在管理制度上，大学教师更多地受到来自于教育行政部门的人事管理，而不是来自于专业团体和职业精神的规约，从而造成了专业精神的式微。而各级学术性组织局限于开展常规学术交流活动，其组织规则较为松散，缺乏对其成员的必要约束。这些都使得在大学内部和学者之间没有能够形成一种专业自主和自我负责的精神文化。

三、高等学校行政化的改革和对策

高等学校的行政化问题源自于政府、市场与学校自身等多方面因素的交互作用。从组织理论的角度而言，它是高等学校在社会变迁中自我调适的结果，是高等学校对内改革、自我组织、自我负责以应对市场竞争的必然产物。因此，要改革高等学校的行政化问题，不能仅仅依靠政府放权，也不能片面诉诸以学术权力取代行政权力，而是应当在尊重教育自身规律和市场竞争规则的前提下，创新体制环境，从调整政府与学校关系、改革学校内部管理制度和培育专业自主精神等方面，创建一个以公共利益为目标、以学术自由为核心、以大学自治为形式、以自我负责和社会控制为保障的体现公共性的现代大学制度。

改革高等学校的行政化问题，首先需要重构政府与学校关系，建立政府与学校关系的法律调控机制。一方面，作为传递深奥知识、探索高深学问和进行社会服务的机构，高等学校的发展关系到民族国家的整体利益和社会成员的普遍利益，作为社会公共利益的代言人和主要实现机制的政府必须通过对高等学校的调控和干预来履行其高等教育职能，保障教育公平和社会正义的实现。另一方面，高等学校作为学术自由的主体，在享有自由权利的同时也必须履行相应的社会责任，这又要求政府必须以其公共利益的责任人身份对高等学校实施必要的监督。但是，政府对高等学校的调控和监督不能被等同于事无巨细的直接行政管理。在市场经济体制下，随着社会结构的转型和政府职能的转换，政府对高等学校的管理职能也应当相应地加以重新调整和界定。在理念上，政府应当以公共服务为基本理念和价值目标，积极实现由管制行政向服务行政的转变，以确保高等学校的公共性为前提，尊重高等教育自身规律，充分发挥高等学校自我组织和自我管理的作用。在内容和范围上，政府应当从过去无所不包的直接管理转变为负责统筹规划、宏观管理和监督协调，切实履行好加强教育立法、提供经费支持、保障教育质量和实现教育公平等具体职能。在方式和手段上，应当秉持法治国家的要求，实现行政法治，使政府在严格遵守法律的前提下运用经济和法律手段来实现对高等学校的调控和监督，排除随意性行政干预。为防止政府对高等学校自治事务的入侵和政府越权现象的出现，必须落实高等学校法人地位，清晰界定高等学校的举办者、办学者和管理者三者之间的权利和义务及其相互关系，通过法律限定政府干预的内容和范围。

改革高等学校的行政化问题，应当改革学校内部管理体制，建立民主和分权为特征的法人治理结构，完善教师参与管理和民主监督机制。市场经济是法治经济，法律在市场运行中发挥着重要的作用。法律不仅提供了市场竞争的游戏规则，创设了市场主体自主活动的空间，还要求在其内部依法配置各方主体之间权利义务关系，建立起相应的法人治理结构。特别是对于以公共利益为目标的社会组织而言，法人治理结构的建立有利于最大限度地节约组织内部交易成本，更好地实现其社会功能。高等学校内部管理体制涉及学校内部在具体管理和运行过程中的权力分配问题。1998 年的《高等教育法》在确定了学校的法人地位和办学自主权的同时，规定了我国高等学校的内部管理体制为党委领导下的校长负责制。根据《高等教育法》的有关规定，高等学校的校长具有“全面负责本学校的教学、科学研究和其他行政管理工作”的权力，而学术委员会的权利仅仅局限于“审议学科、专业的设置，教学、科学研究计划方案，评定教学、科学研究成果等有关学术事项”。这就使得过去原本由政府所行使的权力在下放的过程中为学校管理集团所接管，造成了权力过于集中而又缺乏监督的局面。要改革高等学校内部的行政化问题，必须改革这样一种过于集中的权力分配机制。从应然的角度来看，政府所下放的权力应当被视为学校的法人权力，这一权力应当根据学校法人治理结构在其内部实行分权，而不能由学校管理集团所垄断和独享。分权的维度可以包括两个不同的层面。一是实行行政权力的分散化，要通过组织变革和结构调整实现院系结构的扁平化，通过权力下放和分散决策赋予院系以下的基层学术机构以更多自主权并规范其行政管理行为。二是实行学术权力与行政权力的相对分离。在保障行政权力正常运行的同时，要加强和完善高等学校内部学术性组织建设，明确规定学术委员会等学术组织的性质和职权范围，并为之建立起相应的议事规则和活动规则，明确规定组织中学术性人员所占比例，改变目前学术管理机构只有审议权没有决定权的局面。其次，要完善教师参与学校管理和民主监督的机制。高等学校要根据自身的具体情况，制定比较详细的制度，将教师参与管理的实施范围具体化、可操作化。不仅要明确规定哪些是必须要吸收教师参与管理意见的重要事项，还应从参与管理的途径和程序等诸方面完善教师参与管理的制度，实现对高等学校管理者的行政权力和各项管理活动构成制约和监督。

改革高等学校的行政化问题，还应当加强学术共同体建设，培育自主管理和自我负责的专业精神。高等学校是以生产、保存和传递高深专门知识为主旨的学术共同体，知识生产和知识创新是高等学校区别于其他社会组织和教育其他阶段的重要特征。高等学校功能的发挥客观上要求在大学内部实行学术自由，允许不同意见进行自由交流和讨论，从而实现对真理的不断追寻和探索。对于高等教育制度的改革应当充分认识到学术研究与高等教育的特殊性，应当充分认识到现代法律对于维护学术自由和大学自治的价值和意义，应当积极推动以《宪法》和《高等教育法》保障高等学校的学术自由。高等学校的制度设计必须要对高等教育学术性特征及其对大学组织结构和管理制度的特殊要求予以充分考量，应当为市场化改革设立必要的底线，维护高等学校的公共性价值与学术性目标。此外，学术共同体的建设还有赖于学者本身作用的发挥。一方面，要通过政策、法律和制度明确大学教师的专业地位，保障其专业权利；另一方面，要推动和建立专业组织，使其承担起相应的专业责任，逐渐培育起自我组织、自我管理、自我负责的专业文化和自治精神。

参考文献

博尔顿．2010. 高等院校学术组织管理［M］. 宋维红，译. 南京：江苏教育出版社：1－15.
金锡万．2001. 企业风险控制［M］. 大连：东北财经大学出版社：2－14.
劳凯声．2010. 尊重学术自由培育大学精神［N］. 中国社会科学报，04－15（9）.
闫洪芹．2009. 公共组织理论：结构、规则、行为［M］. 北京：北京大学出版社：31.
钟秉林．2010. 关于大学“去行政化”几个重要问题的探析［J］. 中国高等教育（9）：4.

On Administration of Higher Education Institution

Cai Hailong

Abstract: At present, the main problems of administration of higher education are reflected as the mix between eternal administration from the government and internal administrative system in itself, which result from the interaction of various factors such as government intervention, market competition and the lack of academic community. To resolve these problems, it cannot merely rely on the government's decentralization of the power, or the replacement of academic power to the administrative power, but should innovate the system under the premise of respecting the laws of education and rules of market competition. Therefore, it aims to create a modern university system with publicity, in which the public interest is taken as the goal, academic freedom as the kernel, university autonomy as the form, self-responsibility and social control as the guarantee from the perspective of the adjustment of the relationship between the government and universities, and the reform of the internal management and the cultivation of professional autonomy.

Key words: administration, marketization, publicity, relationship between the government and university

作者简介

蔡海龙，首都师范大学教育学院讲师，教育学博士，研究方向为教育基本原理、教育法学。

□李　昕

论公立大学法人治理目标与功能的变迁①

【内容提要】法人治理是现代大学的制度核心，就治理目标而言，历经了从学术自治到绩效管理的变迁；在治理方式上则实现了从合法性监督到结果导向的目标规制的调整。这种调整标志着大学从学术共同体向知识经营体的变迁。在我国，高度行政化成为制约高等教育发展的制度障碍，借鉴各国公立大学法人制度改革的经验，通过完善法人治理结构，构建现代大学制度是我国高等教育改革的必然选择。

【关键词】公立大学，学术自由，绩效，法人化

雅斯贝尔斯曾断言："大学只能作为一种制度化的实体才能存在。"（雅斯贝尔斯，2007）从以学术自由、团体自治为基础的洪堡大学的设立，到新自由主义的主导下日本国立大学的法人化改革，尽管改革、发展的具体背景有所差异，但通过组织制度的变革回应社会发展的需求，无疑是公立大学制度变迁的共性趋势。

---

① 本文是2011年北京市哲学社会科学规划项目、北京市教育委员会社科计划重点项目"首都高校法人化治理的现状与制度完善"的阶段性研究成果。

1998 年的《中华人民共和国高等教育法》赋予大学法人资格，但由于缺乏相应的制度机制，仅从形式上完成了对学校法人身份的认定，距离大学以独立法律主体处理与政府、社会的关系仍相去甚远，《国家中长期教育改革和发展规划纲要（2010—2020 年）》的通过，标志着中国高等教育改革开始探求“去行政化”之路。顺应改革，如何进行制度借鉴成为我国高等教育实践的焦点。

一、从学术自治到绩效管理：大学法人治理目标定位的变革

法人治理结构的建构是现代大学制度的核心，就治理的目标定位而言，历经了从学术自治到绩效管理的变迁。这一变迁体现出现代大学制度对社会需求的回应。

（一）学术自由与大学法人的缘起

学术自由乃大学之精神所在，而法人则是一种制度。学术自由源自学术的自律性。在现代大学制度缘起的德国，“学术自由、科研自由、教学自由”于开国之际便被写入《德意志联邦共和国基本法》，而且被列为任何修宪举措均无法撼动的条款。

随着民族国家的建立，公立化成为政府提供教育服务的重要手段。在国家主义的高等教育模式下如何处理大学与国家之间的关系，保障学术自由成为一个关键问题。作为洪堡大学的创始人，德国学者威廉·洪堡在提出大学组织计划时指出：学术自由是通往知识与研究的外在需求与内在汲求，因此，大学应当是以“探究博大精深的学术”为立身之本的学术共同体。在“国家必须是文化的综合象征这一德国式的文化国家论和综合体系的学术观”（金子元久，2003）下，大学的学术发展应遵循着其内在的逻辑，而从物质与经费上为大学的学术发展提供大力支持则是国家的义务。洪堡模式体现了近代大学与国家关系的原型，标志着一个大学国家主义时代的到来（阎光才，2003），奠定了以学术自由和教授治校为标志的现代大学制度的特征。

这种基于学术自由而产生的自治是大学法人地位确立的基础。在德国法上，自治（Selbstverwaltung）是一个具有悠久传统而且重要的问题

(Hendler，1984)[116]。19世纪末，在法实证主义的挑战下，以保罗·拉班德（Paul Laband）与海因里希·罗辛（Heinrich Rosin）为代表提出了法律意义上的自治理论，即团体自治理论（Korporative Selbstverwaltungslehre)。拉班德认为，自治是一个介于国家与个人之间的公法主体，被利用来履行国家任务（赵相文，2000)。罗辛则部分地接受了拉班德的自治理论结构，以“团体”（körper）的形式作为自治的法律特征，认为自治纯粹是一种组织的表现而已，是借由一个组织的法人地位的创设，达成公共活动（Hendler，1984)[8]。因此，从法律意义上讲，是否具有法人地位是是否能够自治的标志。

这种自治的理念对公立大学法律地位的界定具有十分重要的影响。在德国法上，大学具有双重法律地位。1976年德国颁布的《大学基准法》第五十八条规定：“高等学校是公法团体，同时又是国家机构。”此项规定，在各邦大学法中获得一致性认可，成为德国公立大学的法定组织形态。这种组织上的双重法律地位，正是现代大学“学术自由”与“公共保障”的双重体现，形成了公立大学人格二元化。一方面，基于基本法中对于学术自由的保障，大学拥有自治权，可以自己的名义，主张宪法上所保障的学术自由基本权利，并凭借公法社团的身份，借由组织结构上的独立性与独立的法律人格来保障研究教学的自由；另一方面，涉及“非直接”有关研究、教学的其他行政事项，例如人事制度、财政结构时，则被视为邦教育部的下属机关，适用科层管理。

可见，学术的自律性构成大学自治的必要性，同时也构成大学自治的范围和国家干涉与监督的界限。在德国人严谨细腻的法律思维之下，自治与法人地位之间形成必然的关联性，从而使得法律上的自治最终落实为特定的组织形态——法人。

（二）绩效管理与大学法人制度的发展

自20世纪80年代以来，各国开始高等教育改革。在这场变革中，虽不同国家的政治形态、经济水平以及高等教育的发展阶段不尽相同，但变革模式都具有一定相似性，即通过大学法人制度的建构，以保障学术独立、财务人事自主；逐渐下放政府的管理权力，扩大高校自主权；消除垄断，引入市场机制，引导大学积极回应市场需求。这一变革意味着现代大学法人制度建构的基础从传统专业主义的管理模式向新自由主义管理模式的调整和转变。

首先掀起现代大学法人化改革浪潮的是日本。传统上，日本国立大学被视为一个“被保护的官僚机构”（Osaki，1997）。长期科层制管理所产生的制度性疲倦导致大学官僚化严重、缺乏竞争意识和社会服务意识，形成了大学对政府的过度依赖。同时，因日本经济衰退，学校所需的科研经费不能及时地解决，国立大学的发展陷入僵局。为了尽快使国立大学走出困境，建设一批教育质量优良、个性鲜明的大学，日本教育界开始呼吁建立完全独立的“国立大学法人制度”。

从 1997 年改革政策意向的提出到 2004 年相关法律的出台，法人化改革经历了 7 年的酝酿，最终通过了《国立大学法人法》，将国立大学从原来文部科学省的一个附属机构转变为具有独立法律地位的法人实体。从本质而言，日本国立大学法人化改革是 20 世纪 80 年代以来日本政府所推行的新公共管理社会改革的一部分。改革目的是利用法人化的便利，更灵活有效地管理大学，实现国立大学应有的使命和功能。改革内容包括引进民间经营管理理念、校外人士参与学校管理、教师人事制度改革、外部评价制度以及财政来源渠道的多元化五个方面。法人化后，政府与国立大学的关系发生了实质性的变化。虽然政府对国立大学仍有较大的管理权和监督权，但国立大学将拥有完全独立的人事权和管理、教育、研究等方面的自治权，其办学自主权得到扩大。这一举动引起了社会各界的强烈关注，日本国内的媒体称此次国立大学法人化改革是高等教育领域的“地震级的变革”，美国《高等教育年鉴》则称之为“100 年来最大的教育变革”（Goodman，2005）。

（三）法人化：公立大学改革的共识

过度的科层管制是各国公立大学制度的共性弊端。1982 年，卡内基教学促进基金会发表了一份题为《高等教育管理》的调查报告，报告在分析美国历史上政府、市场、行会与大学关系的演变历程后指出，大学穷于应付各种官僚机构提出的形形色色的要求，自主决策空间甚微。报告认为，管理学校的自主权应回归学校。其后，联合国教科文组织在 1998 年的《世界高等教育大会宣言》中呼吁各国政府维护大学自主权力和法人地位。1998 年经济合作与发展组织（OECD）在《重整高等教育》的报告中指出，当前高等教育应进行管理模式的变革，应当大力倡导还政于高等学校，并鼓励下放权力以及赋予高校自主权，期望国家对高校的管理由以往的微观管理转为宏观调控（OECD，1998）。其中，大学自主与大学法人地位的问题一次又一次成为大学改革的共同话题。

在这一背景下，法人地位的确立已经成为大学改革的必然。法国1984年的《高等教育法》规定："高等学校享有法人地位和教学、科研、行政、财务的自主权。"马来西亚在1996年开始了大学法人化的改革，通过议会修订大学章程，重新界定大学法人地位。泰国于1998年通过的新教育法确定了"在2002年，让所有公立大学成为自治法人"的目标。日本国会则于2004年7月通过了《国立大学法人法》，赋予国立大学法人资格。可见通过法人化的方式，免受行政官僚风气与僵化程序的制约，保持相当的自治与自律，从而增强高等学校适应社会需要的能力，实现高等学校的绩效管理是20世纪80年代以来各国高等教育改革的共同趋势。

二、从合法性监督到结果导向的目标规制：大学法人治理方式的调整

在新公共管理理念主导下的大学法人化改革预示着大学管理正经历着从传统专业主义的管理模式向新自由主义管理模式的转变。日本的国立大学法人制度改革便是这种转变的代表。

（一）自治与法治的协调：传统合法性监督的核心

学术事务的自律性，一方面构成大学自治的必要；另一方面界定了大学自治的范围以及国家立法权与行政权干预与监督的界限，因此，自治意味着国家对此领域的管制降低。管制降低意味着对于涉及自治事务的领域，国家仅能进行合法性监督，审查其行为或决定是否违法。至于非属自治事务的领域，国家则可以基于上级监督机关的地位，对于自治团体同时进行法律监督与专业监督，除审查其行为决定的合法性外，也可审查其行为的合目的性。

学术自治作为传统公立大学法人确立的基础，要求国家的监督活动只能限缩在合法性监督的范围，以防止国家侵害自治团体"自治的核心

领域”，而自治团体“核心领域”的范围，即自治空间的确立应取决于法律规定。自治空间构成国家所能够监督的范围，同时也是自治团体行使自治权所不可逾越的界限。这一核心领域的划定，意义在于明确了自治与法治的分水岭。例如，依据德国《联邦高等教育基准法》第一条规定，大学在保障学术自由的范围内享有自治权。学术自由保障的范围，即是立法者所设定的控制基准，而国家对于大学事务的监督，不得逾越由立法者所预设的此项基准，否则即是侵害大学自治的“核心领域”。至于这样的基准应如何解释，则是不确定法律概念适用的问题（李昕，2009）。

（二）目标评鉴：体现结果导向的绩效监督

目前，各国公立大学改革无不受到新公共管理思想的影响。在管理方式上，相对于以往的直接干预，新公共管理更重视以“契约”或“合同”的方式进行管理，注重结果导向的事后评估。基于绩效管理的目的，在日本国立大学法人化改革中，以文部科学省为代表的政府与大学签订为期6年的中期目标，该中期目标体现了文部科学省对大学教学、科研和社会服务方面的要求。为了实现这一目标，各个大学必须制订相应的中期计划，并得到文部大臣的认可。至于大学内部具体如何运营，诸如经费和人事问题等，则由大学决定。在一个中期目标实施结束后，文部科学省根据中期目标的内容，由文部科学省的内设机构——国立大学法人评介委员会对各个国立大学进行评鉴，并根据大学完成中期目标的程度确定对大学的拨款额度。同时，在管理中引入第三者评价制度，将大学评价·学位授予机构从文部科学省附属机构中分离出来，成立独立行政法人大学评价·学位授予机构，使其具有社会第三方机构的性质。独立行政法人大学评价·学位授予机构受文部科学大臣的委托，对国立大学的教学和科研工作进行评价，评价结果将提供给国立大学法人评价委员会。同时，政府会及时地向社会公开发表评价结果、财务内容、教育研究等信息，消除大学与社会之间的信息不对称，从而形成政府和社会的双重监督机制，促进大学推进教育研究和开展社会服务。

这种来自社会中介组织和政府部门的认证和评估成为各国高等教育绩效评鉴的主要方式。例如，美国通过六个区域性的大学联合会以及统一的全国高等教育认可委员会对大学进行整体认可，此外，还通过美国高等院校专业鉴定协会以及美国政府官方管辖的“资格与机构评价办公室”等专门的评估机构对各学校和专业进行质量评价和监督。英国则主要通过高等教育质量保障局（QAA）这一中介机构对高校的教学和研究质量进行评估。为了能在QAA评估中获得较好的评价，各高校每5年为一周期进行自我评估，其内容涵盖了学术与行政两大部分，以确保教学和科研质量的提高。同样，一向以“追求学术独立与自由”为目标的德国大学也面临着政府评估的压力，为了建立一个有效率有差别的高等学校体系，德国政府建立了高校业绩评估制度，以此作为国家高教财政拨款和高校内部资金分配的基础。

上述改革在政府与公立大学之间构建起由“市场和竞争”主导的新秩序，并通过“大学的发展规划设定——规划完成程度的评估——财政资源的配置”三者间的联动性制度设计，尝试在公立大学与政府之间形成一种新型的“契约”关系，实现了从“事前规制”向“事后检查”的新公共管理制度的转型。

三、从学术共同体到知识经营体：大学法人内部治理模式的变迁

法人化作为治理现代大学的重要手段，其目的实现依赖于系统化的内部组织体制设计。伴随着大学法人治理目标与方式的调整，公立大学的内部治理模式经历了从学术共同体到经营共同体的变迁。

（一）以自治为核心的学术共同体

以洪堡大学为代表，学术自由和教授治校奠定了以学术自治为核心的近代大学制度，形成以“参与”为核心的“学术共同体”，并与德国传统的自治理论相结合，成就了大学作为公法社团的法律地位。

作为一种人合组织，成员是大学法人构成的必备要素，其组织建构的宗旨在于通过成员的组织化实现同一领域的自治，因此，民主参与是公法社团组织结构的内在要求和合理基础。为使成员能够对大学事务发挥决定性影响，在早期的大学内部结构中，通常以各学院为单位，以教授为主要参与者负责对相关学校事务作出决定，故而称为“教授治校”。第二次世界大战后，柏林大学部分教授与学生不满苏联当局的专

制而发生学潮，并另行建立柏林自由大学。此后，学生取得了大学会议中的参与权。此项改变开启了大学内部“利害关系人参与”治理的新时代，并渐次发展出以“教授”“学生”“学术助理人员”同时具有表决权的决策组织模式。在大学发展史上，人们将此模式称为“组群大学”。这一模式建立于“自治的正当性来自于每一个利害关系人参与团体意志的形成与决定过程”（Hendler，1999）[99]的理念基础上，并进而得到德国《大学基准法》第三十七条的认可，明确“参与自治事务是所有大学成员的权利与义务”。

（二）作为知识经营体的大学法人

组织体制必须适合组织任务需要的理念是一个不言而喻的行政学原则。为适应现代大学的使命，在以绩效管理为目标的大学法人化改革中，日本借鉴美国大学治理中的董事会构想，重新调整了公立大学的决策机制，以组建理事会的形式吸纳社会人士参与学校决策，打破内部治理结构的封闭性，适应办学社会化的需求，使得大学法人的内部治理从封闭走向开放。

法人化改革之前，日本国立大学是以教授治校为特征的“学术共同体”，强调学术自由，注重基础研究和学理探究，较少关注学术成果的社会效益和经济效益。法人化改革更强调大学作为知识载体的经营特征，在新自由主义的影响下，大学逐渐从专业取向转向消费者取向，为此在大学内引进了“计划、实施、评价和改进”的质量管理循环体系，密切大学与社会各界的联系。按照企业经营的方式，引进董事会作为学校的最高决策机构。根据《国立大学法人法》规定，国立大学校长为国立大学法人的最高权力者，校长是经营、教育两方面的最高负责人，另设副校长、监事等若干。为了确保国立大学法人的公益性，在董事会中聘请若干校外董事和校外评议员参与学校管理。同时设置教育研究评议会和经营协议会两大咨询机构，向董事会直接负责，分别就大学教育研究等事项及学校运营等事项进行审议。

总之，新自由主义主导下的公立大学法人化改革所强调的大学自治不同于传统的教授治校。自治目标的转变标志着大学内部组织结构经历了两种极端的现象：一种为“学者共和国”（Gelehrtenrepublik），另一种为“学术给付企业体”（wissenschaftliches）。前者主要针对大学内部各组群（偏重大学组织内部之设计）；后者着重于大学对外部所呈现企业竞争性格（董保城，2006），是大学内部治理由封闭走向开放的体现。

（三）问题与质疑

新公共管理思潮的兴起使得高等教育改革开始逐渐进入另一个“话语体系”。虽然“自主性与自律性”仍被视为大学改革的核心，但本质却发生了根本性的变化。变革使得大学的存在意义发生了改变。传统基于学问自由的大学自治根植于学术与研究的本质，这是大学独立于权力，作为承担社会职责的知识共同体的基础，而市场化改革在提高大学办学“效率”的同时，却使得大学的存在目的与基础受到质疑。人们怀疑“这些意识和实践或许会对经济发展起到一定的推动作用，尤其在短期内会表现得更明显，但对于经典的大学精神会是一种侵害”（田爱丽，2009）。在日本，公立大学法人化所带来的社会冲击十分巨大，以至于遭到大学基层群体及教授们的强烈抵制，理论界质疑这一改革将使大学从行政的附庸转变为市场的附庸（转引自田爱丽，2009），人们担心在科层化与市场化的双重影响下，传统的大学自治与学术自由受到了不可避免的侵害。这一质疑导致改革举步维艰、前景迷茫。按照伯顿·克拉克的说法：“全世界的大学已经进入一个看不到尽头的令人感到混乱的时期。……高等教育丧失了它可能一度具有的稳定状态。”（克拉克，2003）

现实的困境促使人们探寻在扩大大学内部的行政管理权的同时，如何确保大学的学术权力不受损害？如何在市场化的背景下，保持学术自由？如何在强调社会服务的基础上，确保那些不能直接产生社会经济效益但对社会的长远发展不可或缺的学科的发展？这些问题的最终归结点在于如何协调大学的公共性与法人化之间的矛盾与冲突，以维护学术自由，保障学术组织自有的运行规则。这也成为大学法人制度发展所不可回避的问题。

四、大学法人制度的完善：我国高等教育改革的核心

目前，高度行政化成为制约我国高等教育发展的制度障碍，改革已是当务之急。借鉴各国大学法人制度改革的经验，通过法人治理结构的

完善，构建现代大学制度，是我国高等教育改革的必然选择，也是高校去行政化改革之需。

(一) 从单位到法人：我国高校去行政化改革的实质

20世纪80年代以来，分权、放权成为我国高等教育体制改革的核心，并通过法律确立了高等学校的法人地位，逐步归还大学应有的办学自主权，进而着力于现代大学的制度建构。

新中国成立以后，作为整合、动员社会资源的方式，单位体制迅速成为中国社会的组织调控手段。在这种体制下，整个社会组织按职能被区分成了行政、事业与企业单位，并一律纳入一定行政级别。这种管理模式导致各种类型的“单位”实际上是作为国家政治组织的“延伸体”存在，成为国家公共职能的承担者和行政体制的基本单元。作为国家政治组织的“延伸体”，上令下从、高度隶属、层级节制是“单位”组织规制的共同性。在这种体制下，作为事业单位的公立大学具有浓烈的行政色彩，也渗透出很强的官僚主义弊端。政府对高等学校采取以行政命令为主的管理方式，包揽了从举办到管理、监督的一系列权力。虽经多次改革，大学行政化、官僚化的现象依然十分严重，公立大学的单位化仍是我国高等教育发展中诸多难解问题的根本所在。

自改革以来，由于体制变革和社会发展动力机制的开发，我国传统的单位体制开始分化。改革所引发的社会结构性变迁反映到法律层面可以概括为由官僚化的单位治理模式向自主化的法人治理模式演变。在这一背景下，我国从20世纪90年代开始提出确立高等学校的法人地位问题。1985年5月发布的《中共中央关于教育体制改革的决定》指出了我国高教管理体制中存在的弊端，强调要“改革管理体制，在加强宏观管理的同时，坚决实行简政放权，扩大学校的办学自主权”。1986年《中华人民共和国民法通则》从民事法律关系的角度明确了我国公立大学的法人性质，即事业单位法人。1992年颁布的《国家教委关于直属高校内部管理体制改革的若干意见》首次正式提出，“国家教委直属高校是由国家教委直接管理的教育实体，具有法人地位”，同年的《国家教委关于直属高校深化改革、扩大办学自主权的若干意见》再次强调“逐步确立高等学校的法人地位”。1993年2月13日，中共中央、国务院颁布《中国教育改革和发展纲要》，提出：“在政府与学校的关系上，要按照政事分开的原则，通过立法明确高等学校的权利和义务，使高等学校真正成为面向社会自主办学的法人实体”。1998年的《中华人民共和国高等教育法》（以下简称《高等教育法》）第三十条规定：“高等学校自批准设立之日起取得法人资格”，从而对高等学校法人地位给予再次确认，但这种确认更多体现为民事主体地位的认可，并未从根本上明确高等学校与政府之间的关系，也未完全厘清科层管理与法人治理的具体差异。

根据《高等教育法》的规定，高等学校拥有一定的自主权，但是由于现有的法律规定过于笼统，权利的范围、尺度、规则不明，实施、监督缺乏相应的保障机制。加之长期以来我国大学缺乏自治的传统与经验，校内缺乏有效机制来确保大学自主权的落实，官僚体制的制度惯性仍根深蒂固。这一切使得法律仅仅从形式上完成了对学校法人制度的认定，距离大学以独立法人身份处理与政府、社会的关系仍甚远。由于主体地位尚未确立，我国大学仍属于国家科层体制的组成部分，官僚体制仍从根本上制约着大学功能的发挥。

（二）多元因素的平衡：完善我国大学法人内部治理结构的关键

回顾既往改革，我国大学改革的目标与核心一直围绕着落实高校办学自主权，纠结于分权与放权之间。随着高等教育管理体制改革目标的确立，更为现实的问题是如何健全大学法人内部治理结构，以承接相应的权责，这无疑是实现大学自主权的关键。

法人内部治理结构构建的目的在于通过制度安排，形成明确的权责分配和制衡机制。在现代社会中，大学的发展越来越受到诸多因素的影响，因此，通过组织形态的建构，在多方利益主体博弈中寻求平衡，协调多元因素是完善我国大学法人内部治理结构的目标。

一方面，“在社会转型的过程中，影响教育活动的主导性因素正在发生深刻变化，教育领域正在形成影响教育运行的三种制衡力量，这就是学术力量、政府力量和市场力量，其中市场力量是一种新兴的、对教育构成巨大影响的力量。……在这种情况下，如何使这三种力量达到适度的平衡，如何在教育、政府、市场的复杂关系中给教育做出新的社会定位，并根据这种定位对教育做出新的制度安排，就是当前教育所面临的一个新课题”（劳凯声，2003）。在多重压力下，到底应当如何界定大学的功能，大学又如何坚守作为学术组织必然的运行规律，如何平衡学术发展与国家、社会的政治、经济要求，等等，成为当今大学管理面临的重要课题，也成为当前我国公立大学组织变革必须回应的新挑战。

另一方面，在我国，完善公立大学法人治理结构必须将法人治理与党委领导下的校长负责制相结合。在大学内部建立起决策、执行与监督三权制衡的法人治理机制，必须合理界分大学内部行政权力与学术权力的界限，通过权力制衡实现利益合理分配和协调，将党委领导、校长负责、教授治学、民主参与都纳入法人治理结构之中，在多元利益主体博弈中寻求平衡，处理好科学管理、民主参与与专家治学等多重关系，实现政府干预、大学自治、市场推动和社会参与之间协调运行，这是完善我国公立高等学校法人制度的重点。

总之，在知识经济的背景下，大学的发展承载着越来越重要的使命。今天，大学制度已经到了重新解读和构建的时代，而改革的目标则需渐进中得以探索与明确。法律地位是目的与结构的合成体，对组织的制度性结构进行功能分析，既是对大学制度变迁的总结，也是成熟的经验积淀、内化和制度化的过程。诚然，组织形态的改变与法律地位的明确并不能必然促使制度的更新与大学的创新，但毫无疑问，这是改革的始动与契机。

参考文献

董保城 . 2006. 从“学者共和国”到“学术企业体”之两难：论新版大学法草案［M］. 台北：元照出版公司：326.

金子元久 . 2003. 评价主义的陷阱：模拟市场化和大学评价［J］. 徐国兴，译 . 教育与经济（2）.

克拉克 . 2003. 建立创业型大学：组织上转型的途径［M］. 王承绪，译 . 北京：人民教育出版社：1.

劳凯声 . 2003. 我国教育法制建设的宏观改革背景［J］. 中国教育法制评论（1）.

李昕 . 2009. 作为组织手段的公法人制度研究［M］. 北京：中国政法大学出版社：227.

田爱丽 . 2009. 现代大学法人制度研究：日本国立大学法人化改革的实践和启示［M］. 上海：上海教育出版社：125.

雅斯贝尔斯 . 2007. 大学之理念［M］. 上海：世纪出版集团：108.

阎光才．2003．全球化：一种意识形态［J］．北京大学教育评论（3）．
赵相文．2000．由法律观点论自治制度［J］．中原财经法学（15）．
Goodman R. 2005. W(h)ither the Japanese University: An Introduction to the 2004 Higher Education Reforms in Japan［M］//Eades J S, Goodman R, Hada Y. The "Big Bang" in Japanese Higher Education: The 2004 Reforms and the Dynamics of Change. Melbourne: Trans Pacific Press: 1-31.
Hendler R. 1984. Selbstverwaltung als Ordnungsprinzip: Zur politischen Willensbildung und Entscheidung im demokratischen Verfassungsstaat der Industiegesellschaft. Germany: C. Heymann.
Hendler R. 1999. Das Prinzip Selbstverwaltung［M］//Isensee J, Kirchhof P. Handbuch des Staatsrechts: IV, 2. Aufl., Rn. 16.
Osaki H. 1997. The Structure of University Administration in Japan［J］. Higher Education, 34 (2): 151-163.

On the Change of Objective and Function of Corporate Governance in Public Universities

Li Xin

Abstract: Corporate governance is the core of the modern university system. The goal of governance changes from the academic autonomy to performance management. The means of governance changes from legality supervision to target regulation. This adjustment marks University changes from academic community to management body of knowledge. In China, high degree of administrative constraints have become obstacles to development of higher education. Therefore, it is inevitable choice for China's higher education reform to construct a modern university system and improve the corporate governance structure.

Key words: public universities, academic freedom, performance, incorporation

作者简介

李昕，女，法学博士，首都师范大学政法学院副教授、硕士研究生导师，研究方向为行政法学、行政诉讼法学、教育法学。

□杨　冰

高校问责制内涵辨析①

【摘　要】《国家中长期教育改革和发展规划纲要(2010—2020年)》明确提出了要加强对教育的监督和问责制度的建设。我国对高校问责制的研究还刚刚起步，学界对高校问责制的解读未能涵盖高校问责制的全貌，一些重要问题未能得出合理解释，甚至产生了误解。本文认为，高校问责是针对“高校”这个实体的，其本质不在于责任的追究，它是一种与外界进行沟通和改进自身工作的过程。在这个过程当中，高校要为自身是否尽到职责而承担一种“证明责任”。本文在对这些问题进行分析的基础上，从六个方面对高校问责制的内涵进行解释，期望对高校问责制的构建有所意义。

【关键词】责任，问责制，高校问责制

问责制在不同的领域具有不同的含义。“任何研究问责制的人很快会发现：问责对于不同的人也具有不同的意义。问责是一个很能唤起公众情感的概念，

---

① 本文系教育部人文社会科学研究2009年度规划项目“公共教育体制改革中的高校问责法律制度研究”（项目批准号：09YJA880011）研究成果之一。

很容易出现在政治演说中和政策公文中，因为它传达着一种透明与值得信任的形象。”（Bovens et al，2008）问责制在高等教育领域的应用，于20世纪中后期在英美等国开始流行，其内涵也在不断演变。在我国，对问责制的理论研究和实践才刚刚起步。从已有的研究成果来看，研究者们对高校问责制的理解也不尽相同。研究者们从某一侧面出发或将高校问责理解为一种责任追究制度，或将其理解为一种满足公众外部需求的回应过程，还有人将其理解为绩效评估制度。以上理解都不能合理地解释高校问责制的内涵，我们需要对其中包含的关键问题展开论述，才能廓清高校问责制的全貌。

一、学界对高校问责制的界定未能涵盖其全貌，甚至存在一定程度的误解

近年来，问责制成为学术研究的一个热点。不同学科的研究者从不同的视角出发展开了对问责制的研究和探索，并在报刊上发表了一些相关文章。根据笔者2011年7月最新的统计，中国学术期刊全文数据库（2000—2011）中，以关键词“问责”进行搜索，得出的文章为2768篇，关于“责任追究”的文章为5035篇，以“高校问责”为关键词进行搜索仅得出26篇。在关于“问责”和“责任追究”的研究中也有一些针对教育和高校的，但从整体状况看，研究的重点集中在对行政问责的研究，对高校问责的研究比较薄弱。高校问责制既有问责制的一般特征，又具有其特殊性，依据现有的研究成果，理论界对于高校问责制的含义尚未达成一致意见，学者们基于不同的研究重点、逻辑方式对高校问责制进行界定。笔者筛选出以下具有代表性的理论观点。

一是奖惩提高说。这种观点认为，高校问责是通过奖惩等手段形成一种激励机制，其目的是为了提高高校的管理水平和培养人的质量。例如，“高校问责是在高校与其利益相关者的不同关系状态下，双方就一定的责任事由进行质询与回应的过程，其目的是通过奖惩等措施使高校满足利益相关者的利益诉求并改进自身工作、提升教育质量与服务的品质”（周湘林，2010）。

二是解释证明说。这种观点认为，高校问责的重心在于高校要向利益相关者解释其资源的使用情况及效果，要证明其正确履行了职责。国

外学者持这种观点的比较多。托马斯·霍弗认为："问责制就意味着对我们的所作所为做出一个合理性的说明。学校和教职员工一直就承担着某种形式的责任。"马丁·特罗（Martin Trow）将高等学校问责制阐释为教育组织按照法律和道德要求有责任向他人汇报、解释、证明和回答教育资源如何使用，效果如何。主要涉及谁负责（who），负有何种责任（what），向谁负责（whom），通过何种手段或方法（how），结果如何（what result）等问题；并进一步指出美国高等教育强化问责制是为了证明自身的诚实可靠性以及向公众呈现如何自我改进，同时也是为了防止政府和外界对大学的过度干涉（Trow，1996）。以上第一种观点和第二种观点并非水火不容，只是研究者们在论述高校问责制时侧重点有所不同。有些人认为，高校问责制的重点在于奖惩和提高，但其中也包含着向外界解释和证明的成分，这也是不可或缺的。但也有一些学者认为高校问责制的重点在于解释和证明，负有解释和证明的"责任"本身也是一种促进高校发展的压力。西方的教育问责也在逐渐淡化"奖惩"的色彩，而逐渐转变为一种更加"柔性的问责制"。在我国也有些学者持这种观点。①

三是责任追究说。国内多数学者都把高校问责制解释成为一种责任追究制。这种观点认为，问责的主体是利益相关者，高校问责制的对象是高校公共权利的使用者或高校领导者，问责的事由是这些当权者的违法、违纪、过失行为，甚至是不作为等失职行为，问责最终要导致责任的承担，而承担责任的范围一般包括政治责任、法律责任、道德责任和

---

① 例如，高耀丽在其《英国高等教育问责制及其启示》（《高等教育研究》，2005 年第 11 期）一文中指出，高校问责制，即高校向政府部门、社会机构或个人通过汇报、解释、证明及回答高校的资源使用情况及效果。蔡国春在其《美国高等教育发展进程中的院校研究》（《清华大学教育研究》，2004 年第 4 期）一文中指出，"说明责任"（accountability），也译作"问责制""公共责任"等，它是美国社会强调公众"知情权"的一个专门术语。在高等教育领域，"说明责任"与"大学自治"（autonomy）相对，特指学院或大学必须对外界（包括政府、民意和纳税人）负责并向他们述职的"组织行为"。张欧在其硕士论文《英国高等教育问责制：政策与实施》中也指出，"作为被控制的手段，通过要求解释使教育机构达到标准；通过对过去行为进行解释并预测未来，从外部对教育机构进行影响，保证政策和指令的一致性"。

社会责任等。①

高校问责制是一个内涵丰富的概念，包含着效率、责任、质量与结果、质询与回应，评估与报告以及激励与奖惩等要素。以上三种主要观点对高校问责制的解读只侧重于某一方面，具有一定的概括性。第一种观点没有关于“责任”的解释，未说明高校承担责任的性质是什么。第二种观点告诉我们高校问责的对象是针对高校、教育组织或教育机构，但是忽略了问责的目的所在，也没有回答高校承担的是一种什么性质的责任。第三种观点其实是偏离了高校问责制的本质所在，忽略了高校问责制的产生背景，以及问责制在不同的领域具有不同的目的和功能。

二、高校问责制是对“高校”的问责，其本质不在于“责任追究”

从以上的分析可以看出，研究者们对高校问责制的解释不禁会产生一些令人疑惑的问题，这些问题之间具有很大的关联性，笔者尝试对这些问题进行思索并提出了自己的见解。它构成了笔者界定高校问责制内涵的基础。

（一）高校问责制是针对“高校”这个实体，而非高校管理者“个人”

在美国，针对基础教育和中等教育的问责制度产生较早。“教育史学者拉里·古巴（Larry Cubon）发现，在19世纪，初期形式的学校问责在很大程度上只是学校董事会成员为赢得公众满意所进行的。”（Gunzenhauser et al，2007）针对高校的问责产生于20世纪中后期的英

① 关于以上观点的表述，参见：张文．高校问责的困境与出路［J］．中国轻工教育，2009（1）；杨明宏，王德清．高校问责制研究综述［J］．黑龙江高教研究，2000（9）；马军明．论高校问责制在实施过程中存在的问题及解决对策［J］．现代经济信息，2009（11）；胡永吉，彭琳琳．我国高校实行高校问责制的对策［J］．文教资料，2009（1）；陈冰玉．论高校问责制［D］．武汉：中南民族大学，2007．此外，还有许多研究者的表述与“责任追究制”类似或接近，在此不一一列出。总体来看，大多数研究者将高校问责制界定为一种责任追究制或者主要是一种责任追究制。

美等国，从英美国家的高校问责制实践来看，它是高校作为一个实体向外界解释、证明其履行职责的过程，问责以及其后的奖惩都是针对高校这个实体而言的。伊尔-卡瓦斯（El-Khawas）提出："在最宽泛的意义上，问责制这一术语是指由政府发起的、旨在对高等教育机构施加新责任努力的一般趋势。"（柳亮，2010a）从高校问责制产生的动因来看，一方面西方国家自由主义盛行，加上新公共管理运动的"推波助澜"，市场领域用来提高效率的工具被运用到高等教育领域来配置公共资源、提供公共服务。另一方面高等教育的扩张，使得高等教育的经费持续激增，高等教育质量下滑。紧缩的公共财政与激增的教育经费，人们对教育公平与教育质量的担忧，以及高等教育规模的扩大带来的多元化的教育功能需求和价值期待，使得高等教育领域的利益关系变得更加复杂。因此，高校问责制的产生是人们对效率、教育质量的诉求，而非针对个人的违法或违纪行为。在国外，对个人之法律责任的追究是由司法制度决定并按司法程序进行的，对政治责任的追究是由选民或选民的代表来进行的。

而在国内的研究中，"责任"和"奖惩"这些词汇，很容易使人们将其与"个人"联系在一起。其实这是对高校问责制度功能的误读。针对个人之责任的问责或是责任追究，已经存在着相应的制度规范，不是高校问责制所要解决的问题。2009 年 5 月 22 日，经中共中央政治局审议并通过了《关于实行党政领导干部问责的暂行规定》，对党政领导干部进行问责的情形、方式及适用进行的规定。其中第二十四条第二款规定："对县级以上党委、政府直属事业单位以及国有企业、国有金融企业领导人员实行问责，参照本规定执行。"所以，对公立高校这个国有事业单位的党政领导干部个人之违纪、渎职以及不作为行为可以据此规定进行党内问责或行政问责来解决个人之责任问题。而高校问责制所要解决的是高校的资金使用效率及培养人的质量问题。高校问责制是一种传导和沟通机制，一方面以效率和质量为中心在不断地改进自身的服务，另一方面也满足了外部的需求，缓和了高校与外界的紧张关系。

（二）高校问责制本质不在于"责任追究"

如前所述，既然高校问责的对象是针对高校这个实体而非个人，那么高校问责的本质必然不在责任的追究，因为高校作为一个单位在一般情形下难以成为承担责任的主体。

从笔者所掌握的资料来看，大多数研究者将高校问责制理解为一种责任追究制或者主要是一种责任追究制。这种观点，其实是受到行政问责制的影响。研究者在研究教育领域的问责时，往往借鉴了行政问责研究中的相关思路和观点。行政问责主要是一种内部的责任追究，这一点笔者基本赞同，这是由行政权的特性决定的。“关于行政权力的特征，国内学者多认为有以下几点：相对于其他国家权力而言，行政权力具有裁量性、主动性和广泛性特点；相对于社会组织、公民个人而言，它则具有强制性、单方性和优益性等特点。”（湛中乐，2008）[34]因为行政权的这些特性，决定了行政问责往往是一种事后的惩戒和警示，当权者应就其违法、违纪和渎职行为承担不利的后果。其制度的功能在于重拾被丢失的信任、恢复被破坏的社会关系和行政秩序。

从高校本身的特殊性来看，高校是培育人、传授知识的场所，其全部工作的重心应该在于如何提高培养人才的质量。“高等教育所承担的教学科研等核心使命具有高度的情景生成性、功效滞后性和专业内控性，难以复现、化约和度量，且学术自由、院校自治等传统价值一直为高等院校所珍视。”（柳亮，2010b）高校的这种特殊性，决定了高校问责制不能是一种简单的责任追究制，它贯穿于高等教育的全过程，包括事先的质询和责问，也包括事后的奖惩。但是奖惩只是一种激励的手段，而不是高校问责制的本质所在。总之，问责制在不同的领域具有不同的内涵，行政问责制与高校问责制没有必然的联系。

从高校问责制产生的背景和其承载的功能来看，人们对教育绩效、教育质量以及知情权的追求才催生了高校问责制。再加上高校运营资金的多样化使得资金的提供者产生了“物有所值”的期望，高校的“说明责任”受到更多的利益群体的期待。而大学的“封闭性”与利益相关者的知情权及其对大学的期待使得大学在内部与外部之间形成了一种紧张关系，这种紧张关系迫切地需要一种中介或桥梁来进行信息和价值的传导，以缓和这种紧张关系。高校问责制应运而生，承载了“沟通”“改进”“监督”“协调”等多种功能。从大学自身角度来看，高校问责制也是一种维护其所珍视的大学自主与自治，维护高等教育的社会声誉所作的必要的牺牲。“自治意味着大学可以自主选择如何获得成功，而不是选择是否去获得成功。独立和不受问责制的干涉并不能混为一谈。”

(Carey, 2007)

经以上分析可知，高校问责制的本质并不在于责任的追究。即使我国现行的行政问责和党内问责也并非必然导致责任的追究。《关于实行党政领导干部问责的暂行规定》第四条规定："党政领导干部受到问责，同时需要追究纪律责任的，依照有关规定给予党纪政纪处分；涉嫌犯罪的，移送司法机关依法处理。"根据本条规定我们可知，对党政领导干部进行问责，并不必然导致不利的后果及责任的承担，在问责的过程中涉及法律责任的还要移交司法机关通过司法程序追究其责任。总之，将高校问责制解释为一种可导致不利后果的责任追究制，在理论上和实践中都是欠妥当的。

（三）高校问责制中的"责任"是一种"证明责任"

有些研究者在论述到高校承担的责任范围时，将政治的、法律的、道德的甚至社会责任都囊括在内，恐怕有所遗漏。这种解释显然忽略了高校问责制产生的背景，以及对"问责"的词源进行考查。

"问责"这个概念在中国是个舶来品。国内研究者经常将英语中"accountability"理解为"问责制"。其实"accountability"这个词的词意中并没有关于"制"或"制度"之类的解释。在有关公共管理和政治学的著作中关于权责关系的论述中，学者们将"accountability"解释为"问责"。当"问责"成为一种经常化的制度安排时，便形成了一种制度，即"问责制"。国内教育界对"accountability"的翻译也有多种版本，如"责任制""责任""问责""绩效责任"等。从"accountability"的构成来看，它包括了"account""accountable"，分别具有"解释""说明"和"应负责"的含义。从法律的角度来讲，责任是指由于责任主体的违法或违约行为所产生的对自己的不利后果，主要表现为义务和制裁。在西方国家，伴随着新公共管理的出现，也出现了新的责任概念："accountability""resbonsibility""answerability"。而这些概念的内涵远远超过了法律上的义务和制裁。其中，"accountability"的概念更是近年来学术界研究的热点。其原因在于，已有的法律责任体系不能满足公共部门和私人部门发展的需要，社会的发展还需要法律之外的责任等去填补法律与道德之间的"灰色地带"，而推动其发展的是人们对于效率、对于公平、对于知情权和参与权的强烈渴求。

高校问责制中所包含的“责任”并不是一种责任体系，利益相关者也没有追究法律责任的权力，那是司法制度的功能所在。高校问责制中的“责任”既不是与法律制度和政治制度的冲突，也不是一种“重复追究”。它是一种具有填补功能的责任，是一种尽力履行职责，正当做事的责任，是对问责主体的质疑以及外界的信息需求进行描述、解释和证明的责任。奖励和惩罚只是一种手段，目的是激励高校更好地履行职责，谋求更好的发展。因此，高校问责旨在让高校更加“尽责”。“人类是容易犯错的，当人们知道有其他人在关注着他们如何做得更好的时候，便会更加努力地工作并表现得更加出色。”（Carey，2007）

以上三个问题都涉及了高校问责制的内核，也是比较容易引起争议的问题。如果不对这些问题进行说明和解释，必然会影响人们对高校问责制的理解，也不益于制度的构建。除以上问题外，其他一些问题如：利益相关者包括高校内部的主体吗？问责的内容是确定的吗？它是一种事态的还是常态的机制？对这些问题的思索和解释，也有助于我们更加全面地理解高校问责制的内涵。

三、全面界定“高校问责制”的内涵

按一般意义上的问责的含义来考察高校问责制是远远不够的，因为高校是个特殊的领域，它不同于公共行政领域中的问责。同时，高校问责制也是个含义极为丰富的概念，很难给出一个统一确定的界定。但我们可通过深入描述其特征的方式来解释高校问责制的内涵，据此去实现我们所期望的目标。笔者认为，高校问责制的内涵应从以下六个方面来理解。

（一）从问责主体来看，是利益相关者对高校的问责

高校问责涉及“上下”“内外”各种关系，政府的、高校的和社会的力量相互交集。在美国既有管理问责（政府对高校的问题），又有市场问责和专业问责。利益相关者众多，但是主要还是社会的力量和政府的力量在发挥作用。有些研究者将利益相关者的范围延伸到高校的内部，认为教师、员工和学生也是问责的主体。这种观点进一步将高校问责制复杂化了，高校问责制的产生具有明显的外部驱动因素，其功能之

一是为了满足外部的利益诉求，其要汇报、解释和证明的对象也是主要来自政府及社会中的这些外部主体。“伯克、比彻和柯根所主张的学术关注、专业问责制或内部评价，其实质是‘内部问责制’（internal accountability），是高等教育系统内部学术机构的自我问责和规范，而这恰是院校自主和自治的表现。”（柳亮，2010a）笔者认为，高校内部所进行的为了加强高等教育机构的合法性、为了提升教育的质量、为了解释高校本身达到相关标准以及为了使高校在未来具有更优良的表现和更高的发展所作的努力和相关的制度安排，都是高校办学自主权的体现。问责的主体并不包括大学内部的成员。毕竟高校内部所作的努力是为了获得更多资金、更好声誉，赢得更多支持进而在问责过程中获得优良的评价所必需的，也是一个学校成功地回应外部的问责系统所施加压力的一个不可或缺的条件。

（二）从问责对象上来看，是对高校的问责

高校问责的对象是针对高校这个实体的，前文已经论述。但是作为实体的高校，在不同的国家由于教育理念以及社会背景的不同，问责对象也会有所不同。在美国，问责针对的是公立高校，因为其教育经费的拨付是针对公立高校的。在英国，问责是针对从地方政府的行政控制和财务控制中独立出来具有独立法人地位并接受政府拨款的大学。这些大学包括根据枢密院皇家许可状成立的特许法人，也包括根据议会法律成立的法定法人，还包括一小部分以有限公司形式注册的公司法人。英国的大学有些复杂，研究者们往往将这些大学统称为高等教育机构。而在日本情况却有所不同，日本的私立高校远远大于公立高校，私立高校在日本高等教育大众化的过程中发挥了重要作用。日本 1949 年颁布的《私立学校法》，其中规定私立学校所从事的事业原为国家所从事的事业，因此具有“公”的性质，国家可以向其提供补助。同时又规定，文部省和地方政府可以要求补助的学校提交会计报告，并有权建议其变更预算。对私立学校进行补助采取奖励和惩罚相结合的方针，对于经营较好的学校实行倾斜分配，对于经营管理不善，通过补助也无法产生效果的学校，则实行 5 年内不予补助的制裁措施。所以，日本的高校问责既是针对公立高校的又是针对私立高校的。

（三）问责的内容具有明确性、可预见性

英国和美国的高校问责中，一般要求高等教育机构作出说明、解释或证明的事项包括财政廉洁、财政安全、风险管理、管理体制、成本/竞争力、物有所值、学校规划、投资数额、与学生相关的统计数据（student statistics）、教学、研究和服务质量、道德规范/责任、环境等内容。这些内容不是一成不变的，在不同的时期也会有所侧重，但是总体而言是明确的、可以预见的。一方面高校可以据此作出相应的安排，使其解释和说明具有针对性。另一方面，内容的确定同时也是一种义务的设定，利益相关者不能无限制、无范围地对高校施加影响以危及高校的自主权。

（四）问责要借助于一定的工具，采取多样的问责形式

经济领域的问责，往往要借助一定的会计或计量手段，以便确定或解除受托方的经管责任。教育领域的问责也同样，像绩效报告、教育评估和目标确立也是高校问责实践中所使用的核心工具（王淑娟，2010）[42]。同时，问责根据针对的问题不同可以采取多种形式。在美国，政府对高校的问责主要是通过绩效预算和绩效拨款的形式来实现的，社会对高校的问责主要是通过中介组织来实现的，像满意度调查，学生就业报告和大学排名等，是他们经常采用的问责形式。在日本，主要是通过高校的自我评价和第三方评估来实现的。而且这两种评价是相互配合的，第三方评估是一个独立的外部组织，吸收了一些校外人士和专家，它的评价是建立在高校自我评价的基础之上的，而且还设计了一套机制来确保高校提供资料和数据的真实性。随着时代的发展，问责的形式也在不断地推陈出新，"高等教育在全球化的劳动力市场中地位越重要，政策的制定者和消费者就越需要问责制。可能的是真正意义上的高等教育问责会逐年增强，只是人们不知道它会以何种形式出现而已"（Carey，2007）。

（五）问责的目的不在于责任的追究，而在于与外界进行沟通和改进高校自身的工作

前文已经探讨了，行政权的特性决定了行政领域中的问责是以责任

的追究为核心的。根据现代责任政府的要求，人们普遍关心的是政府及其官员，权力有没有受到监督，职责有没有妥当履行。而在高校领域，国外高校问责制的实践以及高校自身的特殊性也决定了高校问责制的本质不在于责任的追究。其原因前文已经讨论，此处不再赘述。教育是全民的事业，人们普遍关注的是教育资源的使用情况、教育的公平性以及教育培养人的质量问题。高校问责必须把重心放在这些方面。高等教育对于个人和社会的重要性使其普遍地受到利益相关者的关切和担忧，并与外界形成了一种紧张关系。高校问责制的目的就在于一方面与外界进行沟通，满足外部的利益诉求，缓和与外界的紧张关系。另一方面是通过奖惩和其他措施，对高校形成压力，监督和评估高校资源的使用情况以及产生的效果，来维护高等教育的公益性，在一定程度上提高高等教育的产品和服务质量，控制权力的滥用，确保公共资源的合理使用。

（六）高校问责是常态的机制，不是事态性的机制

行政问责制是一种事态性的问责机制，问责程序的启动往往是某一事件的发生，导致了问责的主体对问责对象的质疑和批评。在事故频发之后，启动问责机制成为政治家和人们关注的一个热点话题，不是因为没有现成的责任追究制度，而是现有制度不够完善，有很多遗漏和盲点，而问责制正好起到了拾遗补阙的作用。而高校问责制，不是由于某一事件而导致外界对高校的质疑和批评，它是一种常态的机制。它是由一定的主体，在预设的时间，按照既定的规则对高校进行的一种经常性活动。在这个活动中，高校这个实体向其他利益相关者报告、解释、证明和回答有关高等教育资源使用的效果及情况，是一个证明高校自身履行职责、实现办学绩效及教育质量的过程。

参考文献

安岩，姬璐璐．2010. 美国高等教育问责制度探究［J］. 河北师范大学学报：教育科学版（7）：45－49.

柳亮．2010a. 国外高等教育问责制研究：多重三角模型与思考［J］. 外国教育研究（7）：33－38.

柳亮．2010b. 高等教育问责制：内涵、缘起与实践［J］. 现代教育管理（2）：37－40.

龙献忠，李敏．2011. 基于善治视角的我国高校问责制发展趋向［J］. 大学教育科学（1）：59－62.

王淑娟．2010. 美国公立高校的州问责制［M］. 北京：知识产权出版社：42.

湛中乐．2008. 再论我国公立高等学校之法律地位［G］//劳凯声．中国教育法制评论：第7辑．北京：教育科学出版社：34.

周湘林．2010. 中国高校问责制的内涵、类型与变革［J］. 高等教育研究（1）：34－40.

Carey K. 2007. Truth Without Action: The Myth of High-Education Accountability [J]. Change, September/October: 24－29.

Trow M. 1996. Trust, Markets and Accountability in Higher Education: a Comparative Perspective [J]. Higher Education Policy, 9 (4): 309－324 (16).

Bovens M, Schillemans T, Thart P. 2008. Dose Public Accountability Works?: An Assessment Tool [J]. Public Administration, 86 (1): 225－242.

Gunzenhauser M G, Hyde A M. 2007. What Is the Value of Public School Accountability? [J]. Educational Theory, 57 (4): 489－507.

Probe into the Connotation of University Accountability System

Yang Bing

Abstract: National Education Reform and Development of Long-term Planning Programs (2010—2020) clearly puts forward to the notion that we should promote the construction of inspection system and accountability system in higher education. In China, the studies in this field are just in beginning and the interpretation of the university accountability system does not cover the whole picture of the system. Some important problems have no reasonable explanation, even produced a misunderstanding. This paper argues that university accountability aims at the university of the entity, its essence in not investigation of the liability. It is a process of communication with the outside world and improvement of their work. In this process, colleges and universities assume a "burden of proof" for their own whether to fulfill their duties and resbonsibilities. On the analysis of these problems, this paper explain the connotation of the university accountability from six aspects. And expect that this paper is meaningful to help the construction of University accountability.

Key words: liability, accountability system, university accountability system

作者简介

杨冰，北京师范大学教育学部2010级博士研究生，研究方向为教育法学、未成年人法学。

□余雅风

义务教育质量有效保障的法律分析①

【摘　要】在我国当前义务教育发展不均衡、学生辍学率居高不下的状况下，质量保障是当前我国义务教育改革与发展、促进公平的主要命题。2006年修订的《中华人民共和国义务教育法》将教育质量保障作为新的社会背景下重要的立法目标，并从不同方面做了保障性规定。但由于现行教育立法的覆盖范围尚不全面，一些实践中急需的法律法规或尚未出台，或与社会发展不相适应，还没有形成教育法律体系要素之间的协调关系，导致提高教育质量的立法目标与现实存在较大差距。应从教师准入、教育投入、国家课程与教学评价以及义务教育质量监控等不同方面加以立法完善，以为义务教育质量提供有效的法律保障。

【关键词】义务教育，教育质量，法律分析，教育立法

① ［基金项目］北京市教育科学"十一五"规划2007年度重点课题"规范学校运作的法律研究"（课题批准号：AHA07122）。

教育质量既体现在教育活动的结果即所培养学生的能力和素质方面，又体现在系统的教育活动过程的各个层面和各个环节，如师资、管理、教学、科研等（吴遵民 等，2009）。本文的义务教育质量并不单指学生的学业成绩，而是包括教育教学与教育管理在内的、体现教育活动各要素之间整体水平的系统性的概念。只有系统地协调教育活动中各个要素的相互关系，促使其发挥在教育活动中的积极作用，才能促进义务教育质量的整体提升。

一、关注质量：当前义务教育发展的主要命题

自 1986 年《中华人民共和国义务教育法》（以下简称《义务教育法》）颁布之后，我国义务教育便开始了快速普及和全面攻坚，2000 年，我国基本完成“普九”任务，使得儿童平等接受教育的权利的矛盾开始趋于缓解，但义务教育质量公平问题却日见突出。在过去的 20 年中，中国义务教育的发展更多的是以普及就学机会为重点，办学在很大程度上依赖乡镇基层政府和农民的积极性。“农村义务教育农民办、城市义务教育基层政府和人民办”是这种发展模式的基本特点（北京市教育科学研究院课题组，2006）。这种发展模式难以顾及义务教育的质量和城乡教育之间的均衡发展，引发人们对于教育公平的争议。过去仅仅以“普及”就学机会为主要目标的国民义务教育，已不能满足社会对国民基本素质的需求。2001 年，国务院《关于基础教育改革与发展的决定》指出，要“高水平、高质量普及九年义务教育”，完成“普九”任务之后，提高教育质量应该成为义务教育的工作重心。在当下“义务教育政府办”的发展模式下，国家应全面承担提供义务教育公共服务的责任，充分保障所有适龄儿童受义务教育的权利，充分保障不同地区的适龄儿童都能平等地接受符合高质量的义务教育。

目前，义务教育实施了“两免一补”、免费义务教育，农村义务教育“经费短缺”的矛盾得到极大缓解，农村儿童“有学上”的问题基本得到解决。但是“上好学”的问题仍未解决，义务教育阶段学生辍学，特别是农村初中辍学问题仍十分突出。研究表明，农村学生辍学不只是因为经济贫困，还因为教育质量低下。如中共中央党校经济学部中国农村九年义务教育调查组总结出了影响学生继续求学的“五个贫困”

因素是："贫困、学困、校困、师困、前景贫困"（李慧莲，2007）。其中，除了"贫困""校困"属于"经费问题"之外，其余三个"贫困"关涉的都是教育质量问题。当国家相继采取了一系列的农村教育投入与补助政策、经济贫困不再是制约学生上学的主要因素时，教育质量就凸显为影响农村学生辍学的主要因素。由于农村办学条件差，师资水平低，学校分散且教育质量低，而全国义务教育实行统一的课程计划和教学要求，以及农村课程与教学脱离农村教育实际，造成大批学生因厌学而辍学。东北师范大学农村教育研究所2001—2003年对全国17所农村初中的调查显示，农村初中最高辍学率达74.3%，平均辍学率为43%（邬志辉，2008）。该调查显示，辍学原因中教育质量低下、家庭经济窘迫、教育"出口"不畅和新读书无用论的分别占到56.3%、19.6%、9.8%、9.4%，因教育质量低下而辍学者占到半数以上。导致教育质量低下的原因是多方面的，如教师教学水平低下，教学方法陈旧，课程设置不适应农村学生特点，课程资源匮乏，学校生活单调，缺少吸引力，这些都在一定程度上导致了农村学生学习困难、成绩不良、丧失学习兴趣并最终辍学（邬志辉，2008）。世界银行最新的一份发展报告也指出，基础教育的质量对于家庭教育投资决策的影响是非常关键的，教育质量直接影响家庭对孩子是否辍学的选择（World Bank，2006）。世界银行的另一项研究也发现，非洲基础教育入学率持续增长并未能带来经济的增长，这在很大程度上是因为物质资本的匮乏和教育质量低下、辍学率较高所导致（World Bank，2003）。可见，提高教育质量是避免学生辍学的根本策略，质量提升已经成为义务教育在新的社会历史发展时期需要完成的新任务。

目前，教育质量不平等引发了人们的关注。一些农村中小学校特别是村小、片小和教学点，缺乏规范的日常教学管理，课堂教学质量差，教学合格率低。一些重点学校长期得到政府教育投资的重点倾斜，而一些非重点学校政府投入相对较少，致使在学校发展上"马太效应"明显，人为地造就了一批薄弱学校（彭波，2006）。我国一直习惯于用数量指标衡量或评估义务教育，国家每年发布的全国教育事业发展统计公报一直用普及率、适龄儿童入学率、辍学率或巩固率等指标来表明义务教育的状况。作为"国家统一实施的所有适龄儿童、少年必须接受的教育"，义务教育本质上是公平的教育或平等的教育，这种教育首先要求具有统一性。而这种统一性自然寓含着统一的或相同的质量要求（张乐天，2007）。从教育公平的角度看，不仅要求这一阶段适龄儿童、少年均拥有平等的入学机会，同时也要保障这一阶段教育过程的平等，包括对教育质量的平等要求。因而，国家保障义务教育的实施也不只是保障所有适龄儿童、少年能够进入学校，更为重要的是保障进入学校的儿童、少年能够接受同样高质量的教育，从而使教育能够真正促进每一个适龄儿童、少年的发展。当前，质量保障已成为我国义务教育改革与发展的主要命题。

二、我国现行立法对义务教育质量的保障

我国2006年9月1日起施行的《义务教育法》不但明确将提高义务教育质量作为义务教育发展的重要维度，而且对义务教育质量控制的各个方面做了规定，成为我国近年来最重要的教育立法。它的实施必将对我国的义务教育质量的提升产生深远影响。

（一）通过对教师素质的规定保障义务教育质量

教师在教育过程中起着主导性作用，教师的素质、教师的教育能力和水平决定着教学的效果。1986年《义务教育法》有关教师的要求只规定国家采取措施加强和发展师范教育，加速培养、培训师资，从而有计划地实现小学教师具有中等师范学校毕业以上水平，初级中等学校的教师具有高等师范专科学校毕业以上水平。这个规定的目的是为了解决当时社会条件下师资短缺的问题。为保证教师在提高教育质量方面功能的发挥，2006年《义务教育法》从两个不同层面作了具体规范，对于提高师资队伍水平具有积极的作用。

一是明确义务教育阶段教师的入职资格。2006年《义务教育法》第三十条第一款规定：“教师应当取得国家规定的教师资格。”该条取消了《中华人民共和国教师法》（以下简称《教师法》）关于“未具备本法规定学历”的除外条款，明确要求所有义务教育阶段的教师都应该具备相应的法定教师资格，以杜绝实践中规避法律的行为。

二是对教师职务的规定。2006年《义务教育法》第三十条第二款规定：“国家建立统一的义务教育教师职务制度。教师职务分为初级职

务、中级职务和高级职务。”该规定将义务教育阶段教师的职务系统上升到法律层面加以规定，是对义务教育阶段教师职务制度改革的重大突破，对培养造就高素质、高层次人才，加强教师队伍建设具有重要意义。

三是有关提高教师教育教学能力的规定。2006 年《义务教育法》第三十二条规定：“县级以上人民政府应当加强教师培养工作，采取措施发展教师教育。县级人民政府教育行政部门应当均衡配置本行政区域内学校师资力量，组织校长、教师的培训和流动，加强对薄弱学校的建设。”该规定强调了县级以上政府在教师培养以及教师教育方面的职责。

（二）通过对教育教学的规定保障义务教育质量

学校是实施教育教学活动的基本单位，其教育教学工作直接关系到教育教学质量。1986 年《义务教育法》有关教育教学只规定了国务院教育主管部门根据社会主义现代化建设的需要和儿童、少年身心发展的状况来确定义务教育的教学制度、教学内容、课程设置、审订教科书的职责，并未对学校教育教学工作做出具体要求和规范。为保证学校教育教学工作的质量，2006 年《义务教育法》从不同层面作了具体规范，对于提高教育教学工作的质量具有积极的作用。

一是设定教育教学工作的内容和目标。2006 年《义务教育法》第三十四条规定：“教育教学工作应当符合教育规律和学生身心发展特点，面向全体学生，教书育人，将德育、智育、体育、美育等有机统一在教育教学活动中，注重培养学生独立思考能力、创新能力和实践能力，促进学生全面发展。”该条不但是教育教学工作内容和目标的要求，也应该是教育教学效果或质量评价的出发点或维度。

二是明确学校教育教学的质量要求。2006 年《义务教育法》对义务教育学校教育教学质量要求的主要规定有：“依法实施义务教育的学校应当按照规定标准完成教育教学任务，保证教育教学质量。”（第五条第三款）“学校和教师按照确定的教育教学内容和课程设置开展教育教学活动，保证达到国家规定的基本质量要求。国家鼓励学校和教师采用启发式教育等教育教学方法，提高教育教学质量。”（第三十五条第二、三款）据此，《义务教育法》规定的义务教育阶段学校，要按照确定的教育教学内容和课程设置开展教育教学活动，按照规定标准完成教育教学任务，保证达到国家规定的基本质量要求。

三是对教师的教育教学行为进行规范。2006 年《义务教育法》第二十九条关于“教师在教育教学中应当平等对待学生，关注学生的个体差异，因材施教，促进学生的充分发展”的规定，对教师的教育态度、教学方式提出要求，实现了教师教育教学行为的有法可依。

（三）通过对教育经费与条件的规定保障义务教育质量

义务教育的公共性决定了义务教育政府投入应该是义务教育经费的来源。长期以来，经费短缺始终是制约我国义务教育发展的重要因素。由于《中华人民共和国教育法》（以下简称《教育法》）、1986 年《义务教育法》只原则规定义务教育经费由各级政府承担，没有明晰各级政府经费投入的具体职责和比例、法律责任，造成实践中教育财政分担主体重心过低、不少学校公用经费存在缺口，有的学校还存在危房和欠债，一些地方教师工资不能按时、足额发放，严重影响了学校的教育教学的开展。为保证学校教育质量，2006 年《义务教育法》从两个方面作了规范。

一是确立了较为完善的义务教育经费投入体制。2006 年《义务教育法》列单章对义务教育实施“经费保障”，不仅明确了政府对义务教育经费投入负总责，教育经费由各级政府共同负担，而且明确了由省、自治区、直辖市人民政府负责统筹落实。对义务教育经费，地方政府不仅要做到预算单列，而且要确保“三个增长”。政府不仅要按照教职工的工资标准，学校的建设标准和学生人均公用经费标准拨付经费，而且要向农村学校、特殊学校和薄弱学校倾斜，为教育质量提高提供了物质保障。

二是学校建设中教育教学条件的保障。2006 年《义务教育法》第十六条关于“学校建设，应当符合国家规定的办学标准，适应教育教学需要”的规定，从法律的高度要求实施义务教育的学校建设必须具备符合国家规定的办学标准，要求政府为学校教育教学活动的正常实施提供必要条件，从而保障了开展教育教学活动的基本条件。

（四）通过对督导与问责的规定保障义务教育质量

教育教学质量的保证与监控体系对于基础教育质量具有重要作用。1991 年国家教委颁发的《教育督导暂行规定》，虽然对教育督导的任务、范围、教育督导机构的职责及督学的条件、职权等作了规定，但作为部门规章，并不能对政府行为进行有效规范。2006年《义务教育法》以法律形式确立了我国的教育督导制度，将《教育法》规定的教育督导制度具体化为义务教育督导制度并作了具体的制度设定。2006年《义务教育法》还首次将教育问责引入教育立法，强化了义务教育质量的监督。

建立义务教育质量督导制。2006年《义务教育法》第八条规定"人民政府教育督导机构对义务教育工作执行法律法规情况、教育教学质量以及义务教育均衡发展状况等进行督导，督导报告向社会公布"，要求对教育教学质量进行督导，即对保证教育教学质量有关的工作及教育教学效果实施督导。依照2006年《义务教育法》的相关规定，教育督导必须将学校是否贯彻国家教育方针、按照确定的教学内容和课程设置开展教育教学活动、实施素质教育、寓德育于教育教学活动之中以及开展与学生年龄相适应的社会实践活动、教育教学与教师管理等方面的教育工作等作为督导内容，督促学校不断提高教育教学质量。

建立义务教育问责法律制度。2006年《义务教育法》第九条是关于问责制的规定，有两方面的内容。一是任何社会组织或者个人有权对违反《义务教育法》的行为向有关国家机关提出检举或者控告；二是发生违反本法的重大事件，负有领导责任的人民政府或者人民政府教育行政部门负责人应当引咎辞职。在第七章有关行政责任的规定中，也多次明确"对直接负责的主管人员和其他直接责任人员依法给予行政处分"，通过这些规定加强了对政府及有关部门的执法监督，有力地增加了教育法的刚性。问责制的引入有利于督促各级教育、财政等相关部门依法履行保障义务教育的责任，推动义务教育的均衡发展，促进教育质量的提高。

三、义务教育质量法律保障的实施困境

教育法律体系是由国家各级权力和行政机关依法制定的、建立在同一经济基础之上、受共同原则指导的、具有内在协调一致性的教育法律规范的总和。依照我国2006年《义务教育法》的规定，义务教育质量保障涉及教师、教育教学、教育质量监控、经费与条件保障等多个方

面。这些规定的落实，需要相配套的法律制度的支撑。虽然我国教育法律法规体系的基本框架已然确立，但其结构分布尚不平衡，存在着结构性失衡，由此造成义务教育质量缺乏相互适应、协调的法律制度的保障。虽然2006年《义务教育法》将义务教育质量及其保障作为立法的重要内容，但与之相配套的法律制度存在较大的立法缺陷，造成义务教育质量保障立法目标难以实现。

（一）缺乏必要的配套立法

依照我国《教师法》第十七条第一款的规定，教师的聘任由学校和教师签订聘任合同。那么，教师任用采取合同形式是否意味着教师聘任合同就是民事合同，合同内容的确立以及法律责任的承担要遵循意思自治原则？由于教师聘任合同缺乏立法规范，导致教师聘任和管理实践存在较大的混乱，不但教师权利难以得到保障，而且教师高质量完成教育教学任务的义务也难以落实。从学校课程、教学与评估的法律规定看，最主要的表现是缺乏必要的、法律层面的规范。

《基础教育课程改革纲要（试行）》在课程改革的背景、目标和内容的表述上都显得相对概略和简单，缺乏可操作性和可观测性，课改政策缺乏法律化与权威性，与现实有较大的差距（申超，2008），造成2006年《义务教育法》规定的“学校和教师按照确定的教育教学内容和课程设置开展教育教学活动，保证达到国家规定的基本质量要求”缺乏法律层面的保障。《教育法》规定国家实行“学校教育评估制度”，2006年《义务教育法》虽然要求教育教学要促进学生全面发展，但却没有法律对学生学习过程评价和毕业、升学评价作任何强制性规定，以至于“重点率”“升学率”成为当前中小学评价的单一标准，造成对教育质量和教育目标的片面理解，使教育教学工作只面向少数学习成绩好的所谓升学有望的“苗子”。

（二）部分法律规定已不适应社会发展的需要

2006年《义务教育法》关于义务教育阶段教师资格的规定与《教师法》一致，即小学教师应中等师范学校毕业、初中教师应高等师范专科毕业。然而，这一规定已远远不能适应我国社会发展和教育质量保障的需求，也低于其他发达国家的要求。例如，日本自1988年《教师资格证书法》修订以来，其资格基准有了大幅度的提高，小学、初中和高中的教师，分别需具备大专、本科及研究生以上的学历。美国多年来在许多报告中多次强调教师对提高教育质量的重要性，不断提高中小学教师的学历要求。到20世纪80年代末，美国50个州和哥伦比亚特区、波多黎各共52个行政区域，要求中小学教师的基本条件是具备学士学位。加利福尼亚、亚利桑那等州还要求持永久证书的中学教师具备硕士学位，哥伦比亚特区则要求高中教师具备硕士学位。

2006年《义务教育法》第十二条规定：适龄儿童、少年在户籍所在地学校就近入学。此规定排除了任何人选择学校的机会或可能，但却没有杜绝现实中以权择校、以钱择校风行的现实。这一规定使择校权成为少数强势群体享有的特权。虽然义务教育为免费教育，但义务教育不能强迫学生接受低质量的教育，每一个人都有权选择就读于教学水平正常的学校。在义务教育均衡发展的条件下，在向普及高质量的义务教育发展过程中，立法必须考虑其对社会的适应性以及前瞻性，赋予学生可自由就读于教学水平正常的学校、公平享有教育资源的权利。

在当前我国小康社会建设中，很多家庭具备了实施家庭教育的条件。学校教育的局限性，使很多家庭开始选择在家教育。家庭教育是学校教育的必要补充，也是教育质量保障的重要方面。而且，选择在家教育也是公民受教育权和父母及其他监护人教育权的内容。但2006年《义务教育法》并未对家庭教育做出例外规定和质量保障性规定，而是要求所有适龄儿童都要进入学校接受义务教育。而现实中存在大量在家教育的情况，由于所有家庭教育的实施均为非法，导致在家教育的条件和效果难以进行评价和监督。

（三）缺乏相关制度的具体化、针对性立法

2006年《义务教育法》规定了义务教育质量的督导制度，但还是一项原则性规定。从教育督导制度的整体看还停留在教育行政部门的内部规章的范畴，教育督导机构的设置及其人员的资格、职级、标准、任用、培训和发展，教育督导的实施、程序、效果以及责任追究等都缺乏专门的法律制度的支持，义务教育质量督导效果难以保证。

义务教育的本质决定了政府投入是义务教育经费的最主要来源。虽然2006年《义务教育法》强化了政府责任以保障义务教育的实施，然

而，这种国家财政拨款属于宏观性质，主要用于人员经费和学校建设，没有对义务教育质量提升方面的专门财政支持立法。尽管稳定、持续和大量的财政投入是学校教育质量提高的基础，但是投入的增加并不必然意味着教育质量的提高（郑春光，2006）。美国《不让一个孩子掉队法案》（No Child Left Behind Act，NCLB）关于联邦政府投入的经费的规定就明确指出：联邦政府的钱将投放在能有效促进义务教育质量的项目和实践上，经费将以改善学校办学条件和提高教师质量为目标。

（四）立法存在技术性缺陷

立法技术是制定规范性法文件活动所遵循的方法和操作技巧的总称，对于使立法能正确调整社会关系和准确、科学、有效反映立法者的意志有重大意义。否则，有再好的立法意图也难以实现。2006 年《义务教育法》是中国教育法制史上评价比较高的一部法律，但其中存在的立法技术性问题也是明显的。按照 2006 年《义务教育法》第五条的规定，适龄儿童、少年的父母或者其他法定监护人应当依法保证其按时入学接受并完成义务教育。依法实施义务教育的学校应当按照规定标准完成教育教学任务，保证教育教学质量。虽然该法第五十八条规定：适龄儿童、少年的父母或者其他法定监护人无正当理由未依照本法规定送适龄儿童、少年入学接受义务教育的，由当地乡镇人民政府或者县级人民政府教育行政部门给予批评教育，责令限期改正。然而，这一系列保障性规定却对于现实中义务教育阶段普遍存在的辍学、教育教学质量低的现象无能为力！

仅从法律规范的结构来看，2006 年《义务教育法》虽然将质量保障作为重要的立法目标，但由于法律规范构成的结果缺陷，造成立法的规范性缺乏。例如，学校是实施教育教学活动的主要场所，也是教育质量保障的重要组织，虽然义务教育学校实施校长负责制，立法却并没有规定学校以及校长在教育质量低下、任用不合格教师方面承担任何的法律责任。再如，2006 年《义务教育法》虽然也规定了父母或者其他法定监护人无正当理由未送适龄儿童、少年入学的法律责任，但这种“批评教育，责令限期改正”的责任规定又缺乏必要的强制性。美国的《不让一个孩子掉队法案》则规定，联邦经费可首先扶持那些未能使处境不利学生取得必要进步的学校，但是如果这些学校连续三年教学质量未见提高，联邦政府鼓励学生转学到一个更高水平的学校，而原校必须支付用于提高学生成绩的补习费用。如果连续六年教育质量未见改观，学校的员工将进行调整，联邦政府也将削减经费的支持。这项规定虽然只是一项拨款策略，但对于学校行为无疑具有积极的规范作用。法律是一种调整人们行为的规范，这种规范的存在，就是要对人们的意志、行为发生影响，对人们的行为起到规范作用。教育法的规范功能就在于依靠国家强制力来推行，制裁违法行为，促使人们依法行使权利，履行义务，从而使教育活动有序化。

四、完善立法，确保义务教育质量立法的有效性

从教育平等的角度看，义务教育平等并不仅指这一阶段适龄儿童、少年均拥有平等的入学机会，同时也指这一阶段教育过程的平等，甚至是教育结果的平等。国家保障义务教育的实施因而也不只是保障所有适龄儿童、少年能够进入实施义务教育的学校，更为重要的是保障进入学校的儿童、少年能够享有或接受具有相同质量要求的教育。结合我国现实，针对现行立法存在的问题，应从以下方面完善我国义务教育质量保障的法律制度。

（一）完善教师立法，提高教师的教育教学能力

1. 修订《教师法》和1995年国务院颁布的《教师资格条例》、2000年教育部颁布的《教师资格条例实施办法》，严格教师资格制度，提高新入教师队伍人员执业标准；改变一次性和终身制的教师资格认证，建立教师资格再认证制度，不断提高教师的教育教学能力。

2. 制定《教师教育条例》，建立教师教育法律制度，系统、全面规范教师的职前、入职、职后教育，提高教师执业能力。确立政府在教师教育中的职责，包括经费支持、教师教育机构的认证、评估与监督、质量保证等。

3. 建立教师聘任合同法律制度，通过立法明确教师聘任合同的主体（教师与学校、教师与政府）、内容（主体间的权利与义务）、违约责任与合同的法定形式（短期与长期），明确违约责任与法律责任的关系，确保教师依照法律和聘任合同享受权利与履行义务。

（二）完善教育投入立法，保证义务教育的正常、高质量实施

1. 明确义务教育政府经费投入的额度与法律责任，将国家义务教育投资的责任主体适度上移，强化中央和省级政府对义务教育的投资责任，到2020年实现国家财政性教育经费支出占国内生产总值的4%，同时明确相关主体应承担的法律责任。

2. 实施弱势扶助，制订贫困地区义务教育发展计划，建立贫困地区教育发展专项基金，对需要特殊帮助的学校进行投资，保障所有适龄儿童都得到平等质量的教育；设立义务教育的基本投资基准，确保贫困地区儿童能够获得最基本的教育资源。

3. 通过立法设立促进义务教育质量提高的专项基金或财政支持款项，对义务教育质量提升实施专门的、持续的财政支持。设立义务教育质量奖学金制度，激发学生学习兴趣，鼓励学生提高学业成绩。

（三）完善国家课程与教学评价立法，促进教育教学质量的提高

1. 通过立法建立具有可操作性和权威性的基本国家课程标准，明确不同类型课程设置的目标、内容及基本要求，保证所有学校和教师能够按照法律规定的课程要求与标准开展教育教学活动；明确未按法律规定的课程要求与标准开展教学的学校及相关主体的法律责任。

2. 在明确义务教育质量的评价以所有学生的全面发展为原则的基础上，建立义务教育的国家标准评估系统，规定动态的、发展性学生学习测试方式、教师评价方式、学校教学质量评估方式，促进教师的专业成长和学生的自主发展，促进学校教育质量的提高。

（四）强化责任、明晰权利，实施有效的义务教育质量监控

1. 明晰相关主体的职责与法律责任。明确政府的经费投入职责以及投入不足的法律责任；明确教育行政部门教育质量督导职责以及监督失职的法律责任；明确校长教育教学管理、提高教育质量的职责及学校整体教育质量低下的法律责任。

2. 明晰相关主体的权利，促进学校提高教育质量。明确学生父母及其他监护人了解教学资源、教育教学信息（如学校评估报告、教师的

教学水平评估以及学生的成绩统计等）的权利；在保证经费投入与条件平等的基础上，明确学生可选择就读于教学水平正常的学校的权利；立法规范家庭教育，赋予父母及其他监护人在家教育的权利。

3. 制定“教育督导条例”，规范教育督导机构的设置及其人员的资格、职级、标准、任用、培训和发展，明确教育督导的职权范围、督导实施程序、效果以及对被督导者的责任追究、督导机构及其人员的法律责任等内容。

参考文献

北京市教育科学研究院课题组．2006. 建立发展基准：普及义务教育的再定位［J］. 人民教育（9）.

李慧莲．农村义务教育的现实困境：辍学率反弹拉响警报［EB/OL］.（2007－11－15）［2011－06－23］. http：//finance. sina. com. cn/g/20050118/00441300441. shtml.

彭波．2006. “普九”后义务教育质量公平问题新探［J］. 当代教育论坛（11）.

申超．2008. 中美基础教育课程改革的政策比较：以《基础教育课程改革纲要（试行）》和《不让一个孩子掉队法》的比较为切入点［J］. 教育学报（4）.

邬志辉，王海英．2008. 农村义务教育的战略转型：由数量关注走向质量关注［J］. 教育理论与实践（1）.

邬志辉．2008. 农村义务教育质量至关重要［J］. 教育研究（3）.

吴遵民，赖秀龙．2009. 日本基础教育的质量保障机制及启示［J］. 外国中小学教育（3）.

张乐天．2007. 促进教育公平关键在提高农村义务教育质量［J］. 江西教育科研（1）.

郑春光．2006. 试析美国学校财政政策与教育质量提高［J］. 教育发展研究（10）.

周旺生．1996. 立法论［M］. 北京：北京大学出版社：178.

World Bank. 2003. World Development Report 2004：Making Service Work for Poor People［R］. Washington，D. C.：The World Bank.

World Bank．2006. World Development Report 2007：Development and The Next Generation［R］. Washington，D. C.：The World Bank.

The Legal Analysis to the Effective Protect of Quality of Compulsory Education

Yu Yafeng

Abstract: Considering the current situation such as the uneven development and the increasing dropout rate in the period of compulsory education, the Quality Assurance has become the main topic not only in the reform and development of compulsory education, but also in promoting educational equality. The New Compulsory Education Law of the People's Republic of China sees Quality Assurance as one important legislative goal and makes several stipulations in different aspects. However, the existing education legislation is still imperfect; some practical rules urgently needed haven't been put forward or are incompatible with the social development. In one word, the coordination among the ingredients of the educational law system hasn't been formed, which leads to the big gap between the legislative goal and the reality. The legislations in teachers, the investment in education, the national curriculum and teaching evaluation and the monitoring mechanism in the quality of compulsory education should be improved, in order to provide effective legal protection to the equality of compulsory education.

Key words: the quality of compulsory education, the legal analysis, educational legislation

作者简介

余雅风，博士，北京师范大学教育学部副教授、博士生导师，研究领域为教育法学、未成年人法学。

□刘俊仁

义务教育公立学校自治的法理基础及制度设计

【摘　要】就世界范围内而言，义务教育公立学校本身只是一种手段，其设置目的经历了从实现国家教育权到保障受教育权的演变。我国的义务教育制度从发达国家移植而来，义务教育公立学校的设置目的也经历了从实现国家教育权到保障受教育权的演变。在保障受教育权成为义务教育公立学校的设置目的之后，公民实现受教育权的多样化需求客观上要求义务教育公立学校的特色发展。虽然经过了将近30年的“简政放权”改革，但是我国义务教育公立学校与政府之间的科层关系仍然比较明显，这种状况制约着义务教育公立学校的特色发展。为了实现特色发展，义务教育公立学校应该获得自治地位，被赋予公法人资格。

【关键词】义务教育公立学校，国家教育权，受教育权，科层制，自治，公法人

一、公立学校的设置目的：从实现国家教育权到保障受教育权

在义务教育产生之前，儿童接受教育基本上是私人的事情，儿童接受教育的场所主要是家庭和私立学校。伴随着义务教育的产生和发展，义务教育公立学校（以下简称公立学校）开始出现并逐渐发展。我国的义务教育制度是在清朝末年国家危亡的背景之下，在借鉴德国、美国和日本等国家发展义务教育经验的基础上发展起来的。因此，需要在世界范围内公立学校设置目的演变的背景下考察我国公立学校的设置目的。

（一）公立学校的设置目的：实现国家教育权

接受义务教育是公民的一项义务还是一项权利，决定着公立学校的设置目的。从义务教育的发展过程来看，各国主要借助于法律来推行义务教育，因此本文通过分析法律对义务教育的已有规定来确定接受义务教育是公民的一项义务还是一项权利。

在民族国家形成和工业革命发展的过程中，由于认识到教育对国家强盛和社会稳定的重要性，专制主义时代的德国率先实行义务教育制度，法国、美国、日本、英国等国家逐渐接受该制度。在义务教育的发源地，普鲁士的腓特烈大帝于1763年就发布了《普通学校法》，规定所有五至十四岁的儿童要强迫入学，否则对儿童的父母或者监护人课以罚金。从该规定来看，父母或者监护人负有将儿童送入学校的义务，但是适龄儿童是否负有接受义务教育的义务并不明确。随着工业革命的进一步发展，很多国家直接在法律中将受教育规定为公民的义务。德国的《魏玛宪法》第一四五条规定：“受国民小学教育为国民普通义务。就学期限，至少八学年，此为完成学校至满足十八岁为止，国民小学及完成学校之授课及教育用品，完全免费。”对于该条规定，有学者认为，“特殊的是基本义务之规定，这是基本权章节的新概念。……基本义务是个人对共同体所承担之责任，因此越是强调社会连带与克服阶级冲突者，必然强调基本义务之重要性”（王歆茹，2010）。德国著名法学家耶律内克也认为，《魏玛宪法》规定的公民的义务，系公民居于被动身

份，作为国家统治权之客体，须服从国家统治权，而为实现共同的利益，对国家所负之义务，其中最重要的便包括对国家纳税、服兵役与受国民教育之义务。从《魏玛宪法》对义务教育的规定和学者对该规定的解读来看，接受义务教育在当时是公民的义务，而且是一项基本义务。在日本，明治宪法中虽然没有规定教育的条款，但是受教育一般被认为是与明治宪法规定的纳税、服兵役相等同的日本臣民的三项基本义务之一。日本的《教育敕语》直接规定了儿童的就学义务，并且规定儿童接受义务教育的目的在于培养忠君爱国的皇民，可见日本儿童的受教育义务主要是臣民对国家所负的义务。1874 年的《瑞士联邦宪法》、1886 年的《哥伦比亚宪法》、1917 年的《墨西哥宪法》、1919 年的《芬兰宪法》均规定受教育是公民的义务。从上述国家对公民接受教育的法律规定来看，受教育作为公民的法律义务是当时教育立法的主流模式。儿童承担接受教育的义务意味着国家享有实施教育的权力，意味着公民接受教育的结果是为了实现国家的利益。正如我国台湾地区学者周志宏所言，“尤其在部分国家教育权思想浓厚的国家，国家的目的就是教育的目的，教育是为国家目的服务，是为了造就良好之国民而不是为个人之人格发展与自我实现。因而，教育被认为是国家的权力，也是公民对国家与社会应尽的义务”（周志宏，2002）。总之，在此时期内，受教育是公民的一项法定义务，是国家的教育权力。

在规定适龄儿童有接受教育的义务、强制适龄儿童必须进入学校接受教育的同时，国家应该承担设置公立学校的义务。原因在于，从逻辑上讲，适龄儿童履行就学义务必须以学校的存在为前提条件，正是国家强制适龄儿童进入学校接受教育，因此国家理应提供儿童接受教育的场所。如上所述，受教育是儿童的义务的立法目的是实现国家的利益，因此说，国家当时设置的公立学校是作为一种手段存在的，其设置目的是实现国家教育权。

（二）公立学校的设置目的：保障受教育权

虽然应该将受教育规定为公民的权利的认识在资产阶级革命时期就已被众多教育家和政治家提出，但受教育成为公民的法定权利尤其是基本权利主要是 20 世纪的事情。

20 世纪初期，个别国家的宪法开始将受教育规定为公民的权利，第二次世界大战之后，受教育作为公民的法定权利成为立法的主流模式。在“二战”中，德、日等法西斯国家以“受教育是公民的义务”为借口进行违反人类基本价值的犯罪活动，对整个人类带来了极大的灾难。出于对此行为的反思，更加上“二战”之后公民权利意识的不断扩张和自我实现成为公民个体的内在需求，大多数国家将受教育规定为公民的权利而不再是义务。据统计，到1976年3月31日止，世界上有成文宪法的142个国家中的73个国家在宪法中规定了受教育权，在宪法中规定受教育权的国家占有成文宪法国家总数的51.4%。而将受教育既规定为公民的权利又规定为公民的义务的国家仅有3个（马尔塞文，1987）。而截止到2003年，在有成文宪法的国家中，144个国家在宪法中不同程度地对受教育权进行了规定，仅有43个国家在宪法中未对受教育权作出任何规定，在宪法中规定受教育权的国家占77%（Tomasevski，2004）。仅从宪法对受教育权的规定可以看出，一方面，受教育成为公民的基本权利已经成为一种普遍现象；另一方面，受教育仅是公民的权利，而不再是公民的义务。应该说，受教育已经从公民的法定义务转变为公民的法定权利。

受教育从公民的法定义务转变为法定权利具有重要意义：受教育成为公民的法定权利要求法律设定其他主体的义务，且只有义务主体履行了相应的义务，受教育权才可能从法定权利转化为实然权利。随着受教育对个体发展日显重要，受教育权被归入人权的范畴。依据产生的时间先后，人权可以划分为第一代人权的自由权、第二代人权的社会权和第三代人权的发展权。受教育权既具有自由权性质，又具有社会权性质，而且主要具有社会权性质（龚向和，2004）。社会权是以实现公民的实质自由、平等为价值基础的权利，国家需要对保障该类权利承担积极义务。由于受教育权主要具有社会权属性，国家应该承担保障公民受教育权实现的积极义务。公民接受教育需要以特定场所为前提条件，相应地国家为了保障受教育权所履行的义务之一就是设置公立学校，公民通过在公立学校接受教育实现受教育权。至此，公立学校虽然仍是一种手段，仍由国家设置，但其设置目的已经不是实现国家教育权，而是保障公民的受教育权。

（三）我国公立学校设置目的的演变

我国的义务教育制度是舶来品，清朝末年，为了振兴国家、抵御列强，我国从德国、美国、日本等国家引入了义务教育制度。我国第一个规定义务教育的法令是光绪二十九年发布的《奏定学堂章程》，该章程在第三节规定，“东西各国儿童有不就学者，即罚其父母，或罚保护儿童之亲族人。此时初办，故还难一概执法以绳，而地方官绅及各乡村绅者，要当认定此旨”。（朱有瓛，1934）随后的一段时间内，清朝政府陆续出台了一些实施义务教育的法令，规定为了普及教育，政府应该设立学校。但是这些法令并没有明确规定接受义务教育是否是儿童的义务，我们只能通过目的解释来确定当时公立学校的设置目的。我国引入义务教育制度的主要目的是富国强兵，抵御列强的侵略，保护国家主权。因此，儿童接受义务教育主要是为了保证国家的富强，而不是为了儿童的个人发展。因此说，清朝末年公立学校的设置目的是实现国家教育权。

中华民国初期，政府颁布了关于义务教育的法令，对义务教育的办学经费、教员、教科书等内容进行了规定，但是没有明确规定接受义务教育是否是儿童的义务。1947年颁布的《中华民国宪法》第二十一条规定，“人民有受教育之权利与义务”，同时，其第一百五十九条规定，“国民受教育之机会一律平等”，第一百六十条规定，“六岁至十二岁之学龄儿童，一律受基本教育，免纳学费。其贫苦者，由政府供给书籍。已逾学龄未受基本教育之国民。一律受补习教育，免纳学费，其书籍亦由政府供给”。从《中华民国宪法》的结构而言，第一百五十九条和第一百六十条的内容是对第二十一条“人民有受教育之权利”的进一步解释和保障，如果从《中华民国宪法》规定人民受教育条文的数量来看，“人民有受教育之权利”是《中华民国宪法》重点强调的内容。但是从《中华民国宪法》第二十一条“人民有受教育之权利与义务”的规定而言，该条直接规定了人民有受教育的义务，并且该条是与人民的纳税和服兵役的义务并列规定在“人民之权利义务”部分，可以认为，《中华民国宪法》也肯定了受教育是人民的基本义务。可见，此一时期义务教育公立学校的设置目的包含了实现国家教育权和保障受教育权两个方面，具有矛盾性。

中华人民共和国成立之后，1954 年、1975 年和 1978 年颁布的《中华人民共和国宪法》（以下简称《宪法》）均将受教育规定为公民的基本权利。我国现行的 1982 年《宪法》第四十六条规定，“中华人民共和国公民有受教育的权利和义务”。如何理解该规定决定着公立学校的设置目的。学者对《宪法》第四十六条的解读主要存在两种观点。一种观点认为，《宪法》第四十六条规定的“中华人民共和国公民有受教育的义务”应该理解为公民对国家发展应该承担的义务，是公民应该承担的一项基本义务（吴鹏，2008）。另一种观点认为，《宪法》第四十六条规定的“中华人民共和国公民有受教育的义务”，由于是和公民的受教育权利一起进行规定的，此种权利和义务复合的宪法规定方式其本质意在表明受教育权利是一项公民必须享有、不可放弃的权利，是以权利为本位的（尹力，2000）。本文认为，后一种观点更为合理，理由如下。第一，从公民受教育的整个历史演变过程而言，无论是在义务教育阶段还是在其他教育阶段，受教育仅是公民的一项权利而不再是公民的义务已经成为一种世界性的潮流。我国应该顺应此历史潮流，将受教育仅规定为公民的一项权利。第二，根据历史解释方法，在《宪法》第四十六条的形成过程中，“在讨论中有人提出，受教育不光是公民的权利，同时也是每个公民，特别是每个家长所应尽的义务，所以宪法在这一条规定：‘中华人民共和国公民有受教育的权利和义务’”。（肖蔚云，2006）可见，“公民有受教育的义务”主要指家长承担的送子女就学的义务。第三，从我国现有的法律体系来看，2006 年修订的《中华人民共和国义务教育法》（以下简称《义务教育法》）第一条即规定，“为了保障适龄儿童、少年接受义务教育的权利，保证义务教育的实施，提高全民族素质，根据宪法和教育法，制定本法”，该条是《义务教育法》“总则”的内容之一，对《义务教育法》的其他规定具有统领性作用，由此可以看出，接受义务教育是公民的权利已经成为我国教育立法的基本价值取向。这也从一个侧面证明了《宪法》第四十六条的规定应该是一种权利本位的价值定位。中华人民共和国成立之后，《宪法》一直将受教育规定为公民的权利，公立学校的设置目的是保障受教育权。

综上所述，我国公立学校设置目的的演变路径与世界范围内其他国家公立学校设置目的的演变路径基本相同，我国公立学校的设置目的也经历了从实现国家教育权到保障受教育权的演变。

二、公立学校在保障受教育权时面临困境

（一）公民在义务教育阶段实现受教育权的多样化需求

受教育权是每一个公民的权利，我们可以从个体层面来理解受教育权对公民的意义。从理论上而言，受教育权对公民个体的意义可以从关于受教育权本质的学说来确定。关于受教育权的本质存在三种学说，即生存权说、公民权说和学习权说。生存权说认为受教育权是公民为了更好地生存而应该享有的权利，只有接受一定程度的教育，公民才能生活得更有尊严。公民权说以现代宪政理论为基础，认为在现代宪政国家之中，国家的权力来源于公民的授权，每一个公民都应该具有参政、议政的权利，为了保证公民更好地理解和参与政治，公民应该掌握关于政治的基本知识并具有参与政治的能力，而这两个方面依赖于公民接受一定的教育，因此法律应该赋予公民接受教育的权利。学习权说从公民的发展出发，认为公民的发展才是受教育的目的，为了促进个人发展，公民需要积极学习，而享有学习权是公民学习的前提。应该说，生存权说和公民权说在解释受教育对公民的生存和政治参与方面具有一定的合理性，但是生存权说和公民权说的缺陷在于过于强调受教育权的经济性功能或者政治性功能，在一定程度上忽视了人本身的目的地位，换句话说，生存权说和公民权说忽略了受教育权对促进公民个体自我发展的意义。学习权说则强调学习的目的是保证公民的个人发展，并且强调公民学习的主动性和自主性，符合现代教育理念。正因如此，学习权说已经得到各国学者的普遍承认，成为当前关于受教育权本质的通说。可见，从理论上而言，受教育权对公民个体而言意味着公民个体的自我发展和自我实现。

从已有规定而言，受教育权对公民个体的意义可以从国际法和国内法两个方面来确定。我国已经批准的与公民受教育权相关的条约是《儿童权利公约》和《经济、社会、文化权利国际公约》。《儿童权利公约》第二十八条规定“缔约国确认儿童有受教育的权利”，接着第二十九条规定，“缔约国一致认为教育儿童的目的应是：最充分地发展儿童的个性、才智和身心能力”。《经济、社会、文化权利国际公约》第十三条

规定，“本公约缔约各国承认，人人有受教育的权利。它们同意，教育应鼓励人的个性和尊严的充分发展，加强对人权和基本自由的尊重”。这两个公约对儿童接受教育目的的规定基本一致，都是让人的个性、才智和身心能力得到充分发展。人的个性、才智和身心能力包括了人的发展的基本方面，三个方面的充分发展意味着一个人的自我实现。在我国分别于1992年和2001年批准上述两个公约之后，两个公约对我国具有法律约束力，表明我国承认了公民受教育的目的在于促进其个性、才智和身心能力的充分发展。《宪法》是我国的基本法，《宪法》第四十六条规定，“中华人民共和国公民有受教育的权利和义务”，从该规定我们无法得知受教育权对公民个体的确切意义。《义务教育法》以保证义务教育发展为目标，其规定直接表明了受教育权对公民接受义务教育的意义。《义务教育法》第一条规定，“为了保障适龄儿童、少年接受义务教育的权利，保证义务教育的实施，提高全民族素质，根据宪法和教育法，制定本法”，第二十九条规定，“教师在教育教学中应当平等对待学生，关注学生的个体差异，因材施教，促进学生的充分发展”。由于第一条是总则的一部分，对整部法律具有统领作用，可见《义务教育法》将保障公民的受教育权作为整部法律的基本价值。从《义务教育法》的结构来看，第二十九条教师“关注学生的个体差异，因材施教，促进学生的充分发展”的规定是第一条规定“保障适龄儿童、少年接受义务教育的权利”的具体措施之一，是通过规定教师的行为来保障公民的受教育权。不仅如此，第二十九条的规定实际上是从教师教育教学的角度体现出了受教育权对公民个体的意义：尊重公民个体的差异，促进公民个体的充分发展。《义务教育法》第二十九条仅规定了“关注学生的个体差异”，而没有对“学生的个体差异”作进一步的规定，该规定比较抽象。我们应该按照上述两个国际条约的规定，将“学生的个体差异”理解为学生的个性、才智和身心能力的差异，因为我国已经批准了上述两个国际条约，条约对我国具有法律约束力，我国现行法律应该与条约的规定具有一致性；更为重要的是，个性、才智和身心能力表征了学生个体差异的基本方面。应该说，我国的已有规定肯定了受教育权对公民个体的意义是促进公民个体在个性、才智和身心能力方面的充分发展。

从上面的论述可知，无论是关于受教育权的理论还是已有规定均承认公民的受教育权要求公民个体在个性、才智和身心能力方面的充分发展。但是，受教育权的权利主体是一个国家之内的所有公民，这要求我们还必须从公民群体层面认识受教育权对公民的意义。

在逻辑上，由于公民的受教育权意味着公民个体的个性、才智和身心能力的充分发展，而不同的公民个体在个性、才智和身心能力方面存在一定差别，这就决定了不同的公民个体在受教育方面存在不同的需求，也就是说，公民群体实现受教育权的需求具有多样性。就我国社会发展的现实状况而言，由于认识到计划经济体制的弊端，1984 年通过的《中共中央关于经济体制改革的决定》要求，我国经济体制改革的目标是建立充满生机的社会主义经济体制，为此我国需要增强企业的活力和发展社会主义商品经济。1992 年，中国共产党第十四届全国代表大会的报告明确指出，中国经济体制改革的目标是建立社会主义市场经济体制。随之，市场经济出现并逐渐发展壮大。市场的出现不但提出了人才多样化的需求，而且促进了多元文化的形成，培育了人们自我实现的精神。在社会主义市场经济发展将近 20 年的今天，社会更加多元，人们也更加重视自我实现，这在客观上要求公民群体实现受教育权的多样化。从我国的已有政策规定来看，1993 年中共中央、国务院印发的《中国教育改革和发展纲要》（以下简称《纲要》）在“教育事业发展的目标、战略和指导方针”部分提出，“中小学要由‘应试教育’转向全面提高国民素质的轨道，面向全体学生，全面提高学生的思想道德、文化科学、劳动技能和身体心理素质，促进学生生动活泼地发展。办出各自的特色”。中小学办出各自特色的目的是“全面提高国民素质”，由于国民素质包括“学生的思想道德、文化科学、劳动技能和身体心理素质”，这些内容与学生的“个性、才智和身心能力”基本一致，可以说中小学办出各自特色就是为了满足公民群体实现受教育权的多样化需求。2010 年通过的《国家中长期教育改革和发展规划纲要（2010—2020 年）》（以下简称《教育规划纲要》）是未来 10 年我国教育改革和发展的指导性文件，其将教育公平作为教育改革与发展的首要价值目标，并且强调义务教育均衡发展是实现教育公平的重要手段。正如 2010 年年初，温家宝总理在《教育规划纲要》的座谈会上强调的，“教育公平，不是搞平均主义，更不是一个模式办学，千篇一律，千校一面。学校还是要办出自己的特色”（刘赫，2010）。显而易见，学校办出自己特色的目的还是为了满足公民群体实现受教育权的多样化需求。可见，我国的教育政策已经肯定了公民群体在义务教育阶段实现受教育权的多样化需求，并且将公立学校形成特色发展作为满足该需求的一种手段。

（二）处于科层结构中的公立学校不能满足公民实现受教育权的多样化需求

中华人民共和国成立后，我国实行了计划经济体制，与此种经济体制相适应，整个学校系统被转变为公立学校，而且学校设置、教师配备、学生招生和毕业均被纳入国家计划之中，公立学校的一切行为均直接或者间接地受制于政府的计划管理。政府内部的各级机关按照行政层级和各自权限对公立学校进行管理，公立学校处于行政管理系统的最低层级，属于行政机关的下属机构，没有独立的权利，也不具有法律主体资格。可以说，公立学校是一个“由政府垄断、由公共财政经费维持的科层化的学校教育制度，集权化、等级结构、非人格化的规章制度和自上而下的行政管理构成了这一体制的基本特征”（劳凯声，2009）。在计划经济时期，公立学校与政府机关之间形成了一种科层结构。

为了改变公立学校和政府之间存在的科层关系，提高公立学校的办学活力，我国近些年来一直将处理公立学校和政府关系作为教育改革的重要内容。《中共中央关于教育体制改革的决定》（以下简称《决定》）认为，“在教育事业管理权限的划分上，政府有关部门对学校主要是对高等学校统得过死，使学校缺乏应有的活力；而政府应该加以管理的事情，又没有很好地管起来”，解决该问题的出路在于“改革管理体制，在加强宏观管理的同时，坚决实行简政放权，扩大学校的办学自主权”。《决定》认识到了政府的教育管理职权过于集中的不合理性，并欲通过扩大学校的办学自主权来解决该问题。《教育规划纲要》延续了《决定》的改革思路，要求为了解决公立学校办学活力不足问题，要“改革包得过多、统得过死的体制，初步建立起与社会主义市场经济体制和政治体制、科技体制改革相适应的教育新体制”。《中华人民共和国教育法》（以下简称《教育法》）通过对公立学校法律地位的规定力图改变公立学校和政府的科层关系，其第二十八条规定学校享有自主管理、招收学生、学籍管理、颁发学业证书等权利，第三十一条规定学校在满足一定条件时可以获得民法意义上的法人资格，在民事活动中依法享有民事权利和承担民事责任。《义务教育法》在突出义务教育的公益性的前提下，强调了义务教育的国家责任，规定公立学校由国家举办、义务教育标准由国家制定、义务教育经费由国家全面纳入财政保障范围。这些规定剥夺了公立学校原先作为法人所具有的一系列权利，缩减了其办学自主权的范围。《教育规划纲要》仍然认为，我国“教育体制机制不完善，学校办学活力不足”，完善教育体制机制、增强学校办学活力的一项重要内容就是建设现代学校制度。具体到公立学校，一是推进政校分开、管办分离，明确政府管理的权限和职责，明确各级各类学校办学的权利和责任；二是落实学校办学自主权，要求政府依法保障学校充分行使办学自主权。可见，虽然经过一系列的“简政放权”改革，我国公立学校已经获得了一定的办学自主权，但是《教育规划纲要》仍然强调政校分开，这表明我国公立学校和政府之间的科层关系并没有得到合理的改变，如何做到政校分开、管办分离、落实学校办学自主权仍然是一个严峻的课题。

当前公立学校的设置目的是保障受教育权，公民群体在义务教育阶段实现受教育权具有多样化的需求，公立学校应该满足该需求，这就要求公立学校办出各自的特色，形成特色发展。因为每一所公立学校在教育教学、教师发展、学校管理和校园文化建设等方面形成特色之后，公立学校在总体上就形成了多样化的发展格局。多样化的公立学校提供多样化的教育，多样化的教育可以满足不同学生的兴趣、爱好、特长及潜能的需要，使得有某方面兴趣、特长的学生能够选择自己所喜爱的学校，为每一位学生的发展提供了空间（钟燕，2008）。这也表明，《教育规划纲要》通过学校办出各自特色来满足公民受教育权实现的多样化需求的规定具有合理性。

学校形成特色发展需要一定条件的支持，从法律制度的角度而言，学校形成特色发展需要学校拥有办学自主权。在公立学校和政府形成的科层关系中，公立学校位于科层结构的最底层，其在教育理念的确定、课程设置、教师聘任、经费使用等方面均受到政府机关的制约；同时，科层制中存在的等级制必然导致行政系统内部出现集权化，同一行政区内公立学校的发展均受到该行政区最高行政机关的制约。不同的公立学校由于不能自主行使确定教育理念、设置课程、聘任教师和使用经费等权利，从而公立学校无法形成特色发展。相反，由于科层制中存在的等级制和集权化，处于与政府机关科层关系中的公立学校会表现出同质化的倾向，最终导致公立学校出现“千校一面”的现象。可见，处于与政府机关科层结构中的公立学校不能满足公民群体实现受教育权的多样化需求。

三、走向自治的公立学校的制度设计

手段服务于目的，目的的改变必然要求手段的改变。对于公立学校而言，其设置目的从实现国家教育权转换为保障受教育权，要求公立学校的制度设计随之发生变化。

（一）公民实现受教育权的多样化需求要求公立学校实现自治

公民群体实现受教育权的多样化需求要求公立学校形成特色发展、形成多样化的发展格局，否则公民群体的受教育权将无法得到完整的保障。因此，如何满足公民实现受教育权的多样化需求问题就转化为如何实现公立学校的特色发展问题。

自治理论由德国学者斯泰因提出，刚开始仅使用于政治自治，即让公民参与国家公共事务从而提高行政效能。19 世纪末，德国学者拉班德和卢因对自治理论进行改造而形成了法律意义上的自治，即团体自治。自治的主要目的就是保障组织的自主性，即组织可以自主处理自身事务，并对处理结果承担责任。换句话说，自治组织享有自主决策权，并对自主决策的结果承担责任。根据自治目标的不同，自治在公法中被划分为地方自治和功能自治两种类型。地方自治是以地域为基础形成的自治，具体表现为省、市、镇等自治团体。功能自治是以专业为基础形成的自治，具体而言，由于特定任务具有专业性特征，不适合由政府机关直接来履行，但是该种任务又具有一定的公共性，也不适合由民间组织承担，因此需要设计一种自治组织来承担此类任务。（赵相文，2005）专业性组织获得自治地位至少具有以下两个方面的积极意义：有利于保障组织的专业性权利；同时组织在获得自治地位之后，由于组织与公众的距离更近，容易获取公众的需求信息，拥有自治地位的组织可以根据公众的需求信息自主、迅速地行使权利，有利于组织形成特色发展。可见，由于科层制会导致位于科层结构中的组织的同质化发展，组织的自治是解决科层制所产生问题的手段之一。

具体到公立学校，公立学校获得自治地位可以使其享有确定教育理念、设置课程、聘任教师和使用经费等方面的自主权。公立学校是学生接受义务教育的主要场所，公立学校的教师和管理人员能够直接观察到学生在受教育时表现出来的特点，同时公立学校的教师和管理人员可以通过与学生及其家长的沟通得知其对教育发展的需求，获得学生受教育需求的比较完整的信息。根据观察到的学生在受教育时表现出来的特点和学生及其家长提出的教育发展需求，结合公立学校的已有资源，公立学校可以自主确定教育理念、设置课程、聘任教师和使用经费，从而形成学校的特色发展，满足公民实现受教育权的多样化需求。

（二）保障公立学校自治的法人制度设计

获得自治地位是公立学校满足公民实现受教育权的多样化需求的必要条件，但是公立学校自治需要制度保障。法人制度的基本功能是保障组织的独立性，因此法人制度可以用来保障公立学校自治。当前，采用法人制度保障公立学校自治正在成为英、美、法等国家的一种尝试。《教育法》规定了公立学校的法人地位，在《教育法》实施十多年之后，“从当前社会对学校的功能要求及其发挥的实际可能性来看，赋予具备法人条件的公立学校以独立法人资格，有利于明确公立学校的职权职责，更好地发挥其办学方面的功能”（劳凯声，2010）。也就是说，公立学校获得法人资格有助于保障其自治地位。因此，我们应该坚持赋予公立学校以法人地位。

法人具有多种类型，不同类型法人对保障公立学校自治存在一定差别，问题是我国公立学校应该选择何种法人类型。当前，我国学者对公立学校应该被确定为何种类型法人的问题进行了深入研究，并形成了三种研究思路。第一种是公法学的思路，该思路认为公立学校是国家以培养人才为目的而举办的，由公共财政经费维持的公立公益性机构，因其特定目的的公益性和服务对象的不特定性特征而享有确定的公权力，有别于以私益为归宿的企业法人或单一的民事主体。公立学校的办学权利是一种以公权力为主的复合型权利，为此应保证公权力得到公正的行使。公立学校作为公务法人依法享有的民事权利不应当损害公立学校的公益性质，必须依据公立学校的功能对其法人权利作出必要的限制。第二种是民商法学的思路，该思路从现代企业制度中获得改革的灵感，认为市场的资源配置方式和管理方式是可供选择的另外一种学校运营方式，应该建立一种基于新的市场制度的全新的公立学校体系，加强学校自治并打破科层制的束缚。为此，应该借鉴现代企业制度中最重要的组织架构，建立公立学校法人治理结构来协调学校与政府之间以及学校内部各利益集团之间的利益关系（劳凯声，2008）。第三种是第三部门的研究思路，该思路以整个社会结构转型为背景，认为随着社会的分化，社会中出现了三个不同的领域，与此相应也出现了三种类型的组织，在典型的公部门和典型的私部门之间出现了第三部门，公立学校既不属于典型的公部门也不属于典型的私部门，公立学校是“非政府、非企业”的第三部门组织，应该强调公民的志愿意志在公立学校发展中的作用（彭虹斌，2005）。上述三种研究思路均以我国社会结构变迁为背景，从不同角度对公立学校的价值追求和法人制度设计进行了论证，为我们进一步研究公立学校的法人类型选择奠定了基础。赋予公立学校私法人地位，虽然可以保证公立学校获得独立的民事权利，但是不能保证公立学校获得独立的公权力，这种状况不但不利于公立学校达成教育教学的基本目标，而且容易导致公立学校攫取自身利益，损害公立学校的公益性，因此民商法学的研究思路应该被放弃。赋予公立学校第三部门法人地位也可以保证公立学校获得一定的自主权利，然而，一方面我国现阶段并不存在成熟的市民社会而使该思路缺乏实践的现实环境；另一方面从第三部门组织的发展历程来看，第三部门组织自己必须筹措一部分经费，此可能使政府推卸对公立学校应该承担的责任，从而损害义务教育的公益性，因此在当前的社会背景之下第三部门的研究思路也应该被放弃。

本文认为，确定公立学校的法人类型应该选择公法学的研究思路，将公立学校定位为公法人，理由如下。

首先，赋予公立学校公法人资格可以比较全面地保证公立学校的自治。公法人资格的获取使公立学校可以获得课程设置、教师聘任和经费使用等公权力和私权力两种性质的自主权，比较完整地保障了公立学校的自治，保证了公立学校的自主性。

其次，赋予公立学校公法人资格可以保证公立学校的公益性。公立学校不但具有自主性，而且具有公益性。公法人是以完成公共任务为目标的法人，公法人行使私权力必须以不损害公权力为前提，将公立学校定位为公法人可以有效保障公立学校的公益性。

最后，我国拥有赋予公立学校公法人资格的现实法律制度基础。从我国现行的法律制度框架来看，我国虽然没有使用公法和私法的称谓，但是我国颁布了《中华人民共和国行政诉讼法》《中华人民共和国行政复议法》等一系列具有公法性质的法律和《中华人民共和国民法通则》《中华人民共和国侵权责任法》等一系列具有私法性质的法律，并且在救济途径上存在行政救济和民事救济的区别，这表明我国事实上存在公法和私法的区分。这为公立学校选择公法人类型提供了现实的法律制度基础。

参考文献

龚向和 . 2004. 受教育权论［M］. 北京：中国人民公安大学出版社：121.

劳凯声 . 2008. 教育体制改革的公益性诉求［J］. 理论视野（7）：25－26.

劳凯声 . 2009. 公立学校200年：问题与变革［J］. 北京大学教育评论（4）：92.

劳凯声，陈希 . 2010.《侵权责任法》与学校对未成年学生的保护职责［J］. 教育研究（9）：62.

刘赫 . 2010. 创新特色学校建设　实现教育均衡发展：访重庆市教育委员会副主任钟燕［J］. 基础教育参考（4）：9.

马尔塞文，德唐 . 1987. 成文宪法的比较研究［M］. 陈云生，译. 北京：华夏出版社：159.

彭虹斌 . 2005. 我国公办中小学校转型选择［J］. 华东师范大学学报：教育科学版（2）：48－50.

王歆茹 . 2010. 德国魏玛宪法基本权之形成与基本权理论发展1918—1933［J］. 成大法学（19）：108－109.

吴鹏 . 2008. 中国宪法中公民受教育的权利和义务之解读［J］. 法学杂志（3）：144－145.

尹力 . 2000. 义务教育阶段儿童受教育权利研究［D］. 北京：北京师范大学教育系 .

赵相文 . 2005. 由法律观点论自治制度［J］. 中原财经法学（12）：7－12.

钟燕 . 2008. 均衡视野下的特色学校建设研究：兼论重庆市特色学校发展战略［J］. 人民教育（1）：58.

周志宏 . 2002. 学习权序论：教育基本法学习权规定之解析［G］//当代公法新论：翁岳生教授七秩诞辰祝寿论文集 . 台北：元照出版公司 .

Tomasevski. 2004. Manual on rights-based education［R］. Bangkok：Asia and Pacific Regional Bureau for Education，UNESCO：15.

The Jurisprudencc and System of Public Compulsory Schools' Autonomy

Liu Junren

Abstract: Public compulsory schools are mere tools, which serve for from state to the right to education in the world. Public compulsory schools' aim is the right to education according the evolution of compulsory education in China. After the right to education becoming the aim to of public compulsory schools, public compulsory schools should be diversification based on citizens' disparity. Bureaucracy between public compulsory schools and government exists after devotion reform since thirty years, which resists on public compulsory schools' diversification. We should give public compulsory schools public legal person for their diversification.

Key words: public compulsory schools, the right of education, the right to education, bureaucracy, autonomy, public legal person

作者简介

刘俊仁，教育学博士，郑州大学教育系教师，研究方向为教育法学。

□王星霞

普通高中“三限”政策质疑

【摘　要】普通高中“三限”政策的出台与世纪末的择校乱象联系在一起，政府在教育市场化改革中秉持的利己和融资心态使得本来不合理的收费合法化。但合法化并不代表就拥有了合法性。通过对“三限”政策合法性审查和执行效果评估发现，其本身存在的合法性令人质疑，其在效益标准、效率标准、公平标准和政策回应度等方面均不能达到良好的政策目的。因此，在当今注重公平、倡导和谐的社会大背景下，普通高中“三限”政策理应退出历史的舞台，被新的更为科学、合理、公平的政策所取代。

【关键词】普通高中，“三限”政策，合法性

一、择校和教育收费乱象

普通高中“三限”政策的出台是与世纪之交的择校以及由此引发的教育乱收费联系在一起的。“择校”通常是指放弃政府已有的教育安排而自行选择到其他学校就读的行为。由于人们对教育重要性的认识和学校间差距的客观存在，从20世纪50年代中期以

来，发达国家的学生及其家长在公立学校之间的选择和公私立学校之间的选择的行为开始引起政府和经济学家的关注。20 世纪 90 年代以来，中国教育在面临向市场经济体制转型的外部环境和世界范围内公立学校私营化的新动向时，进行了相应的体制改革，改变了政府包揽办学的格局，逐步建立以政府办学为主体、社会各界共同办学的体制。根据 1993 年的《中国教育改革和发展纲要》和 1994 年的《国务院关于〈中国教育改革和发展纲要〉的实施意见》，基础教育主要由政府办学，同时鼓励企业、事业单位和其他社会力量按照国家的法律和政策多渠道、多形式办学，有条件的地方也可以实行“民办公助”“公办民助”等形式。于是，因重点学校政策而导致的公立普通高中发展的不均衡使得民众炽热的教育选择需求在办学体制改革和多渠道筹措办学经费的政策默许背景下被刺激起来，形成了极具中国特色的教育择校收费乱象，成为一个亟待解决的教育问题。在 1995 年的“两会”上，人大代表与政协委员所关注的焦点问题之一就集中于教育乱收费与择校上，提案与议案达到了 56 件。20 世纪 90 年代后的教育改革也因此被人们批评为走上一条“教育产业化”的路径，学术化的说法是“单纯财政视角的教育改革”。

由于人们的关注和代表的呼吁，教育问题逐渐上升为教育政策问题，成为教育决策部门认为有责任、有必要加以解决的一种教育问题。于是，对于因普通高中择校引发的教育乱收费问题，政府出台了大量治理法规和文件，如 1997 年，国家教委印发《治理中小学乱收费工作的意见》提出，“要在 1997 年、1998 年两年内解决‘择校生’问题，实现就近入学目标”。2000 年，教育部办公厅印发《关于全国中小学收费专项治理工作实施意见》的通知，要求“从源头上加大专项治理力度，巩固和扩大治理‘择校生’问题和乱收费问题的成果”。

尽管政府部门每年都下发大量文件对择校乱收费现象进行管制，“但并没有大张旗鼓地纠正、查处，也没有针锋相对地表态，给人一种‘说不清’，‘很难办’，模棱两可甚至默许的态度。教育行政部门价值、立场的游移变化，使人感受到实际的动因是，择校所产生的巨大经济利益使地方政府、教育行政部门和一部分学校结成了利益共同体，形成了强有力的利益机制，正是这种利益机制‘有效’地影响了政府行为”（刘欣，2008）。正是由于政府和学校在实践中产生的这种寻租冲动，才使得政府对择校乱收费现象的管制从一开始就是本非所愿的，治理效果当然不能令人满意。一个主要的标志是普通高中教育乱收费一直没有脱离国家发改委的价格举报热点。

二、普通高中“三限”政策出台

世纪之交，普通高中择校乱收费问题仍然是一个具有典型公共性、广泛关注性和现实影响性的教育政策问题。高中择校费的收取在某种程度上缓解了困扰中国教育多年的经费不足问题，一些重点普通高中每年收取的择校费大大超过了学费收入及国家投入的总额。择校费部分用于改善学校办学条件、提高教师待遇、扩大优质普通高中教育的规模，部分上缴教育主管部门，用来扶持薄弱学校的建设，促进了区域内教育的发展。但同时人们也清醒地看到，择校在扩大教育经费来源的同时，也带来很多的负面影响。具体来说，普通高中的择校侵犯了部分学生的高中受教育权，损害了教育公平，给学生的身心健康带来不良影响，也成为教育腐败的温床，助长了社会不正之风，败坏了学校的声誉和教育工作的社会形象，使得普通高中教育的发展处于无序、混乱状态。公立普通高中择校必须得到有效规范，而政府部门和学校又不愿意放弃既得利益，由此形成的政策性的路径依赖便使得“三限”政策应运而生。

2000年，北京市政府为了治理普通高中乱收费问题，促进教育资源配置均衡化，率先出台公办高中招收择校生“三限”政策，即招收择校生执行“限分数、限人数、限钱数”的原则。这等于承认了高中择校收费行为，但实行限制政策。随后，2001年国务院纠风办、教育部颁布的《关于进一步做好治理教育乱收费工作的意见》中也提及“三限”政策。2003年5月，教育部会同国务院纠风办等6部门建立了治理教育乱收费部际联席会议制度，下发《关于治理教育乱收费的工作实施意见》把普通高中实行“三限”政策迅速推向全国。2003年7月，教育部办公厅发出了《关于公办高中严格执行招收“择校生”“三限”政策的通知》，要求各地公办高中严格执行。“三限”政策是指政府举办的公办高中在完成本年度招生计划的前提下，可以招收一定数量的择校生，但必须严格限人数、限分数、限钱数。择校生招生比例和最低录取分数线由省级教育行政部门确定，收费标准由省级教育行政部门会同财政、物价部门提出意见报请省级人民政府批准。要将择校生纳入普通高中招生计划，统一向社会公示招生比例、招生人数和收费标准，统一按分数择优录取，统一办理入学手续。这项政策的出台标志着我国普通高中择校生收费从多年来的政府管制的非法乱收费行为，转变为政府同意的合法行为。

三、普通高中“三限”政策的合法性困境

普通高中“三限”政策是我国政府为解决普通高中择校及乱收费问题而制定的行动准则。它经公布并在现实社会中得到实施以后就获得了其合法的地位。但问题是，合法化的教育政策一定是合法的吗？一定具有合法性吗？

合法性是指某种政治统治或政治权力以及实施措施能够让被统治群体和个人认为是合理正当的和符合道义的，从而能够加以认可和服从的能力及属性。合法性的概念主要涉及统治主体与统治客体两个方面，就前者而言，合法性意味着一种有效的政治统治所必须具备的性质与功能，即统治主体必须有能力使统治客体认为这种统治是应该服从的，从而从统治客体那里获得最基本的认可和遵从；就后者而言，合法性意味着统治客体基于某种价值判断或思想信念支持某种政治统治或相关措施，并将其视为合理和正当的（谢明，2004）。下面就以此为判断的基点来考量这项政策的合法性。

从作为统治主体的政府部门来看，它们是政策制定的主体。从公共政策的伦理性考虑，政府制定的政策不论效果如何，其出发点应该都是善意的。政府部门的考虑是在目前的社会主义初级阶段的社会背景下，普通高中发展的“瓶颈”状态和政府教育行政部门很难做到将优质教育资源分配均衡的情况下，对于“择校”只能从“限制”做起，因为这个政策的好处在于既可以向学生收取费用，在满足家长们强烈的选择需求的同时为学校赚取足够的经费，又能通过分数线把择校生的数量限定在一个合理范围，并且把择校费数额固定，以免“价高者得”引发恶性竞争，可以在短期内确保相对的教育公平。从政策学的角度来说，这项政策制定的过程体现了明显的“内输入”特点。所谓“内输入”是指在社会没有利益多元化的条件下，由政府精英代替人民进行利益的

综合与表达，其特征表现为权力精英代替人民进行利益的综合与表达，其特征表现为权力精英之间的政治折中，而不是多元决策下的社会互动（陈振明，2003）[341]。这也使得这项政策呈现出“单方案决策”的特征，而不是多方案的择优，显示了政府作为利益相关人不愿承担太多普通高中投资义务的利己心态和希望能够在有选择愿望和能力的家长中进行融资以扩大教育经费来源的心态。当然，这也决定了这个政策制定中受益人缺席的状态，广大的民众作为统治客体在这项政策制定中无法发表自己对教育公平愿望的诉求和愿望，沦落为沉默的大多数。政府的自利性和政策的公共性、政府的利益和民众的利益就构成了不可调和的矛盾，凸显了这项政策的合法性困境，也决定了这项政策出台以后必定备受争议，并且治理失效。

四、普通高中“三限”政策的有效性危机

在一个民主的社会里，教育政策的合法性困境必然带来有效性的危机。那么，普通高中“三限”政策的有效性如何呢？这就需要对普通高中“三限”政策进行有效性评估。因为政策评估是对政策实施的效果进行判断和评价，以作为决定政策变化、政策改进和制定新政策的依据。对于政策评估的标准，仁者见仁，智者见智。从公共政策运行的实践来看，目前人们比较认同的政策评估标准主要有效益标准、效率标准、公平标准和政策回应度。这个评估标准相对来说比较全面、简便，并具有技术上的可行性，普通高中“三限”政策的有效性即可用此标准进行评估。在评估方法上，主要是间接运用专家评估、目标群体评估和执行群体自评三种方法以保证评估的准确。专家评估法主要是间接引用有关专家关于普通高中“三限”政策的研究结果；目标群体评估法主要是考察由政策的目标群体在报刊、网络等民意表达机构中以自己的亲身感受和对政策的个人理解来评定政策的执行效果；执行群体自评法是政策执行人员自行评定政策的效果。

（一）效益标准

效益标准关注的是政策的实际效果是否与预定目标相符合，在什么程度上完成了预定目标，还存在哪些距离和偏差。普通高中“三限”

政策的实际执行效益如何呢？黄云龙认为，公立普通高中“三限”政策在实际执行过程中，由于受诸多因素的影响，出现了“人数过多、钱数过高、分数过低、学费提高”等政策失真问题（黄云龙，2007）[13-14]。2010 年 8 月 28 日，署名秦迟的作者在《安庆日报》发表《落实“三限”政策 一道难解“试题”》的文章，指出，近年来望江县一些高中在择校招生中各自为政，有章不循，致使普通高中招收择校生的“三限”政策在该县严重失真。据《新闻周报》披露，在重庆市八中，没有上该校录取分数线者，择校费的起步价是 3.5 万元，低于分数线者每少 10 分增加 5000 元。在重庆市巴蜀中学，择校费起步价 4 万元，490 分以下每少 10 分增加 5000 元。在重庆最好的重点中学，每年收的择校费竟然高达 3000 万元（邬焕庆 等，2006）。普通人家的子女如果要获得优质教育，就要拿出更多的钱，许多贫困家庭不堪重负。有句老话叫“教育改变命运”，其实现在许多普通家庭特别是农民家庭却是“因教致贫”“因教返贫”。的确是改变了命运，但却是另一种命运。这表明政策执行活动及结果偏离了政策目标。林小英通过对几年来有关文件和领导讲话的精神，将包括公办普通高中择校“三限”政策在内的治理教育乱收费的有关政策的主要目标简要总结为：减轻家长经济负担、促进教育公平、提高教育质量、增加学校收入。并认为，在这些目标中，除了学校收入增加的目标得到实现外，其余的目标都未实现，即家长经济负担并未减轻，教育公平并未得到促进，教育质量没有得到提高（林小英 等，2010）。黄云龙得出的结论是“这不仅未能全面治理公立普通高中择校乱象，而且损害了国家的政策权威、教育政策的公信力，破坏了社会主义教育事业的社会形象”（黄云龙，2007）[31]。

（二）效率标准

效率标准要观察的是政策效益与政策投入的比率，目的是为了寻求以最小的投入获得最大产出的政策。我国普通高中“三限”政策本身就是追求效率优先的产物，希望借助对“择校生”的收费减少政府对普通高中教育的投入，希望通过对所收费的调配实现教育资源配置效率的提高。结果如何呢？杨钋基于实证调查，认为仅依靠以治理教育乱收费为目的的“三限”政策无助于解决公立高中择校问题。对个人择校行为的分析表明，“三限”政策只作用于低收入家庭，对其他社会群体没有影响。对三省高中收费和择校政策的分析显示，择校与高中财政性经费不足、限价与限量要求冲突、统一定价不合理等因素有关，不妥善解决这些矛盾，“三限”政策难以对学校行为产生实质性影响（杨钋，2009）。目前，尚未有实证研究显示我国高中择校促进了学校生产率和配置效率的提高。倒是发现，因为办学水平和学校名气处于不同层次的普通高中在招收“三限生”的时候价码是不同的，那些过去已存在的重点学校在继续享受“重点保障”政策的同时，又吸纳了大量择校资金。这就使重点学校与其他学校在教育资源占有上的差距越拉越大，出现了日益严重的“马太效应”，损害了教育发展的和谐与公平。

（三）公平标准

公平标准是指政策执行后，导致与该政策有关的社会资源、利益及成本在社会不同群体间公平分配的程度。普通高中“三限”政策本身是建立在可以拿钱买分的基础上的，政府对公办普通高中择校的态度是限价并参与收缴费用，导致很多在同一个分数线上的不同家庭经济背景的孩子要依靠家长的经济能力去选择上学，进而可能面临不同的命运。这本身就违背了《中华人民共和国教育法》（以下简称《教育法》）第九条确定的公民受教育机会平等原则：“中华人民共和国公民有受教育的权利和义务。”“公民不分民族、种族、性别、职业、财产状况、宗教信仰等，依法享有平等的受教育机会。”李守福认为，实行这种分数加钱数双重标准的直接后果不仅是没有保护而且还剥夺了一部分学生的择校权，尽管剥夺者甚至还摇晃着保护择校权的旗帜（李守福，2003）。显然，这里的保护择校权，是以牺牲和剥夺贫困家庭孩子的择校权来保护有钱、有权人家孩子的择校权的，这不仅是对公平原则的践踏，其实也是对弱势补偿原则的僭越，从而加剧社会不公。一名家在山东乳山市的一个农村初三毕业生说：“那些甚至连普通线都没有考过的孩子，只要爸妈交足够的钱都可以进县城的两所重点高中。而我们这些农村孩子，如果没有考过重点线，就要去散落在各镇的普通高中读书。很多同学都不愿意浪费3年的时间和金钱去念，因为反正在那里也几乎考不上好大学，而我们的爸妈又很少能拿出那么多钱把我们送进普通高中。我不明白，这是不是想让我们都不好好学习啊？……我不明白，为什么他们要想尽办法不让我们农村孩子进重点高中呢？……现在我知道有人想尽办法把更多优质资源用制度设计的方式让城里的孩子优先享用，但我不知道如何改变这一切?”（佚名，2009）孩子的话显示出农村贫困家庭孩子对当前普通高中“三限”政策的无奈、不满和控诉，也反映出普通高中“三限”政策在教育公平价值理念上的缺失。

杨东平的调查显示，不同家庭的学生进入高中途径的分布是，农民家庭学生多数只能依靠分数上的优势上重点高中，通过考试入学的比例最高；拥有更多经济资本和社会资本的家长可凭借所拥有的资本来弥补分数不足。阶层差距正在成为影响教育公平的重要因素，拥有更多经济、文化资本和社会资本者的子女在高中入学机会上更占优势。因此，对重点高中的竞争，不仅是靠分数，在一定程度上也是经济能力和社会权力的竞争，对中低阶层而言，上重点高中越来越成为一种奢侈的追求（杨东平，2006）。由于优质重点高中直接与名牌大学以及大学毕业后的较高的社会地位直接相关，“三限”政策致使教育所具有的社会成层功能几乎完全消失，反而成为复制社会阶层的工具。

（四）政策回应度

政策回应度是指政策实施后对特定团体需求的满足程度。如前所述，普通高中“三限”政策无疑满足了优势阶层的择校权，但却是以牺牲了中低阶层的择校权为代价的。一个本来可以入读优质重点高中的学生却因为交不起高昂的择校费选择了辍学打工，进而沦落为社会的底层。他们的心情是不会平静的，那种无助和绝望，那种对这个金钱世界的反感与痛恨，可能会影响到他们的一生。而这些中低阶层在中国是占绝对多数的。无疑，这是一个令大多数人都不满意的政策。普通高中择校“择苦了家长，择富了学校，择坏了风气，择丢了公平”的经典批评似乎很能代表民众的心声。“挺直脊梁”的博客在2008年7月22日发表的题为《实现教育公平，取消高中招生“三限”收费政策》的博文指出：普通高中“三限生”政策不利于学生的德育教育，“三限生”剥夺其他学生的受教育的权利，“三限生”政策削弱了政府在公民中的公信力，撕毁了教育的形象。因此，他强烈呼吁各级政府全面贯彻执行《教育法》，加大对普通高中的财政投入，保障学校教育教学的经费需要，取消公办普通高中“三限生”政策，还老百姓一个公平的教育机会。

杨东平认为，“在入学机会上，‘分数面前的平等’——学习能力标准——被全面突破，用金钱购买学额成为具有合法性、制度化的公共政策，这在国内外的教育现实中是没有先例的。于是，家长的社会经济地位强烈地影响子女进入不同的学校，享受‘优质教育’逐渐成为学生家长经济能力和社会权力的竞争。不仅重点学校，许多普通学校也设置了各种‘寻租’的条件和门槛。教育高收费、乱收费的风气大开，极大地异化了学校的教育价值和功能。这就是为什么在教育资源更为短缺的80年代、50年代，公众并没有如现在这样强烈的教育不公平的感受”（杨东平，2007）。

其实对这项政策不满意的何止是大多数民众，教育部的官员自己也不满意。2005年9月29日，在教育部举行的新闻发布会上，原副部长张保庆表示，“高中择校费将来一定会取消的，不过不是现在，可能要等到农村的义务教育先实行免费教育之后，有关部门才有精力加大对高中的投入和关注”（张保庆，2005）。一些地方政府也对这项政策不满意。《东方商报》2011年4月8日的一条题为《宁波明年起取消普通高中“三限生”招生》的快讯即是明证。2011年的4月7日，教育部等七部门发布《关于2011年治理教育乱收费规范教育收费工作的实施意见》，指出要研究在一定时期内取消公办高中招收择校生“三限”政策。

通过对普通高中“三限”政策的评估，可以基本得出它在效益标准、效率标准、公平标准和政策回应度等方面均不能达到良好的政策目的，是引发人们感觉教育不公、教育不能发挥其社会成层和社会流动的基本功能从而引起社会阶层复制和固化的重要原因之一。

五、普通高中“三限”政策的终结

公共政策的运行是一个动态过程，政策终结是政策过程的最后一环，也是承上启下的一环，因为及时地终止一项多余的、无效的或已完成使命的政策，有助于提高政策的绩效，同时也意味着一项新的更完善的政策的出台。陈振明认为，除了节省政策资源、提高政策绩效等原因外，政策终结的原因还在于政策系统本身的自我更新的特性：一是政策系统是一个不断进行新陈代谢的系统，必须随着社会经济的发展以及国际形势的变化制定新的政策，而有时只有推陈才能出新，政策终结包括了这种推陈出新的过程；二是政策系统也是一个个不断与周围环境互动、修正自身的过程。无论是可利用的资源、所要解决的问题，还是政策的环境都处于一种不确定性变动的可能中。即使在决策中不存在责任和科学态度的缺失，经过科学论证的政策仍有可能在执行后，由于变化了的主客观环境而失效或产生负效应。政策分析过程只能减少政策失效或者负效应发生的概率，它并不能保证政策的成功。因此政策终结非常有必要。它在某种程度上是政策可持续发展的关键和对政策错误的一种补救（陈振明，2003）[209]。

公立普通高中“三限”政策是中国教育发展到特殊阶段的一个异化产物，它的存在是一个历史的范畴，在把促进公平作为国家基本教育政策的新形势下，在社会呼唤和谐的今天，教育政策的制定也应该合乎伦理性、科学性、合法性、合理性，经不起效果评估和检验的公立普通高中“三限”政策必须尽快退出历史的舞台，被新的、更为合理公平的政策所取代。

参考文献

陈振明．2003．公共政策分析［M］．北京：中国人民大学出版社．

黄云龙．2007．公立普通高中“三限”政策失真问题研究［D］．长春：东北师范大学．

李守福．2003．教育选择与选择教育：兼论公立高中是否该收“择校费”［J］．比较教育研究（12）．

林小英，刘大立．2010．政府管制公办高中择校费的目标悖论［J］．教育学报（5）．

刘欣．2008．基础教育政策与公平问题研究［M］．武汉：华中师范大学出版社：219．

邬焕庆，顾瑞珍，周玮．2006．一黑二斜三苦四丑［EB/OL］．（2006－03－07）［2011－06－23］．http：//news. xinhuanet. com/misc/2006－03/07/content_4268169. htm.

谢明．2004．公共政策分析［M］．北京：中国人民大学出版社：207．

杨东平．2006．中国教育公平的理想与现实［M］．北京：北京大学出版社：179－180．

杨东平．2007. 杨东平教育随笔：教育需要一场革命［M］．上海：上海人民出版社：115．

杨钋．2009．“三限”政策对公立高中择校的影响［J］．教育发展研究（19）．

佚名．2009. 上不了重点高中，只因为我生在农村［EB/OL］．（2009－07－30）［2011－06－23］．http：//bbs. news. 163. com/bbs/society/147162413. html.

佚名．2008. 实现教育公平取消高中招生“三限”收费政策［EB/OL］．（2008－07－22）［2011－06－23］．http：//blog. sina. com. cn/s/blog_53339b1f0100a2ii. html.

张保庆. 2005. 高中择校费将来一定会取消［EB/OL］.（2005－08－29）［2011－06－23］. http：//www. people. com. cn/GB/paper447/15587/1379467. html.

中国新闻网. 2005. 普通高中招收择校生“三限”政策将逐步调整［EB/OL］.（2005－08－29）［2011－06－23］. http：//www. chinanews. com/edu/2011/04－22/2991263. shtml.

The Question of “Three Limited” Policy on Ordinary High School

Wang Xingxia

Abstract: The published of ordinary high school “three limited” policy is associated with the choosing school mess at the end of the century. The government in education marketization reform in the holding of self-interest and financing mentality that shouldn't reasonable fee legalized. But legalization doesn't mean have legitimacy. Through the legality of a review and implementation effect evaluation found that, the legality of the existence of itself is a question, its implementation effect evaluation it in benefit standards, efficiency standards, fair standards and degree of policy response are not achieve good policy. Therefore, in today's pay attention to fairness, initiate harmonious social background, the exit the stage of history should be more rational and fair, new policies replaced.

Key words: ordinary high school, “three limited” policy, legitimacy

作者简介

王星霞，女，河南大学教育科学学院副教授，河南大学教育科学研究所兼职研究员，河南大学教育学博士后，研究方向为教育基本理论、教育政策与法规。

□丁　飞

学校安全法律责任的立法现状分析

【内容提要】针对当前校园安全问题的关注，制定学校安全行政法规有着现实的紧迫性。通过对现有的学校安全法律规范性文件进行文本分析，发现其存在的主要问题是规范逻辑结构严密性不足以及法律责任体系不完善，尤其是责任主体、责任范围及责任承担形式缺乏明确性、操作性，进而提出相应的立法建议以完善其法律责任体系。

【关键词】学校安全，法律责任，法律规范

近年校园安全事故及伤害事件频发，通过完善法律体系来实现制度保障显得十分紧迫。因此，有必要对现行相关学校安全的法律、法规等规范性文件进行文本分析，尤其是法律责任体系的分析，发现其存在的问题，从而有针对性地进行法律制度的完善。

一、现有安全法律责任体系的立法现状

根据统计，我国现行有关学校安全制度的立法内容分布于各个层级的规范性文件中，内容纷杂、数量众多，主要包括法律 7 部、部门规章 11 部、地方性

法规37部、地方性规章25部，其他规范性文件200部。包括《中华人民共和国未成年人保护法》（以下简称《未成年保护法》）、《中华人民共和国学生伤害事故处理办法》及地方的相关行政法规或规章等。

法律通常是以某种文本形式存在的一种规范体系，即所谓“纸上的法律”（law in paper）。本文通过对文本内容进行分析，来考察当前学校安全法律规范立法现状。在对现有规范性文件的文本进行分析后，发现存在着规范性欠缺的问题及规范性文件的内容进一步规范化的需要。

（一）现有学校安全法律规范逻辑结构缺乏严密性

根据1980年版的《辞海》，汉语中规则和规范两词基本上是同义的。在中外法学中，法律规则和法律规范也是通用的。“立法者创制的是规范，法律科学表述的却是规则，前者是规定性的，后者是叙述性的。”（凯尔森，1996）“规范”的概念源于拉丁文norma一词，含有模式、标准、规则、尺度的意思。作为社会规范的一种法律规范，是规定法律上的权利、义务、责任的准则、标准，或是赋予某种事实状态以法律意义的指示、规定（张文显，2007）。法律规范通常具有严密的逻辑结构，其构成包括行为模式和法律后果两种要素。行为模式是实际行为的理论抽象、基本框架或标准，行为模式并不是实际行为本身，它并没有实际行为中的具体细节。法律后果是指法律对具有法律意义的行为赋予某种结果，大体上可分为两类：肯定性法律后果和否定性法律后果（沈宗灵，2009）。

一个完整的法律规范在结构上必须同时具备行为模式和法律后果两个要素，二者缺一不可，否则，其逻辑的严密性和体系的合理性将不复存在，而且其实质的作用和效力能否实现更成为一个疑问。法律规范是“能够相对独立地发挥法律调整功能的最小单元”（孙笑侠，2004），而其实质功能的发挥则取决于立法技术的质量，也取决于法律规范逻辑结构的完整、合理。

通过文本分析发现，现行有关学校安全事项的规范性文件大多存在着逻辑结构不完整、不严密的问题，即仅有行为模式的规定，而缺乏与之相对应的法律后果，由此许多条文成为宣示性条款，不具有规范意义上的实质法律效果。

例如，《学生伤害事故处理办法》第五条规定：“学校应当对在校学生进行必要的安全教育和自护自救教育；应当……预防和消除……安全隐患；当发生伤害事故时，应当及时采取措施救助受伤害学生。”条文中关于学校的义务性规范的“应当”的表述有三个，而在与之对应的法律责任部分的第三十三条只规定了针对“预防和消除安全隐患义务”的一种责任，而学校的“安全教育义务”和“及时救助义务”的法律责任的规定却缺失，而且三十三条规定的“给予相应的行政处罚”的责任主体是学校还是直接责任人？也并不明确。类似的立法缺陷还有许多，在此不一一列举。

根据法理学，法律规范具有三大特点：（1）微观指导性，即在规范所涵盖的相对有限的实施范围内，可以指导人们的行为；（2）可操作性，只要具体个案符合规则设定的事实状态，执法人员可直接适用该规则，一般公民也能较容易地依据规则选择自己的行为方式；（3）确定性，即规范内容相对明确与恒定，法律效力也较为清楚明确（张文显，2007）。通过上述的文本分析，可以清楚看到，正是法律文本的规范结构不完整、逻辑不严密、内容不明确，使得相关学校安全规范的确定性和操作性无法完全体现，不具有规范意义上的法律效果，其实质调整功能也无法实现。

（二）现有学校安全法律责任体系不尽完善

法律责任是“行为人由于违法行为、违约行为或者由于法律规定而应承受的某种不利的法律后果”（沈宗灵，2009）[235]。根据这一概念，可以将“学校安全法律责任”定义为：行为人由于违反学校安全法律规范而应承受的不利的法律后果。

目前有关的学校安全规范性文件的主要内容就是法律责任部分。因为此类规范性文件的条款大多为义务性规范，所以凡是违反这些义务性规范的行为，都应承受不利的法律后果，即应当有与之相对应的法律责任的规定。然而通过分析，发现其中责任体系存在着不尽完善的情况，除了宏观上数量庞大、缺乏统一性外，微观方面责任主体、责任范围及责任具体形式欠缺完整性、系统性及明确性问题较为普遍，这在很大程度上导致相关规范无法操作、法律责任无从落实，具体分析如下。

1. 学校安全法律责任主体的不确定性

法律责任主体一般理解为是法律责任的承担者，也就是由于违法、违约行为或直接由于法律规定而产生的法律责任的承担者。据此，“学校安全法律责任主体”可以理解为“违反学校安全义务的法律责任的承担者”。据统计，有关具体规定学校安全法律责任的规范性文件共计48部，条文共计141条，涉及的法律责任主体包括：教育等行政机关及其直接负责的主管人员和其他直接责任人员；高等学校、中小学校、幼儿园及其主管领导和教职工；学生、学生父母或者其他监护人；校外单位或人员。以上责任主体的涵盖范围尽管很全面，但是具体责任与主体之间缺乏对应性、责任主体不明确的情况时有出现。

例如，《学生伤害事故处理办法》第三十三条规定：“学校管理混乱，存在重大安全隐患的……责令其限期整顿；对情节严重或者拒不改正的……给予相应的行政处罚。”其责任主体为“学校”，而非具体个人。根据常识，对学校安全管理负有职责的就应当是校长，“管理混乱，存在重大安全隐患”即是校长违反安全管理义务规范、失职，法律责任应当与其对应而不应当是学校。

2. 学校安全法律责任范围的缺乏系统性

学校安全法律责任范围包括两方面的内容，一是责任主体的范围，二是与责任主体对应的具体责任的范围。通过分析，发现相关的规范性文件及条文虽然数量众多，但并未形成严谨、统一的法律责任体系，尤其是责任范围存在着重复交叉的弊端。

具体而言，其一是责任主体范围规定的不全面、不系统。例如，《辽宁省学校安全条例》仅有第三十九、第四十条规定了责任主体并且仅包括学校及其校长与教职工，显然过于狭窄、缺乏整体性和系统性。我们知道学校安全涉及多重管理环节与事项，因此，学校安全的维护责任并非学校及其教职工这一单一主体所能够承担，如此规定既过于狭窄，又不切实际。

其二是与责任主体对应的具体责任的范围不全面、不系统。通常是一个规范文本只规定某一方面的责任范围，即使是综合性的安全法律规范，其责任范围的规定系统性也显不足。例如，《学校卫生工作条例》《学生伤害事故处理办法》，前者的责任范围只涉及学校卫生安全管理责任，后者只是涉及学校对学生的人身安全的保护责任。

3. 学校安全法律责任的承担形式不明确性

现行立法模式中法律责任分为：民事责任、行政责任、刑事责任、违宪责任和国家赔偿责任（沈宗灵，2009）[141]。学校安全涉及的法律责任仅为前三种。学校安全规范是一部行政性法规，其中的法律责任以行政责任为主，而行政责任的形式与民事和刑事责任相比，通常较为繁杂，既包括行政处分又包括行政处罚。从立法技术角度看，规范性文本条文必须明确、具体。而当前学安全法律责任在形式上存在的主要问题恰恰是责任形式规定不明确、不具体，缺乏操作性。例如，《未成年人保护法》第六十三条规定："学校、幼儿园、托儿所侵害未成年人合法权益的……依法给予处分。"该条中"依法给予处分"没有明确依据什么法，也没有明确处分的具体内容。另外，《湖南省中小学校学生人身伤害事故预防与处理条例》第三十条："依法给予行政处分或者其他处理"，也同样没有规定行政处分的具体形式，而且"其他处理"更是不知所指。

现有规范性文件中有相当多的"追究责任""给予行政处分""给予相应的行政处罚"等表述，说明在规范性文件的立法过程中存在两个问题：一是立法技术落后、缺乏严谨性；另一个是"宜粗不宜细"的立法指导思想的偏差。改革开放初期，邓小平曾指出："现在立法的工作量很大，人力很不够，因此法律条文开始可以粗一点，逐步完善"。在当时特定历史条件下，该原则有其合理性，但此后这种粗放式的立法模式的消极性日益显现，"有法却没法依"——相当数量的法条甚至规范性文件缺乏可操作性。因此，在此意义上说具有明确性、可操作性（可诉性）的"好法律都是宜细不宜粗"。

二、学校安全法律责任体系的立法完善

（一）完善学校安全法律规范结构

依法理学理论，法律规范通常具有严密的逻辑结构，即一个完整的法律规范在结构上必须同时具备行为模式和法律后果两个要素，唯此，其逻辑的严密性和体系的合理性才可能存在，而且实质作用和效力才能实现。行为模式分为三类：可以行为、应该行为和不得行为。这三种行为模式也就意味着有三种相应法律规范：授权性法律规范、命令性法律规范和禁止性法律规范。后两类法律规范可合称为义务性规范（沈宗

灵，2009）[58]。法律文本中义务性规范通常是以“应当”“不得”这样的术语来表示。

现有学校安全规范性文件普遍使用“应当”这一术语，意味着规范性文件的条款大多属于义务性规范。通过前文的分析，现行法律规范多数存在着逻辑结构不严密的缺陷，即“应当”只是在行为主体与行为模式之间建立了联系，而缺乏与主体及其行为之间相对应的法律后果的联系，由此造成法律规范缺乏操作性。根据奥地利法学家凯尔森的理论，法律的“应然有效性”并不等同于法律的“实然有效性”以及“法律的实效”。在法学领域内，“有效性”（validity）和“实效”（efficacy）是一对重要的概念，前者是指法律对于人们的行为所具有的一种约束力，它表明的是一种可能性；而后者则指法律的指引、约束功能得到了实际的实现（凯尔森，1996）[113]。所谓法律的“应然有效性”是指一个法律或法律规范只要具有了法律所应具备的形式（如经过国家机关通过立法的方式予以颁布）就已经带有了规范、指引、约束人们行为的可能性。但是，这种约束的可能性仅限于一种“应然”状态，当“应当”只用来设定法律规范的行为模式，而没有给出一个相应的行为后果，这一规则就无法实现它的“实然有效性”。

有鉴于此，当下如果进行大规模修订既不可能也不现实，唯一可行的方案就是进一步完善学校安全法律规范的体系，尽快制定一部统一的、逻辑严密的学校安全行政法规，明确将其功能属性定位为学校安全基准法，以统领并整合现有学校安全规范体系。

在制定该学校安全行政法规过程中，应当避免现有规范体系中存在的问题，尤其在构建法律责任体系时，对责任范围及其具体承担形式必须明确、具体化，力争使其成为一部“宜细不宜粗”的“好法”。

（二）明确学校安全法律责任的范围

关于法律责任的概念，凯尔森作过经典性描述，“法律责任（liability）是与义务相关的概念。一个人在法律上要对一定行为负责，或者他为此承担法律责任，意思就是，他做相反行为时，他应受制裁”（凯尔森，1996）[112]。凯尔森认为法律责任与法律义务、制裁密切相关。在人类法律发展史早期，立法及司法的核心问题就是法律责任。“立法是紧紧围绕法律责任的依据、范围、承担者以及法律责任的认定和执行等问题展开的。至于司法，更是以法律责任的认定、归结和执行为其全部职能。”（张文显，1996）在现代法治社会，法律责任制度与其他法律制度同样得到进一步的发展，当前部分法律及行政法规仍然是以法律责任为主要内容，例如《中华人民共和国国家赔偿法》《中华人民共和国道路交通安全法》等。与此类似的情况是学校安全规范性文件，其重要内容或主要内容均是法律责任的规定，其内容通常是关于学校安全义务主体的义务性规范，以及与之对应的具体的法律责任。

建构学校安全法律责任体系的首要任务就是明确其责任范围，而责任范围包括两方面的内容，一是责任主体的范围，二是与责任主体对应的责任的范围。

1. 完善学校安全法律责任主体的范围

学校安全涉及多重管理环节与事务，因此，实施安全管理活动、履行安全管理职责、维护安全的责任主体就应当是多元化的。所以必须系统性、综合性地构建学校安全法律责任主体体系，以使其尽可能全面涵盖各项学校安全事务。这一体系应当包括以下部分。

（1）各级政府；

（2）各级教育行政机关及各级教育督导机构；

（3）学校安全相关行政机关，包括公安、文化、工商等相关行政管理机关；

（4）学校，包括幼儿园、中小学校、中等职业学校、高等学校；

（5）校长；

（6）学校教职工；

（7）校外单位或人员。

2. 完善学校安全法律责任主体的责任范围

根据上述学校安全责任主体范围的界定，与各个责任主体相对应的责任范围应当包括如下具体内容。

（1）各级政府。各级政府是学校安全管理工作的领导机关，主要责任是：领导和组织对学校周边环境的综合治理；领导和指挥学校重大安全事件的救援和处理工作等。

（2）各级教育行政机关及各级教育督导机构。各级教育行政机关是学校安全管理工作的主管机关，主要责任是：组织对学校安全工作的检查评估；组织和实施学校重大安全事件的救援和处理，指导和帮助学校处理学生伤害事故。各级教育督导机构的责任是：定期对学校安全工作检查、监督。

（3）学校安全相关行政机关，根据其职权范围，承担相应的与学校及学校周围安全管理、安全事务相关的责任。

（4）学校。学校是日常性直接负责学校安全管理的主体，主要责任是制定并落实各项安全保障制度。

（5）学校校长。校长是学校安全的直接责任人。其责任为：组织制定学校各项安全管理制度和安全应急预案，并领导落实。

（6）学校教职工。学校教职工是学校各项教育教学活动的具体组织者和直接执行者，也是各项安全管理制度的实施者。责任是严格履行岗位职责、遵守各项教育教学活动的工作规程、保护学生的身心健康。

（7）校外单位或人员。校外单位或人员的责任是遵守学校安全法律规范、尊重并配合学校安全管理制度的执行。

在确定了学校安全法律责任主体及其责任范围的情况下，仍然有必要将责任主体承担的责任形式具体化，将责任形式与责任主体对应，并一一列举，一如《中华人民共和国刑法》分则条文那样明确，其操作性才能得到保障。

（三）明确学校安全法律责任的具体承担形式

学校安全规范是一部行政性法规，但民事责任、行政责任、刑事责任均有所涉及，立法过程中应当予以明确规定。其中民事责任部分应当包括停止侵害、消除危险、赔偿损失等。行政责任中行政处分应当包括警告、撤职、开除等；行政处罚应当包括罚款、责令停止招生、吊销办学许可证等。刑事责任部分应当包括教育设施重大安全事故罪、故意伤害罪、侮辱罪等11个罪名。

参考文献

邓小平．邓小平文选：第二卷［M］．人民出版社：146.

凯尔森．1996．法与国家的一般理论［M］．沈宗灵，译．北京：中国大百科全书出版社：31.

沈宗灵．2009．法理学［M］．北京：北京大学出版社：34.

孙笑侠．2004．法理学导论［M］．北京：高等教育出版社：196.

张文显．2006．二十世纪西方法哲学思潮研究［M］．北京：法律出版社：393.
张文显．2007．法理学［M］．北京：北京大学出版社：117.

Analysis on the Legislation of Liability for School Safety

Ding Fei

Abstract: The current campus safety concerns, the legislation of regulations of school safety will be urgent. Through the analysis on existing school safety laws and regulations, we know that the main problem is lack of rigorous logical structure and the imperfect legal liability system. Thus we should make appropriate legislative proposals to improve the legal liability system.

Key words: school safety, liability, legal norms

作者简介

丁飞，男，法学硕士，首都师范大学政法学院讲师，研究方向为诉讼法学、证据法学、教育法学。

□管　华

再论受教育权的性质与内容

——基于受教育过程本身的思考[①]

【摘　要】从接受教育过程本身看，受教育的过程就是精神成长和过文化生活的过程，受教育权的本质是精神成长和文化生活权。从受教育权的本质出发，受教育权包含受教育自由权、受教育社会权和受教育秩序权三重内容。

【关键词】受教育权，精神成长，文化生活，性质，内容

国内外关于受教育权的性质和内容的讨论已经很多，提出了各种学说。就受教育权的性质来看，从受教育过程本身来讨论受教育权的性质的，只有"学习权"一种；从宪法所规定的基本权利角度出发研究受教育权的内容体系，则存在各种分歧的意见。本文拟从受教育过程的本质来探讨受教育权的性质和内容。

① 本文为作者本人所主持的陕西省社会科学界2010年重大理论和现实问题研究项目"西安市流动儿童受教育权保护研究"（立项号：2010C081）的阶段性成果之一。

一、受教育权的性质

(一) 关于受教育权性质的各种学说

关于受教育权的性质，学术界观点颇多。代表性的主要有公民权说或政治权利说、生存权说或社会权说、发展权说和学习权说。① 学者们多数倾向于认定受教育权属于学习权。②

公民权说是出现得最早的学说，盛行于18—19世纪，认为受教育是享有主权的国民有效行使政治权利之必需，有助于民主政治的巩固和发展。生存权说认为，受教育的实质是为了争取更好的生存能力，是生存权侧面的基本权利，这种学说盛行于20世纪福利国家出现之后。受教育权的发展权说是在三代人权说产生之后才提出来的，认为受教育实质是“受教育者身心全面和谐发展的权利”（龚向和，2004）。20世纪50年代以来，受教育权发展成为学习权，认为受教育是个人发展所需的主动权利，是一种要求发展和完善人格的权利。有学者认为，“从教育理论上说，学习权强调了受教育者在教育过程中的主体地位；从法学理论上说，学习权强调了受教育权主体在享受受教育权时的主动性和自由性。正因为学习权远远超出了‘接受教育’的含义，所以它被认为是当今世界教育法学理论的主要成果，是对受教育权的重大发展和突破”（劳凯声，2003）。

除“学习权说”之外，受教育权性质的三种学说公民权说、社会权说、发展权说可以被看做三代人权观念在受教育权领域内的具体反映。1977年11月，联合国教科文组织主持编辑的《信使》上发表了《三十年的斗争》一文，指出，人权的第一代主要指“某些政治和公民权利”，即个人的自由权利；第二代人权“主要指那些需要国家积极参

① 关于受教育权的性质的讨论可参见：劳凯声．教育法论［M］．南京：江苏教育出版社，1993：93－94；龚向和．受教育权论［M］．北京：中国人民公安大学出版社，2004：18－25；杨成铭．人权法学［M］．北京：中国方正出版社，2004：312－320.

② 可参见：胡锦光，任端平．受教育权的宪法学思考［G］//劳凯声．中国教育法制评论：第1辑．北京：教育科学出版社，2002：47；马岭．受教育的权利和义务之分析［EB/OL］．［2010－02－03］．http：//law. china. cn/features/2009－09/10/content_3125335. htm.

与来实现的社会、经济和文化权利”；第三代人权则包括和平权、环境权、发展权等新型权利。第一代人权是自由权，即排除国家干预的权利；第二代人权是社会权，即要求国家给予帮助的权利；第三代人权则主要强调了集体的权利。体现在受教育权领域，公民权说强调教育自由，反对国家干预；生存权说要求国家提供免费教育；发展权说尚处在论证阶段①，或者主要指各国的教育自主权（韩德培，1995）。

在国内法和国际法领域，无论是突出受教育权的公民权利即教育自由方面还是社会权利即国家义务方面均各有其例②，因此，受教育权的公民权说和社会权说可以说各有其历史与国情基础。受教育权的发展权说，由于发展权自身概念的争议性③，未来前景如何还有待观察。

不过，无论是公民权、社会权还是发展权都是从受教育本身之外的领域对受教育权性质的界定，只有学习权是针对受教育过程本身进行的界定。显然，这是两种不同的界定或者分类方法，所得的结果也并没有直接排斥的关系。因此，用一种观点去否定另一种观点是不合适的。

由于日本学者的研究及其在我国的传播，受教育权的学习权说拥趸颇多；胡锦光、任端平在此基础上进而提出了受教育权属于“被协助学习权”的观点（胡锦光 等，2002）。不过，学习仅仅表征了受教育的外在表现形式，既没有体现出教育之于受教育者的内在心理过程，也没有反映出教育作为一种人类活动的目的。因此，关于受教育权的本质属性仍然需要进一步探讨。

（二）受教育的本质：精神成长和文化生活

传统上，人们认为，教育的目的就是为了培养人。只不过，在培养的目的上，有的是要求培养出理想类型的人，如各种各样关于“全人”

---

① 比如有学者认为，接受教育既是个人的发展权利又是个人发展的前提，因为“不受教育，人们将不能实现自身的潜力而成为全面发展的社会成员”。参见：Hodgson D. The Human Right to Education ［M］. M A：Dartmouth Publishing Company Limited，1998：19.

② 相关立法例可参见：温辉．受教育权入宪研究［M］．北京：北京大学出版社，2003：27.

③ 1993年，联合国人权委员会成立了一个由亚、非、拉、东欧和西方五个地区15个国家组成的专家组来研究发展权的实现，但最终由于各方分歧过大，无法完成使命而解散。这说明关于发展权在理论与实践上的对立和分歧依然十分严重。参见：汪习根．发展权法理探析［J］．法学研究，1999（4）.

的设想；有的是要求培养出为未来生活作出良好准备的人。但是无论外在的目的如何，其培养结果都要体现在人本身通过受教育所获得的各种各样的素质结构上。总的来说，这些素质不外乎德、智、体几个方面，也有的还包括美和技等方面（南京师范大学教育系，2005）。在人的素质结构中，德与智处于核心地位。① 简言之，受教育的过程主要就是知识的获得与品德的养成。就知识的获得而言，按照布鲁纳的观点，学习一门学科包括三个差不多同时发生的过程：（1）获得，即新知识的获得；（2）转换，处理知识使之适应新任务的过程；（3）评价，即核对我们处理知识的方法是否适合于这个任务（单中惠 等，2000）[324]。就道德的培养而言，根据爱伦·凯的说法，就是要以教育唤起儿童的独立不羁之心，激发起个人的良心，"使之无条件的注意于自己所课于本身之不成文法，哪怕因此使自己处于与全世界为敌的境地，也不破坏此种规律"（冯增俊，2001）。不过，无论是知识的获得还是品德的养成，归根结底，都是人作为个体的一种精神活动。教育的本质也就是了解和研究人类精神的能力和作用，受教育的过程主要就是个人精神活动的过程，所取得的进展也主要是个人心智的成长。

这种心智成长的过程也可以称之为理性发展的过程。法国教育家阿兰（Alain，1858—1951）认为教育应集中发展人的理性，教育的最高目标是开发人的头脑，使人们具有理智的判断力和自由的思考力。法国哲学家、神学家马里旦（Jacques Maritain，1882—1973）也认为学校和国家教育的主要任务并不在于形成意志或直接培养青年人的道德，而是在于启蒙和强化他们的理性精神；教育应当致力于理智能力的自由与解放（单中惠 等，2000）[125]。在这个意义上，受教育权就是个人心智成长的权利或理性发展的权利。

不过，无论心智还是理性都是非常难以捉摸的概念，所谓心智成长或理性发展都难以进行清晰、简明的描述。不仅如此，从受教育的过程上看，心智、理性只是提供了教育的可能性和基础，究竟其成长、发展

① 至于德与智何者更为重要则是极为复杂的问题，双方都能列出一长串教育家的名单来证明自己的正确性，比如：强调德更重要的有柏拉图、莫尔、伊拉斯谟、蒙田、洛克、康德、赫尔巴特等；强调智更重要的有拉伯雷、夸美纽斯、赫钦斯、苏霍姆林斯基等。可参见：单中惠，杨汉麟．西方教育学名著提要［M］．南昌：江西人民出版社，2000.

的取向、成果为何？是什么避免了心智和理性成长、发展的形式化、空洞化，使之具备了可观察的内容呢？那就是文化。饿即食、渴即饮，是生物的本能，只有人在如何食、如何饮方面发展出了不仅区别于其他动物而且也区别于不同文化圈的其他个体的纷繁的方式。这是文化起作用的最明了的范例。马斯洛指出，“在人身上，只残存着非常微弱的本能，根本没有什么可以称为动物意义上的纯粹本能。这些残存的本能和似本能倾向极为微弱，文化和教育可以轻易地将其挫败”（单中惠 等，2000）[527]。这说明，人虽然是生理意义上的存在物，但是更是文化意义上的存在物。

教育人类学认为，人类生理遗传进化在不断归纳人类进化过程，使人的成长在十月怀胎中完成从细胞到人的生理进化，复制出现代人来。教育则必须不断归纳人类的文化进程，在生理成长为成年人之前，把这个个体复制成社会人，完成人类全部的文化进化过程（冯增俊，2001）。人生来就是一种“有缺陷的生物”，其生物装备相对其他动物来说是有很大的弱点的，因而只能在人工创造的环境中，在某种文化环境中，才有生活能力。因此，人天生也是一种“文化动物”（单中惠等，2000）[540]。按照马克思主义的观点，随着人类的进步，人也就越来越生活在“人化自然”之中。物质文明是“人化自然”在物质方面的成就，精神文明则是“人化自然”在精神方面的成就；通过受教育使人变得“有文化”的过程也就是使得个体接受、吸收所属文化圈的精神文明成果，进而转化、创造出新的文明成果的过程。正是在这个意义上，受教育权属于“文化”权利，是个体将所继承的文化成果内化为自身的生活方式的权利。

受教育是人类个体的生存前提，不受教育即无以生存，活不下去；这和受教育权的生存权说的立论部分契合，但是生存权作为一种福利国家中的社会权，主要强调国家的义务，这里只是指出无教育无以生存的事实。如果从普及教育必须要求国家提供免费教育才能实现这个角度上说，受教育权在三代人权这一分类标准下确实具有社会权或生存权的侧面。

不过，受教育权并不仅仅属于社会权，也不仅仅是求生存的权利。受教育过程作为一种个体的精神活动过程，乃是一种精神生活的权利和“过精神生活”的权利。在受教育这种精神生活中，心智得以成长，理性得以发展，文化得以内化，灵魂得到净化。在这个意义上，受教育权的内在规定性在于它是一种精神成长权、文化生活权。

二、受教育权的内容

（一）四种地位与三种功能

受教育权作为一种基本权利究竟包括哪些内容？这可以从不同的视角来观察。

根据德国19世纪国法学集大成者耶林涅克的名著《公法论》，公民对国家分别存在四种不同的地位：第一种是被动地位（passive status），指人民居于应服从国家统治权力的地位，由此派生出公民的义务；第二种是消极地位（negative status），指公民拥有一个获得国家承认（公权力不干涉）的自由范围，由此派生出公民的自由权；第三种是积极地位（positive status），指公民为了其个人利益通过国家的制度来达成愿望的地位，派生出公民的受益权、请求权；第四种是主动地位（active status），指公民有资格参与国家意见的形成，派生出参政权（陈新民，2001）。

根据耶林涅克的四种地位理论，受教育权应包括四个方面的内容。（1）被动地位的受教育权，即在受教育领域对国家权力的服从。本来这种服从的主体应该是受教育者，也就是儿童；但是，由于义务教育阶段的儿童不具备责任能力，只能由儿童的父母或监护人（以下简称家长）来代替其义务地位，即由家长履行送儿童就学的义务。（2）消极地位的受教育权，即受教育领域不受国家任意干预的自由，形成教育自由的空间。这体现为儿童对受教育的自由权、家长教育权（在一定程度上家长参与甚至代替儿童行使受教育自由权）和教师的教学自由。（3）积极地位的受教育权，即要求国家保障公民受教育权的实现，体现为现有教育设施的入学请求权、必要教育设施的创设请求权。（4）主动地位的受教育权，即儿童对于受教育的参与权、决定权（许育典，2007）。

耶林涅克关于基本权利的分类虽然结构严整，但是一则第二种地位与第三种地位之间极易出问题，二则对于社会权能否归于第三种地位的权利也颇多疑难，所以后人主要采用了自由权利和社会权利的两分法（陈新民，2001）。自由权利即免于国家干预的自由，社会权利即要求国家积极作为的权利。

“自由权—社会权”的两分法简洁明了，也被多数学者所接受。不过，这样的划分也存在问题：（1）自由权也需要国家的积极义务，比如，肯定需要司法救济；（2）社会权也要求国家的消极义务，比如，劳动权作为社会权也排斥强迫劳动，本身包含了国家的消极义务。针对“自由权—社会权”两分法的不足，张翔提出了基本权利的三种权能的观点：（1）防御权功能，要求国家不予侵犯，履行消极义务；（2）受益权功能，即公民请求国家作出一定行为以享受其个体利益，履行给付义务；（3）客观价值秩序功能，即基本权利具有“客观法”性质，要求国家履行保护义务（张翔，2008）。从这个角度出发，受教育权也可以分为防御权意义上的受教育权，受益权意义上的受教育权，客观价值秩序意义上的受教育权等。

（二）我国学者的分析

纵观我国学者们对于受教育权内容的论述，大概可以分为以下几种。

从《中华人民共和国宪法》文本的规定出发，认为公民受教育的权利和义务的基本内容包括：学龄前儿童有接受学前教育的机会；适龄儿童有接受初等教育的权利和义务；公民有接受中等教育、职业教育和高等教育的权利和机会；成人有接受成人教育的权利；公民有从集体经济组织、国家企业事业组织和其他社会力量举办的教育机构接受教育的机会；就业前的公民有接受必要的劳动就业训练的权利和义务（周叶中，2000）。

从国际法的有关规定展开，认为受教育权的内容包括接受教育的权利、平等开放和平等利用教育设施、选择教育的自由、建立和指导教育机构的自由、保护学生免受不人道的惩戒措施和学术自由，接受教育的权利是其核心（葛明珍，2003）。

从理论上进行论证的：劳凯声认为受教育权利包括两个方面、六个层次：义务教育方面包括就学权利平等、教育条件平等、教育效果平等三个层次；义务教育以上的各级各类教育方面包括扩大就学范围、竞争机会平等、成功机会均等三个层次（劳凯声，1993）。温辉认为受教育权包括：教育权、受教育自由、教育自由和教育目的（温辉，2003）。龚向和认为受教育权的体系包括：学习机会权（含入学升学机会权、受教育选择权、学籍权）、学习条件权（含教育条件建设请求权、教育条件利用权、获得教育资助权）、学习成功权（获得公正评价权、获得学业证书学位证书权）（龚向和，2004）。在此基础上综合的，尹力认为受教育权的内容包括受教育的自由权、受教育的要求权、受教育的福利权（劳凯声，2003）[188-189]。徐继敏认为受教育权包括：受义务教育权、平等受教育权、终身受教育权、恰当教育权（徐继敏，2004）。

（三）基于受教育本质的思考

受教育权包括哪些内容，哪些内容属于核心内容？受教育权利的体系如何展开较为合适？笔者认为还是应该从受教育权本身的性质出发来讨论。如前所述，受教育权本质上是一种精神成长权和文化生活权，这决定了它的具体内容。

1. 受教育自由权

首先，受教育的过程是一种精神活动的过程，这种精神活动是不可能被强制的。一般而言，权利都是相对的，或者说都是有界限的，但是对于那些不表现为权利人外在行为的那些权利，如思想自由和良心自由，由于其行使不可能侵犯到他人的权利，所以它是绝对的，是没有规范意义上的界限的（林来梵，2001）。受教育权作为一种精神成长权，其首要特征就在于其精神性、思想性，作为一种智力活动，它是不可能被强制的，因此，它必然是自由的。

其次，受教育的过程体现为知识的获得和道德的养成，即使我们认为知识可以“灌输”，但是如果学习到的知识没有被受教育者主动接纳并转化和使用，它也不过是一连串无意义的名词而已，就像“不燃烧的火”“不发亮的光”。而道德的养成只能是人格独立的个体的主动选择。个体面对道德冲突时，经过内心的天人交战和自由心证，每朝着道德的方向前进一步，都为其道德的养成铺垫下一块坚实的基石，构成个体最终历练成为一个道德完善的人的心路历程中的一个环节。在这个过程中，任何利诱乃至强制，都只会造成道德的缺失并召唤伪君子和小丑粉墨登场。因此，受教育也必须是自由的。

最后，对受教育者实施强制一般来说是无效果的，甚至还会激起负效果。洛克指出，不能强迫儿童学习，不可把学习当做儿童的一种烦恼，反对教师用斥责和惩罚的方法去使学生注意。他说：“教师不可把自己当作惊吓鸟儿的稻草人一样，使学生见了自己的面就害怕”；教师“不能在一个战栗的心理上面写下平整的文字，正如不能在一张抖动的纸上写下平整的文字是一样的”（单中惠 等，2000）[127]。托尔斯泰指出，平民百姓“像寻求和热爱以供呼吸的空气一样寻求和热爱教育”，上流社会和政府也竭力将知识传授给平民大众，愿意承担教育的职责，但强制教育无一例外地遭到了民众的强烈抵制。强制的学校教育使人窒息和愚笨，而唯有民众的意愿才能作为教育者的行动指南。因此，“教育学只有唯一的准则——自由”（单中惠 等，2000）[237,241]。

综上所述，笔者认为受教育自由权（即受教育基本权利的防御权功能）是受教育权的首要内容和核心，它要求国家履行消极义务，包括受教育者的选择自由、儿童家长的教育权、教师的教学自由等内容。

2. 受教育社会权

虽然受教育权的自由权侧面或者称之为受教育基本权利的防御权功能极其重要，没有它受教育权就不能存在，但是由于经济原因，普通群众的受教育权的实现却只能依靠国家权力的保障，即国家提供免费教育。从历史上看，无论是德国、法国还是美国、日本，受教育权的普遍化都是在国家强制的推行义务教育的背景下才实现的。义务性、免费性和世俗性作为法国国民教育的三大原则，也扩展到了其他国家。当今，在世界范围内，随着市场经济的扩展，国家的职能由“夜警国家”向“福利国家”转变，国家不仅要承担维持治安的职能，还要承担福利国家所要求的以照顾公民生活为重心的给付职能，为公民提供在高风险的商业社会中生活下去的基本的医疗、教育、住房等社会保障。

国家对受教育权的给付义务对应着受教育权的社会权侧面（即受教育基本权利的受益权功能），它包括现有教育设施的入学请求权、必要教育设施的创设请求权、获得教育资助权等内容。受教育权的社会权侧面或者说是受教育基本权利的受益权功能也可称之为受教育社会权。不少学者认为受教育社会权是受教育权的核心内容，这只看到了国家资助对于大规模普及教育，实现普通群众的受教育权的积极的一面，而忽视了如果没有受教育自由权受教育基本权利就不可能存在或者被异化，比如，德国纳粹时期的教育或日本“二战”前的教育；确实，在那个教育以国家为中心的时代，受教育权本来就不是公民的权利而是其义务。

3. 受教育秩序权

国家对受教育权的保护义务对应着受教育基本权利的客观价值秩序功能，也可称之为受教育秩序权，它包括对客观价值秩序的保护（课程标准、教育计划、教科书编制）、制度性保障（国家监督教育制度、私立学校制度）、组织与程序保障（学校自治、儿童代表和父母参与学校自治的程序）等内容（许育典，2007）[50-59]。

至于教育目的，无论是为了受教育者的自由和解放还是为了什么其他的目的，作为一种理论形态、指导思想，即使规定于宪法中，也只能作为国家发展教育的宏观指导思想和政策指针，不具备权利所要求的利益、主张、资格、权能、自由五要素，不能直接产生权利。另外，从法律关系的三要素考虑，如果存在所谓的“教育目的权”，那么它的主体和客体又是什么呢？难以捉摸。因此，教育目的不应纳入受教育权的范围。

参考文献

陈新民 . 2001. 德国公法学基础理论［M］. 济南：山东人民出版社 .

单中惠，杨汉麟 . 2000. 西方教育学名著提要［M］. 南昌：江西人民出版社 .

冯增俊 . 2001. 教育人类学［M］. 北京：北京师范大学出版社 .

葛明珍 . 2003. 经济、社会和文化权利公约及其实施［M］. 北京：中国社会科学出版社 .

龚向和 . 2004. 受教育权论［M］. 北京：中国人民公安大学出版社 .

韩德培 . 1995. 人权的理论与实践［M］. 武汉：武汉大学出版社 .

胡锦光，任端平 . 2002. 受教育权的宪法学思考［G］//劳凯声 . 中国教育法制评论：第一辑 . 北京：教育科学出版社 .

劳凯声 . 1993. 教育法论［M］. 南京：江苏教育出版社 .

劳凯声 . 2003. 变革社会中的教育权与受教育权：教育法学基本问题研究［M］. 北京：教育科学出版社 .

林来梵 . 2001. 从宪法规范到规范宪法：规范宪法学的一种前言［M］. 北京：法律出版社 .

南京师范大学教育系 . 2005. 教育学［M］. 北京：人民教育出版社 .

温辉 . 2003. 受教育权入宪研究［M］. 北京：北京大学出版社 .

徐继敏 . 2004. 受教育权辨析［G］//郑贤君 . 公民受教育权的法律保护 . 北京：人民法院出版社 .

许育典 . 2007. 教育法［M］. 台北：五南图书出版有限公司 .

张翔 . 2008. 基本权利的规范建构［M］. 北京：高等教育出版社 .

周叶中 . 2000. 宪法［M］. 北京：高等教育出版社；北京大学出版社 .

On the Right to Education's Nature and Content

Guan Hua

Abstract：From the process of educating，the process of education is the process of spiritual growth and cultural life. So the right to education's essence is spiritual growth and cultural life rights，including the liberal right to education，the social right to education and the order right to education.

Key words：right to education，spiritual growth，cultural life，nature，content

作者简介

管华，西北政法大学教育法治研究中心执行主任，法学博士，主要研究方向为儿童权利、受教育基本权利。

□申素平

我国残疾人受教育权的法律保障研究[①]

【摘　要】残疾人受教育权的法律保障是我国教育立法的重要内容。文章以文献和实地调研为基础，对我国残疾人受教育权在学前教育、义务教育、职业教育和高等教育各阶段的法律保障状况进行了深入分析，提出了具体存在的问题和相应的立法建议。

【关键词】残疾人，受教育权，教育立法

残疾人受教育权的保障与人的基本权利的尊重与保护具有密切关系，是一个社会文明发展水平的标志之一。从全球残疾人教育发展的趋势与人权发展的角度看，通过立法实施残疾人教育已成为各国教育决策的一个重要组成部分，并成为衡量一个国家残疾人的教育需要是否得到满足、参与机会是否平等、是否享受平等人权的基本尺度。20 世纪以来，联合国先后通过了《关于残疾人的世界行动纲领》《残疾人机会均等标准规则》《残疾人权利公约》等文件，积极推动各成员国残疾人生存和发展的权利。1986 年《中

① 教育部人文社会科学研究青年基金项目“残疾人教育法律制度研究”成果（项目批准号：10YJC880102）。

华人民共和国义务教育法》（以下简称1986年《义务教育法》）第九条专门规定了残疾儿童的教育，要求“地方各级人民政府为盲、聋哑和弱智的儿童、少年举办特殊教育学校（班）”。1990年颁布的《中华人民共和国残疾人保障法》（以下简称1990年《残疾人保障法》）比较全面地对残疾人教育进行了规范，明确规定残疾人享有受教育的权利，并在第三章以九条的篇幅对残疾人教育的机构、形式及保障等问题进行了规定。1994年制定的《残疾人教育条例》和1998年制定的《特殊教育学校暂行规程》对残疾人教育特别是特殊教育学校的教育和管理作了较为详细的规定，与1990年《残疾人保障法》一起构成了我国残疾人受教育权的法律保障主体。1995年《中华人民共和国教育法》（以下简称《教育法》）确认了对残疾人教育予以扶助的原则，其第三十八条指出：“国家、社会、学校及其他教育机构应当根据残疾人身心特性和需要实施教育，并为其提供帮助和便利”。2007年7月9日，我国签署了《残疾人权利公约》，随后于2008年4月24日修订颁布新的《中华人民共和国残疾人保障法》（以下简称2008年《残疾人保障法》），强调残疾人的平等受教育权，并根据2006年新修订的《中华人民共和国义务教育法》（以下简称2006年《义务教育法》）的相关内容对残疾人受教育的免费和资助问题作出了新规定。

随着《残疾人权利公约》的生效与1990年《残疾人保障法》及有关教育法的修订，特别是随着我国经济社会的进步和对残疾人受教育权的进一步重视，我国的残疾人教育立法需要及时予以修订。特别是1994年制定的《残疾人教育条例》已经不能适应残疾人受教育权保障的现实需要，而且存在诸多不符合上位法的内容，亟须修订。从教育形式上，该条例侧重于学校教育，对残疾人参与终身学习、社会教育以及家庭教育的关注不足；从规范对象上，该条例涵盖的残疾人教育主要是针对盲聋、肢体和智力三类残疾人，对其他类型如重度肢体残疾、重度智力残疾、孤独症、脑瘫和多重残疾儿童少年如何接受教育缺乏相应规定；从规范重点上，该条例主要是本着管理的需要进行制度设计，而没有强调残疾人的受教育权如何得到保障和满足。

为了深入了解我国当前残疾人受教育权的法律保障现状和问题，本研究以残疾人受教育机会的保障为中心，在对国内外相关文献进行梳理和研究的基础上，通过实地调研、个别焦点访谈、专家集体访谈和校长座谈会的方法对北京市各类残疾儿童就学学校及参与随班就读工作的幼儿园和学校的校长和教师进行了深入调研[①]，调研内容涉及残疾人早期康复和学前教育、义务教育、高中及职业教育等各阶段普通教育形式和特殊教育形式的工作现状和问题，同时还选取了北京师范大学特殊教育系和北京联合大学特殊教育学院两所承担残疾人高等教育和特殊教育教学与研究工作的专家，以及北京市教育行政部门和中国残联等组织的负责人作为访谈对象，收集了大量的信息和资料。以北京市的实地调研为基础，结合文献综述的成果，我们认为如下几方面是我国残疾人受教育机会保障中较为突出、值得关注的问题。

一、残疾幼儿早期干预和学前教育入学机会保障

残疾人早期干预和学前教育的重要性和紧迫性、早期干预的不可逆转性和关键性等早已被学界强调并作了非常清楚的阐释，然而我国残疾幼儿早期干预和学前教育的机会保障依然存在不少问题。我国残疾幼儿的早期康复和教育任务主要由普通幼儿园、特殊教育学校附设的学前班和康复机构、福利机构及一些民办的康复和教育机构承担；融合的随园就读主要招收一些残疾程度比较轻的幼儿；残疾程度较重的幼儿进入专门的特殊教育和康复机构。从目前情况来看，学前教育机构不足、管理不规范、招收残疾类型有限等问题较为突出，与残疾幼儿对早期干预、学前教育的强烈需求有着很大差距，在一定程度上限制着残疾幼儿早期干预和学前教育机会的获得。

（一）特殊教育学校附属学前班或早期康复机构的法律地位有待明确

虽然我国《残疾人教育条例》第十条规定特殊教育学校的学前班可实施残疾幼儿的学前教育，但专门规范特殊教育学校设置和管理的《特殊教育学校暂行规程》第二条规定："本规程所指的特殊教育学校

---

① 调研和访谈学校包括：北京市海淀区培智中心学校、西城区培智中心学校、东城区特教学校、北京市第二聋校、北京市盲人学校、朝阳区安华学校、东城区西总布小学、宣武区上斜街小学、中国人民大学幼儿园等。

是指由政府、企事业组织、社会团体、其他社会组织及公民个人依法举办的专门对残疾儿童、少年实施义务教育的机构”。将特殊教育学校限定于实施义务教育的机构，因而特殊教育学校附设的学前班和早期康复机构的法律地位不清晰，现实中得不到来自教育行政部门的固定经费和设备支持，在某种程度上处于“非法办学”的状态。经济发达地区如北京市等有残联等组织为这类机构提供一定的资金支持，其他地区则既无政策肯定，又无经费支持，特殊教育学校举办的学前班和早期康复机构的性质十分尴尬，发展受限。因此有必要在未来立法中肯定特殊教育学校附设学前班和早期康复机构的合法地位，增加对特殊教育学校实施学前教育的办学权限和办学标准的规定，以更好地利用特殊教育学校的资源，满足残疾幼儿接受早期康复和学前教育的教育需要。

（二）残疾幼儿早期康复和学前教育应扩大普通教育形式

对于残疾幼儿早期康复和学前教育的安置形式，现有立法采纳的是特殊教育和普通教育并行的模式，但从残疾人教育的发展趋势看，未来立法应重视并强调普通教育形式，在发展学前教育的同时即把残疾幼儿教育融合进去。特别应借助于我国当前学前教育迅速发展的契机，从一开始就推行学前残疾幼儿随园就读的模式，而不必像义务教育那样先隔离再融合。同时，鉴于实行残疾幼儿教育的完全融合有其不现实性，因此仍应维持并发展一批学前特殊教育和康复机构，以满足部分中重度残疾幼儿的需求，并为随园就读提供专业支持。

（三）民办残疾幼儿早期康复和学前教育机构亟须扶持和规范

我国民办残疾幼儿早期康复和学前教育机构目前处于良莠不齐的状态。一方面，民办机构在残疾幼儿的早期康复和学前教育领域作出了重要贡献，尤其在孤独症儿童的康复和训练上发展了重要作用，但与此同时，它们当中也混杂着一些缺乏师资和专业技能、以营利为目的的黑心机构。如何将这些机构纳入规范管理，以合理的形式加以引导和资金、政策上的支持，发挥其优势，使其更好地服务于残疾幼儿早期康复和学前教育，最大限度地保障残疾幼儿早期康复和学前教育的机会，是一个非常重要的问题。为此，立法应鼓励社会力量举办残疾幼儿早期康复和学前教育机构或者进行捐资助学，认可这类学校或者机构属于完全公益性机构，使其能够依法接受公益捐赠和政府资助；同时强化地方各级政府教育行政部门作为主管机关对民办残疾幼儿早期康复和学前教育机构的监督与管理责任。

二、残疾儿童少年义务教育阶段入学机会及其保障

残疾儿童少年接受义务教育分为两种情况，一种是进入普通学校随班就读，另一种是进入特殊教育学校。根据2008年的统计，全国义务教育阶段共有40.7011万特殊教育在校生，其中有14.3644万人在特殊教育学校，26.3367万人随班就读或在附设特教班学习，二者比例分别为35.3%和64.7%（教育部发展规划司，2009），总体形成以特殊教育学校为骨干，随班就读为主体的就学格局。虽然自1986年《义务教育法》颁布以来我国各类适龄儿童少年接受义务教育的状况有了很大改善，但就全国而言，残疾儿童少年的义务教育依然存在入学率不高，地区、性别、残疾类型间有巨大差异的情况，特别是孤独症儿童和一些重度残疾儿童的入学机会难以得到有效保障。[①] 究其原因是多方面的，有的是适龄残疾儿童少年残疾程度过重或有严重的情绪障碍及攻击行为，不适合进入学校接受教育；有的是缘于部分家长碍于面子不愿意承认自己的子女是残疾儿童，也不让残疾子女入学；从立法的角度看，现有法律的规定不足也是重要的原因。

（一）随班就读入学标准及鉴定机制欠缺，普通学校拒绝残疾儿童入学状况存在

我国义务教育实行残疾儿童少年就近入学，只要具有本地户籍，家长又有让子女进入普通学校就读的愿望，普通学校原则上不能拒绝招收残疾儿童少年，因此轻度残疾儿童少年的随班就读容易实现。但对中重度残疾儿童少年，即使在发达地区也存在被普通学校拒绝的情况，这与

---

① 据中国残疾人联合会《中国残疾人事业十五计划纲要执行情况统计公报（四）》：截止到2005年年底，全国学龄三类残疾儿童少年入学率达到80%，其中西部12省（市、自治区）（内蒙古、广西、重庆、四川、贵州、云南、西藏、陕西、甘肃、青海、宁夏、新疆）未入学适龄残疾儿童少年占总数的45%，中部8省（山西、吉林、黑龙江、安徽、江西、河南、湖南、湖北）未入学适龄残疾儿童少年占总数的37%，其余省份约占18%。

现有法律对随班就读的入学标准及鉴定机制缺乏规定有一定的关系。

首先，2006年《义务教育法》第十九条规定普通学校应当接收具有接受普通教育能力的残疾适龄儿童、少年随班就读，并为其学习、康复提供帮助。《残疾人教育条例》第二十一条规定普通学校应当按照国家有关规定招收能适应普通班学习的适龄残疾儿童少年就读。两部法律对于残疾儿童少年进入普通学校就读的资质提出了两种不同的概念，2006年《义务教育法》称为“具有接受普通教育能力”，《残疾人教育条例》称为“能适应普通班学习”，以谁为准，法律规定之间需要统一。

其次，两部法律虽然都提出了残疾儿童少年随班就读的入学资质要求，但如何判断残疾儿童少年是否具有接受普通教育的能力或者是否能适应普通班学习、判断标准是什么、由谁来判断，目前仅《残疾人教育条例》第十六条提出“县级人民政府教育行政部门和卫生行政部门应当组织开展适龄残疾儿童、少年的就学咨询，对其残疾状况进行鉴定，并对其接受教育的形式提出意见”。法律规定并不充分，标准也不清楚，而且现实中该项规定并未得到落实，全国多数地方都不存在这样的就学咨询和鉴定机构。因此，立法需进一步界定随班就读的入学标准，明确相关评估鉴定机构的地位、职责权限和工作机制，强化县级人民政府的保障责任，真正实现法律所要求的普通学校不得拒绝招收具备条件的适龄残疾儿童少年入学。

（二）重度残疾儿童少年和新兴残疾类型儿童少年的入学存在困难

重度残疾儿童少年和新兴残疾儿童少年的入学是目前我国残疾儿童义务教育入学方面存在的重点问题。对于极重度残疾儿童少年，北京和广东等经济发达地区采取了每周定时送教上门的模式，然而在一些经济不发达地区尤其是农村地区，这部分儿童少年的入学仍是一个盲区。《残疾人教育条例》第十七条在残疾人教育形式中提到：“地方各级人民政府应当逐步创造条件，对因身体条件不能到学校就读的适龄残疾儿童、少年，采取其他适当形式进行义务教育。”说明立法对此问题已有关注，但是由于其规定比较笼统和原则，确有一些地方以条件不具备为由拒绝为这类残疾儿童少年实施义务教育。此外，与随班就读情况类似的是，对于哪些属于“身体条件不能到学校就读”的残疾儿童少年，仍然缺乏权威的鉴定和评估。

对于孤独症、脑瘫、情绪障碍等新兴类型残疾儿童少年的义务教育，虽然我国的社会认知和关注程度在增加，但立法尚未作出及时应对，过于侧重传统的残疾类型，与我国新兴残疾类型儿童少年数量不断增加的现实和趋势不符。如1986年《义务教育法》第九条要求“地方各级人民政府为盲、聋哑和弱智的儿童、少年举办特殊教育学校(班)”，在2006年修订后改为：“县级以上地方人民政府根据需要设置相应的实施特殊教育的学校（班），对视力残疾、听力语言残疾和智力残疾的适龄儿童、少年实施义务教育”①，二者均未提及包括孤独症在内的各种新兴残疾类型，属于不应有的疏漏。这些残疾儿童少年目前缺乏专门的教育机构，只能进入培智学校或者普通学校就读，得不到有针对性的教育。立法应当在此方面增加对重度和新兴残疾类型儿童少年接受义务教育的保障性规定，重视举办专门的孤独症学校或在培智学校设置专门的孤独症班级等，满足所有残疾儿童少年的义务教育权。

(三) 残疾儿童少年的入学缺乏有力督导

现有《残疾人教育条例》虽然对于残疾人义务教育已有必要的规范，但是很多规定落实不到实处，缺乏督导是一个重要原因。有必要在立法中将残疾儿童少年的义务教育入学率及法律法规的相关要求纳入行政人员和学校“普九”考核的范围，建立健全残疾人义务教育督导机制，确保法律法规的执行力，并增加对于相关行政人员、义务教育学校管理者不作为或者敷衍了事的惩罚措施。

三、残疾儿童少年职业教育入学机会及其保障

职业教育对残疾人生存和发展的意义尤为重要。目前我国残疾人职业教育主要有两种实施形式，一种是特殊学校开设的职教班（部），如盲校开设的按摩中专部，聋校开设的动画职业教育班或培智学校开设的固定岗位和社会适应课程，另一种是残联在残疾人就业保障金的支持下

① 2006年《义务教育法》第十九条。

开展的职业培训。目前残疾人职业教育领域的问题主要集中在以下方面。

（一）残疾人职业教育相对薄弱，入学机会有限

我国残疾人职业教育起步晚，底子薄，学校数量严重不足，能够开设的专业和招收的残疾学生的类型非常有限，全国很多地区没有专门的职业学校承担残疾人的职业教育，多数是在特殊学校开设一定的职教班（部），班额和专业都非常有限，且由于学校的层次和学习年限、经费支持的有限，事实上影响了残疾人职业教育机会的获得。为此，首先要在现有基础上，进一步发展依托特殊教育学校的职教班（部），提升教学质量，拓展专业；同时更应该推广在普通职业学校设置特教班或者随班就读的方式，利用残疾人就业保障金和国家职业教育优惠政策的支持，大力发展残疾人的职业教育，使残疾人能和普通人一样实现劳动的权利，增强其自信心。《残疾人教育条例》第二十五条规定残疾人职业教育体系由普通职业教育机构和残疾人职业教育机构组成，以普通职业教育机构为主体，但调研发现，普通职业教育在残疾人职业教育中所占的比重是非常小的。为推进和落实这一规定，应当进一步明确相关细则，对于残疾人职业教育的实施机构、经费保障和罚则进行详细规定，统筹教育、劳动等相关行政部门和残联等的资源，共同协办推进。

（二）职业教育规划与就业的需要需进一步结合

残疾人职业教育后的就业问题是影响残疾人职业教育意愿的重要因素，也是保障残疾人真正走向自立自强的着手点。目前我国多数残疾人职业教育是免费的，但是残疾人仍然不愿意接受职业教育。这其中的一个重要原因就是残疾人职业教育专业老化、与实际需求脱节，加之存在企事业单位拒绝招收残疾人入职的情况，导致残疾人接受职业教育后不能找到工作。为解决这一困境，应当建立人力资源和社会保障部门、教育行政部门和特教学校的联动机制，由人力资源和社会保障部门提供一定的岗位、信息，为残疾学生毕业后提供就业机会，教育行政部门和特教学校依据社会保障部门提供的岗位，来规划残疾学校的课程、专业设置和培养目标。

四、残疾人高等教育入学机会及其保障

我国残疾人高等教育目前主要有四种形式：一是普通高等学校建立特殊教育学院或开设系和专业，采取单独考试单独录取的方式，主要招收盲、聋和肢体残疾青年学习各种专业；二是普通高等学校招收残疾青年（其中大部分是肢体残疾和轻度的盲、聋青年），与健全学生共同进行专业学习（或叫随班就读）；三是一些独立设置的残疾人中等职业学校采取与成人高校合作办学的方式，举办一些专业的大专班招收残疾青年；四是通过自学考试、电视大学（或者网络学院）等渠道对残疾人实施高等专业教育。据统计，到2010年年底，全国有7674名残疾人被普通高等院校录取，1057名残疾人进入特殊教育学院学习，接受高等教育的残疾人人数达到8731人（中国残疾人联合会，2011）。据统计，我国现有8296万残疾人①，按照比例粗略估计每年适龄青年上大学的应有百万人之多，而其高等教育毛入学率仅为1%左右，与普通高等教育24.2%的毛入学率②相比差距甚大，尚未能满足残疾人接受高等教育的需求。如下因素仍在制约着残疾人接受高等教育。

（一）残疾人高等院校数量不足，招收残疾类型有限

我国目前接受高等教育的残疾学生主要是肢残人，盲、聋人，他们可选择的高等学校主要是非常有限的几所特教学院。到2008年，全国有11个面向全国招生的高等特教学院，除南京是一所独立的高职学院，均为省属高校二级教学单位，在校残疾学生近3000人（盲、聋生为主，少数肢残生）。这些学校不仅招生数量很少，专业也集中在计算机、音乐、医学按摩等非常有限的范围内，而且大部分办学历史短，经验不足，其中相当一部分是近几年的新建校，办学规模小，办学成本较大，并多集中在大城市和经济较发达的地区。高等特殊教育的规模（学校数量和在校生人数）与高等教育的整体发展和残疾人的需求相比较，均有很大的差距，特别是西部地区的高等特殊教育刚刚起步，尤为薄弱。因

① 《2006年第二次全国残疾人抽样调查主要数据公报》数据。

② 《2009年全国教育事业发展统计公报》数据。

此，立法应鼓励并支持省级人民政府举办实施特殊教育的高等学校，鼓励普通高等学校设置专门招生残疾学生的特殊教育专业，明确发展残疾人高等教育的政府责任及经费来源渠道。

（二）平等保护及特别扶助措施规定不足、执行不力

《中华人民共和国高等教育法》（以下简称《高等教育法》）第九条第三款规定“高等学校必须招收符合国家规定的录取标准的残疾学生入学，不得因其残疾而拒绝招收”。《残疾人教育条例》第二十九条也重申了上述原则，为保障残疾人平等接受高等教育提供了法律支持。但现实中普通高等学校仍会因影响就业率、不具备无障碍设施、无法提供相应试卷等隐性地拒绝残疾考生。要充分实现残疾人接受高等教育的需求，立法首先应进一步明确对残疾考生的不歧视原则并界定相关标准，将《高等教育法》和《残疾人教育条例》所提及的“国家规定的录取标准”与《普通高等学校招生体检工作指导意见》予以结合，切实保障那些符合国家规定录取标准、具备专业学习能力的残疾人不因残疾而被高等学校拒绝。

其次，鉴于我国残疾人接受高等教育比例过低的现实，立法有必要为残疾人规定一些特别扶助措施，增加残疾人的高等教育机会，扩大发展招收残疾人的高等教育专业，提高残疾人高等教育的水平及质量，增加残疾考生参加高等教育考试的灵活性。除了单独招考外，要求各级国家教育考试机构和相关学校须依据残疾考生的残疾类型、程度，为其入学考试提供适当考试服务措施，如合适的试卷、延长考试时间、设置特殊考场等。还有必要借鉴日本和我国台湾地区的相关经验，成立国家特殊教育资源中心，承担各级各类国家考试的特殊试卷的制作、评阅工作。

最后，立法应强化高等学校对残疾在校生的支持保障责任，并对高等学校予以奖励和支持。国家应鼓励高等学校积极改善残疾学生的受教育条件，根据残疾学生的身心特点为其入学后的学习生活提供必要支持。包括完善校园无障碍设施，为残疾学生平等参与学校各项活动创造无障碍环境；配备必要的指导教师和专用设备，保障残疾学生信息交流无障碍；根据残疾学生学习和生活的需要，提供资源教室、录音及报读、提醒、手语翻译、代抄笔记、点字书籍、生活协助等教育辅助器材

和相关支持服务，帮助其完成学业、适应社会。具备条件的高等学校还应当以适当方式在向普通学生推广和教授手语、盲文，增进他们对残疾同学的理解、提高他们与残疾同学的沟通能力。

残疾人教育是一项重要而又复杂的事业，亟待全社会的关注。其不仅需要社会各界的关注和爱心，更要有立法和制度的保障。综合考虑残疾人的筛查评估、康复治疗、教育及就业等各方面问题，加强教育、卫生、民政、劳动、残联等多个部门的分工合作和相互衔接，才能实现残疾人的受教育权并最终达到积极融入社会的目标。

参考文献

教育部发展规划司. 2009. 中国教育统计年鉴 2008 [M]. 北京：人民教育出版社：174 - 175.

中国残疾人联合会. 2011. 2010 年中国残疾人事业发展统计公报 [EB/OL]. (2001 - 03 - 24). http：//www. cdpf. org. cn/sytj/content/2011 - 03/24/content_30316232. htm.

Research on the Legal Protection of the Right to Education of the Handicapped

Shen Suping

Abstract: Legal protection of the right to education of the handicapped is an important component of educational legislation. Based on literature and investigation, the article analyzes the current situation of legal protection of the right to preschool education, compulsory education, vocational education and higher education of the handicapped, points out existing problems, and puts forward relative legislative proposals.

Key words: the handicapped, right to education, educational legislation

作者简介

申素平，博士，中国人民大学教育学院教授、博士生导师，主要研究方向为教育法律与政策。

□梁　爽

论教育平等权与合理差别

——我国高考招生政策是否侵犯公民教育平等权的宪法学考量

【摘　要】教育平等权是在平等权的涵盖之下，宪法平等权与教育权相结合产生的一个重要权利。尊重差别的“实质平等”而非“形式平等”应成为高考优惠政策是否侵犯公民教育平等权的主要衡量标准，而判断我国众多的高考优惠政策是否是“实质平等”，主要看该优惠政策所造成的差别待遇是否是“合理差别”，它包括两个要件：一是需要合理的依据；二是必须限定于合理的程度之内。我国高考招生政策中存在的根据民族、地域、德智体绩优、各种特殊群体子女等不同的因素采取的差别待遇是否侵犯公民的教育平等权，需要根据以上判断标准及比例原则等进行逐一分析。

【关键词】教育平等权，形式平等，实质平等，合理差别

一、前　言

平等，是人类社会发展的永恒追求，是法治社会

和现代文明的根本价值之一。我们对平等的追求，无处不在，贯穿于各个领域。在物质生活相对丰富、人的生存问题已经得到普遍解决的当代，教育使人的生活乃至人生呈现出不同的面貌，教育能够铸就一个真正意义上的“公民”，是使一个人成为一个真正意义的“人”的必要条件。“党的十七大报告指出，教育公平是社会公平的重要基础。实现教育公平，是中国特色社会主义教育事业坚定不移追求的崇高目标。受教育权是人的个性自由发展的基本权利，保障人民群众平等享有接受良好教育的权利，对于推进教育公平、维护社会公平正义具有重要意义。”（孙霄兵，2009）因此，教育平等，是现代社会尤其是我国当代社会具宪法意义的重大课题。

高考作为我国第一大考，决定着无数青年学子和家庭的命运，高考招生制度的公平，体现了公民平等权的实现状况，决定了我国最为重要的人才选拔制度的合理性与正当性。近年来，地域差别、民族差别、城乡差别等不同因素导致的录取条件的不同，高考招生录取制度饱受争议，其公平性面临着来自宪法所保障的公民平等权的诘问。在高考改革如火如荼而又备受关注的进程中，教育公平始终是高考招生的首要价值。本文试以平等权与合理差别的基本理论为基础，对我国第一大考的高考中存在的主要“差别待遇”是否侵犯公民的教育平等权进行逐一分析，以期对促进我国教育公平、进一步实现公民之教育平等权尽绵薄之力。

二、教育平等权：公民受教育权的重要内容

受教育权是公民依据宪法和法律享有的要求国家积极提供均等的受教育条件和机会，以实现平等的生存和发展机会的基本权利。教育平等权是在平等权的涵盖之下，宪法平等权与教育权相结合产生的一个重要权利，“是指公民依法享有的要求国家积极提供均等的受教育条件和机会，通过学习来提高其个性、才智和身心能力，以获得平等的生存和发展机会的基本权利”（李步云，2005）。作为一种具体的平等权，教育平等权具有丰富的内容，有学者对受教育权平等的内容作这样的概括：受教育权平等包括受教育机会的平等和受教育待遇的平等，而前者又包括入学机会的平等和升学机会的平等，后者则包括物质待遇的平等和精神

待遇的平等。同时，受教育权平等不仅包括形式意义上的平等，而且包括实质意义上的平等。要准确判断一个特定的个体究竟应该享有怎样的平等受教育权，要准确评价一个国家在保障受教育权平等方面究竟存在着多大的差距，就必须首先为受教育权平等确立可操作的具体法律标准。在不同的教育层次上受教育权平等又有着两类不同的具体标准。一类是受初等教育和中等教育的“平等对待”的平等，一类是受高等教育的“标准的平等”和“标准面前的平等”。这两类标准的确立对促进受教育权平等的保障具有重要的意义（曲相霏，2003）。本文试在受教育权的第二类平等含义基础上，对我国高考录取的教育平等进行探讨。

促进教育平等，是一个全球性的重大课题，很多国家的宪法与法律都规定了有关的内容，美国宪法第十四修正案所规定的“法律平等保护”原则，对高等学校招生具有拘束力。1974年美国国会通过了《平等机会教育法》（Equal Education Opportunity Act，20U. S. C714），从立法上禁止种族隔离，促进公民受教育的机会平等。在英国，尽管各大学在招生上享有自主权，但依据1998年《人权法案》（Human Rights Act，article 14），这种选择不得以任何方式进行歧视，包括性别歧视、种族歧视、肤色歧视、语言歧视、宗教歧视、政治或其他方面的歧视、国籍或社会背景的歧视，等等。《日本国宪法》第26条规定，“全体国民都有按照法律规定依其能力所及接受同等教育的权利”；日本的《教育基本法》把“教育机会平等”单列一条，规定“对所有的国民必须一律给予接受与其能力相适应的教育的机会，不因种族、信仰、性别、社会身份、经济地位或门第的不同而在教育上有所区别”①；现行《中华人民共和国宪法》（以下简称《宪法》）第四十六条规定：“中华人民共和国公民有受教育的权利和义务。”《中华人民共和国教育法》（以下简称《教育法》）第九条规定：“中华人民共和国公民有受教育的权利和义务。公民不分民族、种族、性别、职业、财产状况、宗教信仰等，依法享有平等的受教育机会。”教育平等权作为宪法规范意义上的公民的基本权利在世界大部分国家宪法文本和国际人权文件中都已经获得了比较明确的规定，取得了宪法上的地位。公民的教育平等权问题引起了大多

① 昭和22年法律第25号。2006年，日本《教育基本法》经过了修改，于12月22日公布施行，此次修正案保留了原来第3条的“教育的机会均等”内容。

数国家的重视。

三、教育平等权与合理差别：从形式平等到实质平等

（一）实质平等应是我国教育公平不懈追求的目标

平等就其性质可分为形式平等与实质平等。一般来说，形式平等是指保障公民法律上的平等，又称“机会的平等”。即虽然各人在事实上存在差异性，但法律上同等处理。所有个人在法律上均受同等处理，而不得给予不平等的待遇，各人拥有平等机会，其优点是各人的自由受到保障，缺点是产生不平等的结果，导致社会两极分化，形式平等主要与近代自由民主理念的平等观念相适应（朱应平，2004）。实质平等，主要指的是为了在一定程度上纠正由于保障形式上的平等所招致的事实上的不平等，依据各个人的不同属性采取分别不同的方式，对作为各个人的人格之形成和发展的不同属性所采取分别不同的方式，对作为各个人的人格之形成和发展所必需的前提条件进行实质意义上的平等保障的原理（韩大元 等，2004）。形式平等恰恰相反，它不是要消除差异，而是认同这种差异对主体的影响，并根据理性决定而采取某些差别，以达到实质上的平等。因此，实质平等实际上就是要以不同的标准来对待所有人，要求对同一类型的事情同样处理，对不同类型的事情区别对待。

同样，在我国实现公民教育平等的实践中，忽视现实差别的形式平等貌似最为公平，并且，近年来由于高考加分腐败导致的公平信任危机使民众支持取消高考所有加分、实行“裸考”的呼声渐高①，但是，我们应该清楚地看到，在我国发展极不平衡的国情下，在永远无法抹杀的个体差异的前提下，看似完美的形式平等只能与我们追求的平等价值背道而

---

① 《中国青年报》对全国 30 个省、市、自治区 2952 名公众进行了一项调查，结果如下：56.5% 的人表达了他们对当下教育现状的担忧——“越来越不公平”；76.9% 的人建议取消一切可能滋生腐败的高考政策，“裸考”再成民心所向。参见：高考“裸考”成民心所向［N/OL］. 中国青年报，2009 - 12 - 15. 转引自：http：//edu. ifeng. com/news/200912/1216_6978_1476440. shtml. 类似取消所有加分、主张“裸考”的呼声可参考：取消高考加分大势所趋，“裸考”能否体现公平［N/OL］. 文汇报，2009 - 12 - 09. 转引自：http：//www. zggxzs. com/ftyg/ShowArticle. asp？ArticleID =2429.

驰。“一些人为了实现正义，竟然强硬地主张，所有的人都应当以同样的机会为出发点；然而我们需要指出的是，不论这些人的动机多么值得称道，他们的主张却是一种根本不可能实现的理想。”（哈耶克，1997），承认差别的实质平等才是我们实现教育平等应当不懈追求的目标。

（二）合理差别是实质平等实现的主要依据

为了实现受教育权的实质平等，在实践中就要求一定程度的差别对待而表现为形式上的不平等。“从人们存在着很大差异这一事实出发，我们便可以认为，如果我们给予他们以平等的待遇，其结果就一定是他们在实际地位上的不平等，而且，将他们置于平等的地位的唯一方法也只能是给予他们以差别待遇。”（哈耶克，1997）

而何种差别对待是符合正义的呢？何种差别对待是不合理而构成歧视？所谓合理的差别，又称为“良性的特权条款”，是指根据平等原则，主要是根据实质上的平等原则，在合理程度上所采取的具有合理依据的差别。所谓不合理的差别，又可称为歧视，指的是没有“合理依据”的差别，其中主要包括民族、种族、性别、职业、家庭出身、宗教信仰、教育程度、财产状况等事由所采取的法律上的差别或歧视方式。各国的宪政实践以及联合国人权事务委员会大量的个案处理意见，都对合理差别进行了规定。它包括两个要件：一是需要合理的依据；二是必须限定于合理的程度之内。一般说来，合理的差别除了需要合理的依据之外，还必须限定于合理的程度之内，没有合理依据的差别即为不合理的差别，而即使有合理的依据，但超过“合理程度”的“合理差别”，亦可能构成平等权原则所不容许的歧视，从而产生新的不平等。合理差别的目的在于弥补平等原则对不同的情况、不同的人不作区别的对待而可能造成的事实上的不平等，属于对宪法平等权的补充。因此对不合理的差别，要逐步消除；而对于合理的差别，则应当在现有的基础上予以肯定并加以确认，这本身也是公民平等权保障的应有之义。

四、我国高考录取差别待遇是否是合理差别

在我国高考录取中，存在着基于民族、地域等不同的差别待遇以及基于德智体绩优、各种特殊群体子女加分等不同政策，这些政策一方面

是弥补高考招生标准单一化的重要措施，可以在一定程度上矫正形式平等在受教育权实现中会带来的弊端，而另一方面不能保障有些差别待遇要么因为缺乏合理性饱受诟病，要么由于超越合理程度而导致了反向歧视。我国高考录取差别待遇是否是合理差别？是否侵犯了公民的教育平等权？以下将对高考录取中的相对争议较大的几个因素进行剖析。

（一）民族

根据民族不同导致考试录取标准的不同，在世界各国均较为常见，也同样饱受争议。① 在我国，民族倾斜政策不仅源远流长，而且高考民族政策至今是我国加快少数民族高等教育发展的重要举措，有利于民族团结和社会稳定，符合中华民族的长远发展利益，具有重要的战略意义。

首先，我国少数民族因素是高考差别待遇的正当的差别依据。

尽管近年来，“民族造假”事件的不断曝光，引起了人们对高考民族倾斜政策的广泛质疑与争议，但是，不可否认的是，民族因素在我国仍然是高考招生中差别待遇的正当依据，是我国教育追求实质平等的正确举措。对少数民族学生实行高考加分政策，主要出于以下三个方面的考虑：一是有利于各民族的友好合作与和谐共处，有利于形成安定团结的政治局面；二是因为少数民族所处地区的教育资源较为贫乏，教育水平相对落后，加快少数民族高等教育的发展，才能逐步消除由于历史原因造成的民族隔阂与民族不信任心理，促进民族团结与共同繁荣；三是对少数民族的教育进行倾斜有利于多元文化的形成，有利于宝贵的人类文化遗产的保存与发展。可见，对少数民族考生实行高考加分政策既符合罗尔斯的差别补偿原则，又有利于维护社会稳定，符合社会公共利益，符合社会公平原则。

其次，我国高考民族因素差别程度有待进一步调整，差别待遇对象应更有针对性。尽管少数民族因素具有差别依据的正当性基础，但由于

---

① 关于对少数族群采取的不同的录取标准，最引人注目的是美国的纠偏行动（affirmative action，reverse discrimination）。纠偏行动是指为了弥补与纠正法律歧视在历史上给有色人种等少数族群造成的贻害，立法或行政机构在雇用、录取等方面，对其采取特殊优惠的方案或措施。

差别程度的难以把握，“实质平等”与“歧视”甚至是“反向歧视”往往只有一步之遥。现行少数民族高考教育入学优惠政策极不统一，差别较大，以2007年高考招生政策为例，有的省区对少数民族照顾幅度为5分、10分或30分，有的省区不进行照顾，而有的少数民族预科生照顾幅度可达80分。面对差异如此巨大的差别待遇，我们不禁要问如此是否具有合理的理由。对于应当照顾的情况，加80分有可能也是公平，对于不应当照顾的情况，即使加5分也是对其他公民教育平等权的侵犯。因此，由于我国少数民族居住情况的复杂与发展程度的不平衡，我国对少数民族的纠偏行动在具备了差别待遇的正当性基础后，在对差别程度的政策制定方面需要深耕细作，需要根据不同的对象而采取更有针对性的措施。由于关系到公民受教育权的基本权利的实现与社会公平正义的弘扬，公权力的行使必须慎之又慎，否则会导致公信力的减损与公民的信任危机。

最后，打破传统的单一的划分标准，以民族因素为依据的差别待遇应结合地区因素综合考量。在笔者就我国高考对少数民族优惠政策调研过程中，经常会听到北京高校的在校大学生的愤愤不平，同在北京的中学读书，享受着完全相同的教育资源，凭什么因为仅仅是少数民族身份就加分？可见，尽管少数民族在历史进程中形成了相对落后的经济文化状况，但是，在发达地区完全相同教育条件下，一刀切的少数民族优惠政策的正当性与合理性还是引起了人们质疑与不满。由此可见，传统的单一的民族成分划分标准必须与地区相结合，才能实现高考招生政策中的实质平等。在高考民族倾斜政策的改革与发展过程中，必须打破传统的单一的以民族成分划分的标准，兼顾民族间的地域差异、经济文化水平差异、社会阶层差异以及少数民族受惠群体融入主流社会程度的差异，从多个维度进行综合考察，以“差别对待”的原则来对待差异和多元化；如果民族差异没有造成公民在受教育方面的弱势，少数民族就不应该享受优惠政策。教育部《2009年普通高等学校招生工作规定》第四十四条规定，“有下列情形之一的考生，由省级招生委员会决定，可在高等学校调档分数线下适当降低分数要求投档，由学校审查决定是否录取。同一考生如符合多项降低分数要求投档条件的，只能取其中降低分数要求幅度最大的一项分值，且不得超过20分。(1) 边疆、山区、牧区、少数民族聚居地区的少数民族考生”；第四十八条规定，“散居在汉族地区的少数民族考生，在与汉族考生同等条件下，优先录取”。可见，我国高考政策中的民族倾斜政策与地区划分标准已经有所结合，对于边疆、山区、牧区、少数民族聚居地区的少数民族由于历史原因所造成的教育落后现状，国家有义务对其进行补偿，以更多地实现实质平等，但是对于散居于汉族地区，尤其是东部发达城市的少数民族，国家现在采取“优先录取”的政策，但是，在此享受着相同教育资源情况下，“民族”不是采取差别待遇的正当依据，实际上已经侵犯了汉族考生的教育平等权。

（二）地域

不同于其他发达国家，以地域的不同而采取高考教育录取的差别待遇，是我国高考招生制度的重要特点，也是我国现行高考制度在教育公平方面饱受争议的焦点所在。正如北京大学张千帆教授所言，“自从改革开放恢复高等教育以来，大学招生已经成为地方保护主义的重灾区”（张千帆，2010）。我国的全国统一高考制度，在实际录取学生时采取的是分省定额画线的办法。改革初期，高考制度在以能力为标准选拔人才、保证教育公平方面发挥了重要的作用。但是恢复高考制度以来，同内容、同标准的考卷在各地的录取分数线一直有极大差异。在高等教育大众化的背景下，分省定额画线差别对待不同地区公民高等教育入学机会的做法，使部分地区考生拥有了特权，这引起了人们对高等教育公平问题的诸多争议。笔者认为，对于我国高考招生政策中存在的以地域因素为依据的差别待遇是否正当合理，是否构成地域歧视，应当进行以下辩证分析。

首先，对落后地区给予适当照顾，这是有正当合理依据的纠偏行为。

由于经济发展严重不平衡与教育资源和教育发展条件的巨大差异性，我国东西部之间、发达地区与欠发达地区之间、农村与城市之间无论在教育资源的数量、质量以及实际享有的教育水平上都存在明显的差距，这种差距已经到了惊人的程度，而这种巨大差距的事实不胜枚举，例如高等教育机构全部集中在城市，广大农村没有一所正规大学，绝大部分“985”“211”或教育部直属重点高校都集中在北京、上海等大城市，等等。因此，在公民受教育权的实现情况有着事实上的巨大差别的前提条件下，国家采取相应措施区别对待，加大对欠发达地区的教育投入，为实现事实上的平等而允许落后地区享有相对较多的公共教育资源，在高考录取分数上采取适当倾斜的政策，是实现实质平等的正当的纠偏行为，在这种情况下高考招生的地域差别是差别待遇的合理依据，符合社会公平正义的理念与平等原则。

其次，对发达地区的倾斜照顾是地方保护主义，侵犯了公民教育平等权。

如果说对我国落后地区进行倾斜照顾是实现实质平等与公平正义的纠偏行为，那么我国高考招生中存在的对北京、上海等发达城市的差别待遇的理由则耐人寻味。2001年8月23日，山东青岛三名考生向最高人民法院提起行政诉讼，诉教育部所作的关于该年的全国普通高校高等教育招生计划侵犯了他们的受教育权。他们认为，“国家教育部以制定招生计划的形式，造成了全国不同地域考生之间受教育权的不平等。教育部的这一具体行政行为，侵犯了宪法规定的公民应享有的平等受教育权的规定”①。该案件虽然最终以原告撤诉而告终，但这一案件的宪法学意义却是显著的。我国落后地区由于长期的发展滞后、经济文化基础薄弱等原因，享受国家的政策支持以缩小国家发展不平衡状况是合理的差别依据，为社会和公众所广泛接受，但是北京、上海等发达的城市与地区，反而录取分数大大低于其他地区，这些发达城市的考生在优越的教育资源与条件下反而享有更多被名校录取的机会，如果没有可以令人信服的正当理由，无疑构成了高考招生的地域歧视而形成了一种特权。面对发达地区分数线偏低有违教育公平的指责，有人辩解认为这是因为北京、上海等城市及地区由于教育条件优越以及实施素质教育等原因，考生普遍见多识广及素质较高。此类辩解谬误是十分明显的。首先，应当指出的是北京等大城市实施的仍然是应试教育，而非素质教育，与全国其他地区教育相比并不是质的差别，只是程度的差别而已，不足以成为高考特权的依据。其次，所谓高考，就是全国选拔人才的最主要的衡

---

①　见2001年8月23日人民网登载的《齐鲁晚报》的一则新闻：《新闻追踪：状告教育部　青岛三考生今日向高院递诉状》。三名原告分别是青岛铁一中高三四班姜妍（理科、高考成绩522分）、青岛一中高三四班栾倩（文科、高考成绩457分）和青岛十五中高三九班的张天珠（文科、高考成绩506分）。在青岛，文科专科提档线是509分，一般本科是539分，重点本科是575分，而北京的重点本科提档线是456分。两地分数线差别悬殊。

量标准，对考生的潜能的考察也非常重要，已经占据了优势教育资源的北京等发达地区考生不能据此再在高考录取上捷足先登。“素质高”的考生与其他地区相比，不应当差距有一百余分之多。况且，所谓的“素质高”也是主观臆断，不足以成为客观依据。目前，高考招生歧视引发的地区利益冲突已经成为社会不和谐的重要缘由。大学招生的地方保护主义侵犯了全国大多数地区的考生利益，理所当然引起了社会的普遍不满。① 除此以外，人大代表、教育部门官员、专家学者也纷纷指责我国高考招生存在地域歧视，侵犯了公民的平等权，有违社会公平。②

（三）德智体绩优

对德智体绩优高中生的高考优惠政策是指对品德、智育、体育等方面取得了突出成绩，或在重大竞赛中取得优异成绩、具有特殊才艺或综合素质过硬的考生，给予加分或优先录取的优惠政策，体现了功绩主义思想和能力优先原则。从政策立意上讲，对德智体绩优考生给予差别待遇，是为了弥补高考中以考试成绩为单一录取标准的缺陷，尽量弱化应试教育的弊端，鼓励人的全面发展，加强高考对真正的人才的甄别与遴选功能，有利于高校不拘一格“录”人才，是高考分数的重要补充。并且，在大学录取中考察学生的特长、竞赛获奖情况以及社会活动情况，在其他国家中也较为常见。因此，应该说总体来讲对于德智体绩优生的差别待遇是合理正当的。但是，在现实运作与政策执行中，加分项目的泛滥与腐败的滋生以及不断曝光的丑闻使其几近丧失了社会公众对其的信任，取消加分呼声此起彼伏。尽管如此，现实中腐败的滋生和造假的猖獗不能让我们因噎废食，走向另一个极端而取消所有加分了事。因此，我们需要对现实中存在的林林总总的德智体绩优类加分项目进行

---

① 北京大学宪法与行政法研究中心“促进高等教育平等权课题组”. 大学招生考试制度改革调研报告［R/OL］.（2009 - 12 - 02）. http：//www.globalcon.cn/comment/20091202/091304.shtml. 另外，在2009年3月“两会”期间，北京大学宪法与行政法研究中心和腾讯网联合举办了针对大学招生制度的网络民意调查，结果显示高达3/4的网友认为现有的大学招生政策对全国各地的考生不公平，同样比例的网友认为部属大学按省份投放招生名额的做法不公平。对于某些大学以“学校的历史传统”和“往年招生历来如此”等作为向不同省份分配录取名额的理由，3/4的网友表示不能接受，其中高达46%的网友强烈表示“完全不能接受”。参见：曲相霏. 高校招生的网络民意［N］. 法制日报，2009 - 06 - 02.

② 参见：众议高考地域歧视是否存在［N］. 法制日报，2009 - 03 - 20.

分类的具体的分析。

通过对教育部及各省的加分项目的考察①，笔者将其归纳为四类，一是品德事迹类（政治品德有突出事迹），二是荣誉称号类（如省级优秀学生），三是竞赛获奖类（各类科技及奥林匹克类等竞赛），四是特长认定类（如国家二级运动员）。笔者认为，首先，对于品德事迹类，由于先进事迹有助于青年学生高尚人格的培养和弘扬社会良好风尚，社会认可度较高，且事迹不容易弄虚作假，可以作为加分或其他优先录取的依据。其次，对于竞赛获奖类，由于重大竞赛获奖能够体现考生的较高的专业素质与特长，对于考生素质的体现具有较大的说服力，有利于培养学生的综合素质与创新能力，亦可作为加分的依据。但是，需要对竞赛的种类严格限制，提高竞赛的级别，减少直至肃清级别不高、规范性不够、信力较低的竞赛加分项目。因此，需要规范梳理加分项目，完善评定与监督程序，提高评定标准的可操作性以避免舞弊空间。最后，对于荣誉称号类及特长认定类加分，可以取消。原因是如三好学生、优秀学生干部等荣誉称号类，评定标准过于模糊，可操作性空间过大，现实中最容易产生权钱交易的腐败行为。且据笔者的调研，与未获得此类荣誉考生相比，获得者的优秀程度尚不至高考加分的程度。而对于体育特长生就更无必要，且不论体育特长生到底“特长”到何种程度（如果体育方面确有突出之处，可以通过竞赛获奖方式获得加分），在现实之中，正如参加招生二十余年的北京大学法学院孙东东教授所言，“以国家二级运动员为代表的体育特长生，是整个高考加分体系中‘造假最多的部分’”②。

---

① 如根据教育部《2009年普通高等学校招生工作规定》的高考加分与降分投档对象，德智体类的加分对象有以下七类：省级优秀三好学生、政治品德有突出事迹者、奥林匹克竞赛省赛区一等奖或全国决赛一、二、三等奖者、青少年创新大赛或明天小小科学家、中小学电脑制作一二等获奖者、国际科学与工程大赛或国际环境科研项目奥林匹克竞赛获奖者、重大国际与全国性体育比赛前6名、国家二级运动员。

② 另外，2004年，西安曾曝光体育特长生造假案，当年全市616名申请二级运动员加分的考生中，只有248人通过陕西省招办的测试。经纪检部门调查，其中又有50人的二级运动员证书不符合规定，2人伪造证书。只有196人是名副其实的国家二级运动员。参见：高考加分惹的祸？“二级运动员”比奥运冠军还快［EB/OL］.(2009－07－28)［2010－01－05］.http：//news. xinhuanet. com/edu/2009－07/28/content_11783240. htm.

(四)特殊群体子女

此种情形较为复杂，是指对特定时期国家和社会作出特别贡献的公民或道德模范的子女，如烈士子女①，或为引进人才，对经济建设等领域高级人才子女，② 进行高考录取照顾的政策；有些是为某个特殊的时期或特殊地域的需要而制定的，带有政治安抚、弱势补偿和政策优待等政策立意理由。近年来，此类情形加分政策可谓五花八门，如 2003 年因“非典”出台了医疗人员子女高考加分政策：2005 年重庆市出台了对三峡库区移民进行了照顾性加 5 分的政策规定；2008 年四川省对汶川地震考生享受高考加 10 分优惠政策；黑龙江省规定凡在该省工作的省级以上优秀专家和获得博士学位人员的子女在该省参加高考的，省内志愿学校录取分数线下照顾 20 分投档；另有少数省区实行过独生子女高考加分政策③，等等。如此名目繁多的高考加分政策，似乎都具有维护社会公益与弘扬社会正义的政策立意，然而，社会公益目的的差别待遇一定是合理的差别吗？在某些社会公益面前，公民个人的基本权利一定要让步？

笔者认为，对于这些纷繁复杂的优惠政策，在其具有一定程度的公

---

① 教育部《2009 年普通高等学校招生工作规定》第四十五条规定，“有下列情形之一的考生，由省级招生委员会决定，可在高等学校调档分数线下适当降低分数要求投档，由学校审查决定是否录取。……（2）归侨、华侨子女、归侨子女和台湾省籍考生；（3）烈士子女。”第四十八条规定，“退出部队现役的考生，在与其他考生同等条件下，优先录取。残疾军人、因公牺牲军人子女、一级至四级残疾军人的子女，驻边疆国境的县（市）、沙漠区、国家确定的边远地区中的三类地区和军队确定的特、一、二类岛屿部队现役军人的子女报考高等学校，在与其他考生同等条件下优先录取。残疾人民警察、因公牺牲人民警察子女、一级至四级残疾人民警察子女报考高等学校，在与其他考生同等条件下优先录取。”

② 例如，2007 年 3 月，人事部、教育部等 16 个部门联合下发的《关于建立海外高层次留学人才回国工作绿色通道的意见》规定，出国留学人员随迁子女入托及义务教育阶段入学，将由其居住地教育行政部门安排就近入学的原则优先办理入、转学手续，不收取国家规定以外费用。参加中考和高考的，同等条件下可优先录取。

③ 据报道，从 2009 年 4 月 1 日起，湖北省农村独生女高考将享受加 10 分的优惠政策。《湖北省农村独生女高考加分政策性照顾暂行办法》规定，申请高考加分政策性照顾的农村独生女考生，应同时符合以下三个条件：父母双方均为本省农村居民；父母依法领取了《独生子女父母光荣证》或《独生子女证》；考生本人为独生女且属农村居民，其中父母双亡的依据本人情况予以核准。参见 2009 年 4 月 4 日《人民日报》。

益目的基础上，判断其是否是合理的差别依据或者是否超出了合理限度，可以采用比例原则进行分析。所谓宪法的“比例原则”问题，就是讨论一个“涉及”人权的“公权力”（可能是立法、司法及行政行为），其“目的”和所采用的“手段”之间，有无存在一个相当的“比例”问题（陈新民，2002）[45]。比例原则一般包括三方面的要求，即妥当性、必要性及狭义比例性。妥当性原则适合性是指所采用的手段必须有助于目的的达成；必要性原则是指立法者或行政机关在不违反或减弱所追求之目的或效果的前提下，面对多种可能选择的处置方式，应尽可能选择对人民权利侵犯最轻或不良作用最少的方法。狭义比例原则是指，虽然是达成目的所“必要”的，但是，不可予以人民“过度之负担”，即（法律或一公权力措施）所追求的“目的”和所使用的方法，在造成人民“权利”损失方面，是“不成比例”的（陈新民，2002）[45]。

关于妥当性原则，前文已述，这些政策或多或少是涉及公益或具有公益目的的，那么，是否符合必要性原则与狭义比例原则呢？首先，对于烈士子女，因为烈士为保卫祖国或社会利益而献出了自己的生命，烈士子女失去了亲人，他们本身是社会的弱势群体，国家给予烈士子女适当的照顾是合情合理的，何况国家想要对其进行奖励只能惠及其子女或其他家属，因此符合必要性原则。总的来看，这个群体的人数极少。同时，烈士的认定标准具有刚性，几乎不存在弄虚作假现象。因此，社会上对这个群体的高考加分政策认同度很高，也符合狭义比例原则。其次，对于优秀专家、获得博士学位以及留学人员等高级人才，尽管可以吸引、鼓励高级人才为国家与社会作出更多贡献，但是，要想达到这一目的，在高考中为其子女加分并不是唯一可行的手段。事实上，对出国留学人员在报酬、项目申报、职称和职业资格评定等方面赋予了优越的待遇，而要达到发展经济、吸引人才的目的，这一手段并不是唯一的也不是必要的，其实还有其他多种处置手段，如可以适当提高他们的工资待遇，给他们更好的福利，不一定要直接惠及家人包括子女，即使惠及子女也不一定要涉及教育权这一重要的基本权利方面，即使给予其子女的教育以优惠，也不能侵害或影响到其他学生的教育平等权，何况此类人群子女在社会阶层中已经处于较为优越的地位，如再享受国家倾斜的教育政策与资源，实属社会不公。而关于对于农村独生子女加分等政策，我们不禁感慨高考承担了太多的与其无关解决社会问题的责任，成为了有些部门社会治理的工具。有些措施不惜以损害教育公平、侵犯公民受教育的基本权利为代价，实在弊大于利，得不偿失。

五、余　论

《国家中长期教育改革和发展规划纲要（2010—2020 年）》将“促进公平”作为国家基本教育政策，指出“教育公平是社会公平的重要基础。教育公平的关键是机会公平，基本要求是保障公民依法享有受教育的权利”，特别提出要“加强考试招生法规建设，规范学校招生录取程序，清理并规范升学加分政策”，并将“形成惠及全民的公平教育”“保障人民享有接受良好教育的机会”作为重要的战略目标之一。受教育权追求的是人的生存与发展，即通过教育来促使公民个人掌握生存的知识与技能、促进人的个性、才智和身心的发展。教育是以每个人的生存与发展为最高目的，通过对人的教育造就一个理想的社会，从而间接地促进整个社会的发展。而社会发展的最终目的也是为了个人能更好地生存与发展。因此，笔者不厌其烦地再一次强调受教育权对一个公民以及对于现代社会的重大意义。

我国虽然在《宪法》和《教育法》等一系列重要法律中明确规定了公民享有教育平等权，但人们社会经济地位的复杂差异性以及立法与政策制定中差别对待标准的缺乏或随意，导致了平等保护的制度性缺陷。无论是民族差别、地域差别、综合素质差别，还是现实中人们的社会地位及权力财富博弈而导致的实际上的不合理的差别，抑或是高考作为不适当的社会治理工具而导致的泛滥成灾的加分项目，由于缺乏对公民基本权利的尊重，我国现行高考录取政策中的差别待遇要么缺乏合理依据，要么超越了合理限度，侵犯公民平等权的制度性缺陷让我国选拔人才的第一大考的公平性与公信力大打折扣。但是这种始于公权力的“特权赠与”不仅损害社会公平，更会自上而下异化这个社会的伦理风尚与公正底线。只有持久的公平正义和公民基本权利得到保障的社会，才是真正的和谐社会。

参考文献

陈新民 . 2002. 宪法基本权利之基本理论：上［M］. 台北：元照出版公司 .

哈耶克 . 1997. 自由秩序原理：上［M］. 邓正来，译 . 北京：生活·读书·新知三联书店.

邱小平 . 2006. 法律的平等保护：美国宪法第十四修正案第一款研究［M］. 北京：北京大学出版社 .

曲相霏 . 2003. 析受教育权平等［J］. 山东大学学报：哲学社会科学版（5）.

朱应平 . 2004. 论平等权的宪法保护［M］. 北京：北京大学出版社 .

On the Right to Education Equity and Reasonable Distinguishments: Constitutional Considerations on Admission Policies of China's College and University Entrance Examination

Liang Shuang

Abstract: The right to equality in education is an important right which is a combination of constitutional equality and educational rights. The Substantive Equality which respects differences, rather than formal equality, should be the main criterion of that whether the preferential entrance policies violate the right to equality in education of other citizens. The substantive equality consists of two elements: one is reasonable basis, and the other is a reasonable degree. Whether the difference treatments of China's College Entrance Examination admissions policies according to ethnic, region, all round development and children of special groups are violation of the right to equality in education of other citizens, needs further analysis according to the theories above and the principle of proportionality.

Key words: the right to equality in education, formal equality, substantive equality, reasonable distinguishments

作者简介

梁爽，女，汉族，山东济南人，中国人民大学法学院博士研究生、讲师，主要从事宪法学与行政法学研究。

□余中根

论营利性学校及其法律属性

【摘　要】我国的民办教育机构可以分为非营利性民办教育机构和营利性民办教育机构，相应地，民办学校也可以分为非营利性民办学校和营利性民办学校。从学校的任务、学校自身生存和发展的需要、法律的非限制性等方面来看，营利性学校的存在和发展具有可能性。营利性学校的法律属性主要表现在其享有的权利、应该履行的义务，以及同政府、学生等法律主体之间的关系上。

【关键词】营利性学校，法律属性，《民办教育促进法》

要研究营利性学校，就要对其法律属性有所了解。属性是指事物所具有的性质、特点（中国社会科学院语言研究所词典编辑室，1996）；指事物本身固有的不可缺少的性质（罗竹风，1989）。营利性学校的法律属性就是营利性学校所具有的法律性质和法律特点。它涉及营利性学校的权利、义务，以及营利性学校与相关法律主体（如政府、学生等）之间的关系。要明确营利性学校的法律属性，就要对我国民办教育机构的基本分类有所了解，并探讨营利性学校在我国存在与发展的可能性。

一、我国民办教育机构的基本分类

根据我国的教育法律规定，民办教育机构可以分为民办学校和民办培训机构两大类。其中，民办学校又包括实施学历教育、学前教育、自学考试助学及其他文化教育的民办学校，以及实施以职业技能为主的职业资格培训、职业技能培训的民办学校。民办培训机构包括非经营性的民办培训机构和经营性的民办培训机构。除了经营性民办培训机构之外，民办学校和非经营性民办培训机构都适用于《中华人民共和国民办教育促进法》（以下简称《民办教育促进法》）。由于教育涵括了培训，因此，民办教育机构也可以分为非营利性的民办教育机构和营利性的民办教育机构。

（一）教育法相关规定的解读

《中华人民共和国教育法》（以下简称《教育法》）第二十五条第三款规定："任何组织和个人不得以营利为目的举办学校及其他教育机构。"《民办教育促进法》第三条规定："民办教育事业属于公益性事业，是社会主义教育事业的组成部分。"第十一条规定："举办实施学历教育、学前教育、自学考试助学及其他文化教育的民办学校，由县级以上人民政府教育行政部门按照国家规定的权限审批；举办实施以职业技能为主的职业资格培训、职业技能培训的民办学校，由县级以上人民政府劳动和社会保障行政部门按照国家规定的权限审批，并抄送同级教育行政部门备案。"第六十六条规定："在工商行政管理部门登记注册的经营性的民办培训机构的管理办法，由国务院另行规定。"《民办教育促进法》第六十六条所说的"经营性的民办培训机构"，包括两层含义。一是本条规定的到工商行政管理部门登记注册的民办培训机构仅限于营利性的，因为民办培训机构中也有非营利性的，比如经劳动和社会保障部门审批设立的一些职业技能培训机构，以公益性为目的，专门培训下岗职工，这类民办培训机构就应当适用《民办教育促进法》的规定。二是该条规定的民办培训机构不包括民办学历教育机构，仅限于培训机构。民办学历教育机构不得办成营利性的（张春生，2003）[54]。

从上述法律规定可知：第一，学校及其他教育机构都不能以营利为目的。第二，教育机构包括学历教育机构、学前教育机构、自学考试助学机构、其他文化教育机构和非营利性的民办培训机构，而营利性的民办培训机构却归入到培训机构中。第三，举办实施学历教育、学前教育、自学考试助学及其他文化教育的民办学校，其审批机关为教育行政部门；举办实施以职业技能为主的职业资格培训、职业技能培训的民办学校，其审批机关为劳动和社会保障行政部分；举办经营性的民办培训机构，其审批机关是工商行政部门。

因此，从我国的教育法规定来看，教育机构都不能是营利性的，而民办培训机构可以是营利性的。

（二）培训是教育的组成部分

首先，从"教育"和"培训"的定义来看，教育包含了培训，培训是教育的组成部分。教育有广义和狭义之分。广义的教育是泛指影响人们知识、技能、身心健康、思想品德的形成和发展的各种活动。狭义的教育，主要指学校教育，是教育者根据一定的社会要求和受教育者的发展需要，有目的、有计划、有组织地对受教育者施加影响，以培养一定社会或阶级所需要的人的活动（顾明远，1998）[1715]。而培训就是培养训练，指在职、在业人员的专门训练或短期再教育，如工人岗位培训、农业技术培训、师资培训等（顾明远，1998）[115]。如果从广义上来理解教育，很显然，培训也是教育的一种。

其次，《中华人民共和国职业教育法》（以下简称《职业教育法》）的相关规定，也证实了教育包括了培训。《职业教育法》第二条规定："本法适用于各级各类职业学校教育和各种形式的职业培训。"第十三条规定："职业学校教育分为初等、中等、高等职业学校教育。"第十四条规定："职业培训包括从业前培训、转业培训、学徒培训、在岗培训、转岗培训及其他职业性培训，可以根据实际情况分为初级、中级、高级职业培训。职业培训分别由相应的职业培训机构、职业学校实施。"从《职业教育法》的规定来看，职业教育包括职业学校教育和职业培训，即"培训"是"教育"的组成部分，各级各类职业培训机构属于职业教育机构。以此推之，培训机构也应该是教育机构的组成部分了。

那么，经营性的民办培训机构当然也属于教育机构，这就意味着教育机构实际上可以是营利性的。

因此，将民办教育机构分为非营利性民办教育机构和营利性民办教育机构，具有法律依据和理论根据。

二、营利性学校的可能性

既然民办教育机构可以分为非营利性与营利性两类，那么，作为教育机构的学校能否是营利性的呢？我们认为，营利性学校的存在和发展具有可能性。

（一）从学校的任务来看

学校教育的任务主要包括两方面：一是促进社会发展，二是促进个体发展。学校教育要以人才培养为中心，有赖于教育教学质量的保证，同时要确保教育公平。从这方面而言，营利性学校和非营利性学校并不具有本质性的区别。营利性学校也能实现学校的任务，培养人才，并促进社会的发展。

第一，从学校教育的公益性来看，教育的公益性质并不必然与“不得以营利为目的”相联系。中国教育的公益性之所以会与“不以营利为目的”画上等号，而且发展成为一个问题，这并不是由于教育公益性的本质决定的，而是由于法律的规定使这两者具有了等同性。因此，“不得以营利为目的”并不是教育公益性的内在规定性，不是教育公益性所固有的一种性质，而是法律赋予它的一种性质、一种外加的性质（劳凯声，2003）。

第二，从教育教学质量的角度来看，营利性或者非营利性地位本身并不是学校教育质量的决定性因素，非营利性学校同样存在不健康发展的状况。也就是说，营利性学校并不就意味着教育教学的低质量，非营利性学校也不必然就意味着教育教学的高质量。如果能够协调经济利益（利润）和社会利益，营利性学校提供的教育就能真正地围绕德、智、体、美、劳这几个方面进行。

第三，从培养人的角度来看，无论是营利性学校还是非营利性学校，其教育活动都是在一定的教育规划和成本预算下以育人为目的进行组织的。对于营利性学校组织的教育活动，无论是教师的主观愿望还是教育的客观效果，也都是以育人为出发点和目的的。在社会主义市场经济条件下，从是否为国家和社会培养了符合国家教育质量要求的合格人才来衡量，不论是国家举办的学校还是民间举办的学校，不论是享受国家免税和补助等一系列优惠待遇的民间捐资举办的学校，还是依法纳税的民间投资举办的学校，只要是遵循国家的教育方针和具体培养目标、教育质量要求，为国家、社会培养符合国家要求的德、智、体、美、劳等方面全面发展的社会主义建设人才，都应视为符合“教育是崇高的公益事业”这一原则。这应当是鼓励民间投资办学和允许营利性民办学校合法存在的关键性客观依据（邵金荣，2001）[46]。

第四，从教育公平的角度来看，学校的营利性或非营利性地位本身也不是教育公平的决定性因素。营利性学校也能够实现教育公平，而非营利性学校也有可能存在着诸多的教育不公平现象。

因此可以说，学校教育的公益性、教育教学质量、人才培养、教育公平等，与学校的营利性或非营利性没有本质的关联。营利性学校能够实现学校教育的目的与任务，有其存在的合理性。

（二）从学校自身生存与发展需要来看

《教育法》禁止学校营利的规定，不仅无法遏制事实上存在的营利性学校，更重要的是，无论是对于营利性学校的发展，还是非营利性学校的发展，以及对于教育和社会的公平而言，都是不利的。

第一，营利性与非营利性学校不分，已经带来许多不良后果。包括：伤害和打击了捐资办学的积极性，挫伤了不谋个人利益的办学者的积极性，带来投资办学的混乱，加剧了民办学校的不公平竞争，促使民间办学向营利性发展，同时还容易导致公共利益和国家利益蒙受严重损失（邵金荣，2001）[59-60]。因此，需要对民办学校进行分类管理，将其区分为营利性学校与非营利性学校，并进行相应的法律规制。

第二，非营利性学校存在不少问题。由于缺乏个人利益的存在、缺乏提高效率的竞争机制、缺乏显示最终业绩的“晴雨表”——利润，非营利组织常常出现低成效、低效率、高风险、管理者中饱私囊等问题。具体到教育领域，非营利性并不能解决学生、家长与学校之间严重信息不对称问题，也不意味着能降低办学成本，公立学校被公认是其中低效率的典型（赫兹琳杰，2000）。而营利性学校具有自身的优势，如适应市场力、适应组织结构、重新界定共同管理、发展强大的顾客服务型体系等（鲁克，2006）[10]。这些对于非营利性学校的发展，有着很好的借鉴作用。因此，从整个学校体系的发展来看，营利性学校的存在有其必要性。

第三，从实践状况来看，营利性学校在现实中是存在的。在我国，一部分学校的营利行为和营利性民办学校已经成了一种现实存在。不少投资办学者利用政策的模糊性，通过各种方式取得学校的举办权或经营权，成功实现了对学校财权的控制，以各种方式获得回报。民办学校中的非学历教育机构以及职业培训机构，主要由私人或私营企业投资举办。在这种情况下，要求投资办学者以社会公益或慈善目的而不以营利为目的，显然不现实，也不可能。因此，营利是这部分学校生存和发展的目的。一些国有企业、政府部门以及公办学校，也同样举办营利性非学历教育和培训活动（杨红霞，2006）。

第四，区分营利性与非营利性办学有助于规范公办学校的办学行为。区分营利性与非营利性民间办学并分别予以规范和管理，有助于规范公办学校高收费招择校生和扩大招生高收费中的营利行为，还有助于规范公办学校的办学体制改革。目前，公办学校的办学体制改革，也是以改革单一财政拨款为核心，通过多种形式吸收民间投资，使一部分公办学校或使某些公办学校的一部分实现“转制”或“改制”。一方面，对各地不断出现的多种多样的办学体制形式或模式确需予以规范；另一方面，对其中确已出现的营利行为及营利性学校，也急需予以规范和管理。无论是公办学校的校中校，还是校外校的“一校两制”，以及公办大学中的民办二级学院，均存在营利性与非营利性办学不分的问题，必须尽早予以规范。民间办学按营利性与非营利性分别规范和管理，就可使公办学校“改制”“转制”“一校两制”及择校和扩招高收费中的难题迎刃而解（邵金荣，2001）。

（三）法律的非限制性

第一，从法律条文看，营利性办学投资主体具有营利性。目前我国法律条文中隐含营利性投资办学主体具有盈利性。《中华人民共和国税法》有关规定，将公民个人办学列为个体工商户，并依法征税。将未经国家批准承认其学生学历的民办学校列为征收营业税的单位。《中华人民共和国个人所得税法实施条例》第八条中，对个体工商户生产、经营所得的规定包括：个人经政府有关部门批准，取得执照，从事办学、医疗、咨询以及其他有偿服务活动取得的所得。《中华人民共和国营业税暂行条例》第八条规定："下列项目免征营业税：……（四）学校和其他教育机构提供的教育劳务，学生勤工俭学提供的劳务。"《中华人民共和国营业税暂行条例实施细则》第二十二条规定："条例第八条规定的部分免税项目的范围，限定如下：……（二）第一款第（四）项所称学校和其他教育机构，是指普通学校以及经地、市级以上人民政府或者同级政府的教育行政部门批准成立、国家承认其学员学历的各类学校。"这已经明确地将民办学校和其他教育机构分为非营利性的和营利性的两类，分别予以管理。《民办教育促进法》第五十一条规定出资人可以取得合理回报。从字义上来理解，"营利"是指为了谋取超出投入资本的利润所进行的经营、管理活动，"盈利"是指企业单位的利润或获得利润，即其经营活动有了盈余。盈利属于营利活动过程中的一部分。而合理回报，所指的就是对经营活动的盈余部分的一种处分方式，虽然说它与营利有所不同，但它被包含于营利活动之中（胡卫 等，2001）。第二，世界贸易组织对"教育作为第三产业部门"的界定，为营利性学校教育的运作方式提供了可能性。根据这一新的产业观，教育是一种重要的第三产业。第三产业的运营方式有三种：一是服务的市场分配方式，即服务产品的使用价值和价值均通过市场实行分配的方式，主要包括营利性生产服务业和大部分生活服务业；二是服务的非市场分配方式，即服务产品的使用价值和价值完全不通过市场实行分配的方式，如国防、环境保护、政府管理服务业；三是服务的半市场分配方式，即服务产品的使用价值和价值通过不完全的市场实行分配的方式，如基础教育，部分文化、卫生服务等。这就是说，以产业方式运作的只是一部分教育活动，而非整个教育活动（庞振超，2004）。我国在加入世界贸易组织的协定中，已经同意对外国开放部分教育市场。

三、营利性学校的法律属性

（一）营利性学校的权利与义务

1. 营利性学校的权利

根据《教育法》《民办教育促进法》和《中华人民共和国民办教育促进法实施条例》（以下简称《实施条例》）的相关规定，营利性学校的权利包括两部分：一是作为学校所享有的一般性权利，二是作为营利性学校所特有的权利。

（1）一般性权利

《教育法》第二十八条规定："学校及其他教育机构行使下列权利：（一）按照章程自主管理；（二）组织实施教育教学活动；（三）招收学生或者其他受教育者；（四）对受教育者进行学籍管理，实施奖励或者处分；（五）对受教育者颁发相应的学业证书；（六）聘任教师及其他职工，实施奖励或者处分；（七）管理、使用本单位的设施和经费；（八）拒绝任何组织和个人对教育教学活动的非法干涉；（九）法律、法规规定的其他权利。国家保护学校及其他教育机构的合法权益不受侵犯。"由于营利性学校属于学校，因此也享有该法规定的办学自主权，具体表现为九个方面。

第一，教育机构根据章程确立的办学宗旨、管理体制及各项重大原则，可以制定具体的管理规章和发展规划，自主地作出管理决策，并建立、完善自己的管理系统，组织实施管理活动。第二，教育机构根据自己的办学宗旨和任务，依据国家教育主管部门有关教学计划、课程、专业设置等方面的规定，自行决定和实施自己的教学计划，决定具体课程、专业设置，决定选用何种教材，决定具体课时和教学进度、组织教学评比、集体备课、对学生进行统一考核考试等。第三，教育机构根据自己的办学宗旨、培养目标、任务以及办学条件和能力，依据国家有关招生法规、规章和主管部门的招生管理规定，可以制定本机构具体的招生办法，发布招生广告，决定招生的具体数量和人员，确定招生范围和来源。第四，教育机构根据主管部门的学籍管理规定，制定具体的学籍管理办法，同时可以根据国家有关学生奖励、处分的规定，结合本校的实际，制定具体的奖励与处分办法，并可以根据这些管理办法，对受教育者进行具体的管理活动。第五，教育机构根据自己的办学宗旨、培养目标和教育教学任务要求，依据国家有关学业证书的管理规定，对经考核，成绩合格的受教育者，按其类别，颁发毕业证书、结业证书等学业证书。第六，教育机构根据国家有关教职工管理的法规、规章和主管部门的规定，从本校的办学条件、办学能力和实际编制情况出发，可以自主决定聘任、解聘有关教职工，可以制定本校教职工的聘任办法，签订和解除聘任合同，并可以对教职工实施包括奖励、处分在内的具体管理活动。第七，教育机构对其占有的场地、教师、宿舍、教学设备等设施、办学经费以及其他有关财产，享有财产管理权和使用权，必要时可对其占用的财产进行处置或获得一定的收益。第八，教育机构对来自行政机关、企业事业组织、社会团体、个人等任何方面的非法干涉教育教学活动的行为，有权拒绝和抵御。第九，除前述八项权利外，现行法律法规赋予的有关教育机构的其他一切权利，同时还包括将来制定的法律法规确立的有关权利（国家教委政策法规司，1995）[85-89]。

（2）特有权利

营利性学校的特有权利主要包括三点：取得合理回报的权利，决策机构决定学校的分立、合并、终止的权利，跨区域招生权。

第一，取得合理回报权。《民办教育促进法》第五十一条规定："民办学校在扣除办学成本、预留发展基金以及按照国家有关规定提取其他的必需的费用后，出资人可以从办学结余中取得合理回报。取得合理回报的具体办法由国务院规定。"《实施条例》第四十五条规定："民办学校应当根据下列因素确定本校出资人从办学结余中取得回报的比例：（一）收取费用的项目和标准；（二）用于教育教学活动和改善办学条件的支出占收取费用的比例；（三）办学水平和教育质量。"与非营利性学校相比，取得合理回报权是营利性学校所独有的一项权利。

第二，决策机构决定学校的分立、合并、终止的权利。《民办教育促进法》第二十一条第一款规定："学校理事会或者董事会行使下列职权：……（六）决定学校的分立、合并、终止"；在办学过程中，由于经济和社会的发展，教育资源还会不断进行重组，出现学校分立、合并或者终止的情况，理事会或者董事会可以从学生、学校和社会的利益出发，综合考虑、慎重决定。分立、合并，在进行财务清算后，由学校决策机构报审批机关批准。营利性学校的终止有三种情况：一是根据学校章程规定，自行要求终止的；二是被吊销办学许可证的；三是因资不抵债无法继续办学的（张春生，2003）。而我国目前的教育法，对公立学校并没有赋予类似的权利。因此可以说，这也是包括营利性学校在内的民办学校所独有的一项权利。

第三，跨区域招生权。《实施条例》第二十七条第二款规定："县级以上地方人民政府教育行政部门、劳动和社会保障行政部门应当为外地的民办学校在本地招生提供平等待遇，不得实行地区封锁，不得滥收费用。"相对于实施义务教育的公立学校按就近入学原则招生的限制不同，包括营利性学校在内的民办学校可以跨区域招生，不受户籍和地域的限制。

2. 营利性学校的义务

根据《教育法》《民办教育促进法》和《实施条例》的相关规定，营利性学校的义务也包括两部分：一是作为学校应当履行的一般性义务，二是作为营利性学校所特有的义务。

（1）一般性义务

《教育法》第二十九条规定："学校及其他教育机构应当履行下列义务：（一）遵守法律、法规；（二）贯彻国家的教育方针，执行国家教育教学标准，保证教育教学质量；（三）维护受教育者、教师及其他职工的合法权益；（四）以适当方式为受教育者及其监护人了解受教育者的学业成绩及其他有关情况提供便利；（五）遵照国家有关规定收取费用并公开收费项目；（六）依法接受监督。"由于营利性学校属于学校，因而也需要履行该法规定的基本义务，具体表现为六个方面。

第一，学校不得违背法律法规的规定，不得违背根据法律法规制定的规章，同时也要履行教育法律法规、规章中为学校确立的特定意义上的义务。第二，学校在整个教育教学活动中，要坚持社会主义办学方向，贯彻《教育法》第五条确立的国家教育方针，走教育教学与生产劳动和社会实践相结合的办学道路，从德智体美劳等方面全面教育、培养学生。要执行国家教育教学标准，努力改善办学条件，加强育人环节，保证教育教学活动和培养学生的质量达到国家的教育教学质量要求，并不断提高教育教学质量。第三，学校自身的行为不得侵犯受教育者、教职工的合法权益，当教育机构以外的其他组织和个人侵犯了本校学生、教职工的合法权益时，学校应当以合法方式，积极协助有关单位查处违法行为的当事人，维护学生、教职工的合法权益。第四，学校要保证受教育者及其监护人了解受教育者本人学业成绩、在校表现等的知情权，加强学校教育与家庭教育的联系和沟通。第五，学校应当按照各级政府及其有关部门的收费规定，确定本校收费的具体标准，并要向家长、向社会及时公布收费的项目。第六，学校对于各级权力机关、行政机关依照法律法规进行的检查、监督等职权行为，以及社会各界依法进行社会监督，应当积极予以配合，不得拒绝，更不得妨碍检查、监督工作的正常进行（国家教委政策法规司，1995）[90-93]。

（2）特有义务

营利性学校的特有义务包括三个方面：一是纳税，二是将盈利分配给其成员，三是设立特定形式的决策机构。

第一，纳税。《实施条例》第三十八条第二款规定："出资人要求取得合理回报的民办学校享受的税收优惠政策，由国务院财政部门、税务主管部门会同国务院有关行政部门制定。"按照财政部、国家税务总局2004年制定的《关于教育税收政策的通知》，对于非营利性学校，免征营业税、增值税、所得税等税。从这份通知来看，营利性学校和经营性民办培训机构不在免税之列。可以说，纳税问题是营利性学校和非营利性学校之间一个明显的差异。作为收支来源和开支形式，非营利性学校和营利性学校财政方面的最基本的差别不是营利能力或营利动机，而是纳税问题。从本质上说，非营利性学校是免税的。其实，包括所有公立学校和大多数私立学校在内的非营利性学校都接受税收补贴来支持它们的运作，营利性学校当然不会有这类补贴。相反，它们的纳税任务很重。这些学校纳税情况的差别，代表了它们作为营利性组织方式的根本差别。非营利性学校要最大限度地得到税收补贴，而营利性学校却要最小限度地纳税（鲁克，2006）[73]。

第二，分配盈余。营利性学校的一个主要目的，就是取得经济利益并分配给其成员。因为营利性学校作为营利法人，其营利目的不仅指学校法人自身的盈利，而是指将这种营利分配给学校法人的成员，这些成员组成学校法人，向学校法人投资的目的也正是为了取得这种盈利（江平，1994）。因此准确地说，营利性学校是以其成员盈利为目的的学校，当然成员的盈利又是以学校本身的盈利为前提的。营利性学校获得盈利后，不能全部用于学校的发展，而要将其中一部分分配给成员，这是营利性学校的应有义务。

第三，设立特定形式的决策机构。《民办教育促进法》第十九条规定："民办学校应当设立学校理事会、董事会或者其他形式的决策机构。"包括营利性学校在内的民办学校必须设立决策机构。因为民办学校是一个独立的法人，需要有一个独立的决策机构来处理其权利，决定其内部的重要事务。建立决策机构，是实现效率与制约、分权与协作相结合的重要保证。建立决策机构，是实现民主决策、科学决策的重要条件。建立决策机构，是综合反映各方面利益、保证办学宗旨的重要措施（许安标 等，2002）。同时，该法第二十条还对决策机构的组成作了规定。

（二）营利性学校与其他主体的关系

营利性学校的运作效果如何，取决于其法律地位，主要表现在营利性学校与政府、学生之间的关系上。

1. 营利性学校与政府的关系

营利性学校与政府之间的关系表现为两方面：一是行政法律关系，二是民事法律关系。在这两种关系中，主要是行政法律关系。

在行政法律关系中，政府与营利性学校之间主要是管理与被管理的关系，是一种权力服从关系。政府对营利性学校进行管理、指导和监督，营利性学校要服从政府的管理。政府对营利性学校的管理，应该以宏观管理为主，注重法律、经济等调节手段的运用。

政府对于营利性学校的管理主要体现在如下几个方面。

第一，登记注册。工商机关是营利性学校的登记机关。《民办教育促进法》第六十六条规定："在工商行政管理部门登记注册的经营性的民办培训机构的管理办法，由国务院另行规定。"《城乡个体工商户管理暂行条例》第二十六条对以营利为目的个人开办的文化教育业务也有规定："依照国家有关规定，个人经营或家庭经营营利性的文化教育、体育娱乐、信息传播、科技交流、咨询服务以及各种技术培训等项业务的，参照本条例规定执行。"

第二，审批发放办学许可证。政府相关部门向符合条件的学校发放办学许可证。对营利性学校的办学许可证的发放也一样。法律应规定，什么样的条件、什么样的人员、什么样的机构可以办什么样的学校，哪些类型的学校不能办。《实施条例》第二条明确规定："国家机构以外的社会组织或者个人可以利用非国家财政性经费举办各级各类民办学校；但是，不得举办实施军事、警察、政治等特殊性质教育的民办学校。"这就意味着，社会组织或个人不得举办实施军事、警察、政治等特殊性质教育的营利性学校。

第三，经费资助。政府应对营利性学校提供学生资助项目，包括学生贷款。因为，营利性学校的学生也应该得到像其他学校学生一样的所有利益。其背后的依据是：营利性学校和非营利性学校一样给人们提供了就学机会，也为满足社会政治需求作出了贡献。

第四，指导和监督。教育行政部门及有关部门应当对营利性学校的教育教学工作、教师培训工作进行指导。应依法对营利性学校实行督导，促进其提高办学质量；组织或者委托社会中介组织评估办学水平和教育质量，并将评估结果向社会公布。审批机关应当对学校的招生简章和广告予以备案。营利性学校侵犯受教育者的合法权益，受教育者及其亲属有权向教育行政部门和其他有关部门申诉，有关部门应当及时予以处理。国家支持和鼓励社会中介组织为营利性学校提供服务。

营利性学校在接受政府管理和监督的同时，依法享有办学自主权。以招生权为例，《实施条例》第二十七条第一款规定："民办学校享有与同级同类公办学校同等的招生权，可以自主确定招生的范围、标准和方式；但是，招收接受高等学历教育的学生应当遵守国家有关规定。"然而在实践中，营利性学校的招生自主权经常受到政府有关部门有意无意的干涉和侵犯。有些地方要么限制营利性学校的招生范围，要么限制招生班级或人数，要么就将营利性学校的招生全部纳入计划范围（胡卫等，2001），这干涉了营利性学校的招生权，不利于这些学校的发展。

2．营利性学校与学生

营利性学校与学生之间的关系也表现为两方面：一是管理与被管理、教育与被教育的关系，二是民事法律关系。但与非营利性学校相比，营利性学校与学生之间的民事法律关系更为突出。

第一，管教关系。营利性学校的目的包括两方面：一是人才培养，二是营利。其中，人才培养是首要的。因此，营利性学校作为教育机构，依法享有教育机构所享有的权利，有权对学生进行学籍管理，实施纪律处分。对违反纪律的学生有权实施相应的惩戒。学生要遵守所在营利性学校的管理制度，遵守学生行为规范，养成良好的思想品德和行为习惯，努力学习，完成规定的学习任务。

第二，服务关系。营利性学校与学生之间的服务与被服务的关系非常明确。营利性学校的顾客就是学生。每个人，包括教师、管理人员、学生自己，对此都要非常清楚。营利性学校为学生提供教育服务，学生是来接受教育服务的。营利性学校要清楚怎么有效地为学生服务。在营利性学校，教育被公开视为消费产品，学生们也公开承认自己是付了钱的消费者，因此他们更为挑剔，希望接受优质教育来回报付出的时间和金钱（鲁克，2006）[136]。但是，服务学生并不是说要屈服于学生的每一个喜好。服务学生顾客主要是对学生需要作出反应。在教学环境中，教师要了解学生关心的问题，解答他们的疑问，迅速礼貌地处理他们的问题，向他们解释各种规章制度。

参考文献

顾明远．1998. 教育大辞典：增订合卷本下［M］. 上海：上海教育出版社．

国家教委政策法规司．1995.《中华人民共和国教育法》释义［M］. 北京：科学普及出版社．

赫兹琳杰．2000. 非营利性组织管理［M］. 北京新华信商业风险管理有限责任公司，译．北京：中国人民大学出版社：4－5.

胡卫，丁笑炯．2001. 聚焦民办教育立法［M］. 北京：教育科学出版社：58.

胡卫，何金辉，朱利霞．2010. 办学体制改革：多元化的教育诉求［M］. 北京：教育科学出版社：222－223.

江平．1994. 法人制度论［M］. 北京：中国政法大学出版社：53－54.

劳凯声．2003. 面临挑战的教育公益性［J］. 教育研究（2）：6－7.

鲁克．2006. 高等教育公司：营利性大学的兴起［M］. 于培文，译．北京：北京大学出版社．

罗竹风．1989. 汉语大词典：第四卷［M］. 上海：汉语大词典出版社：66.

庞振超．2004. 教育产业属性的彰显［J］. 理工高教研究（6）：1－3.

邵金荣．2001a. 中国民办教育立法研究［M］. 北京：人民教育出版社．

邵金荣．2001b. 中国民办教育的多元化与法制化［M］. 北京：高等教育出版社：32－35.

许安标，刘松山．2002.《中华人民共和国民办教育促进法》释义及实用指南［M］. 北京：中国民主法制出版社：84－85.

杨红霞．2006. 营利性高等学校研究：以美国为例［D］. 上海：华东师范大学教育管理学院：77.

张春生．2003. 中华人民共和国民办教育促进法释义［M］. 北京：法律出版社．
中国社会科学院语言研究所词典编辑室．1996. 现代汉语词典［M］. 北京：商务印书馆：1173.

On the For-profit School and Their Legal Characteristics

Yu Zhonggen

Abstract: China's private education institutions can be divided into private non-profit private educational institutions and for-profit private educational institutions. Accordingly, private schools can be divided into non-profit private schools and for-profit private schools. From the schools' mission, the schools' survival and development, and legal non-restrictive, the existence and development of for-profit schools is possible. The legal characteristics of for-profit schools mainly reflect in the rights, obligations, and its' relations with the government, students and other legal subjects.

Key words: for-profit schools, legal characteristic, Private Education Promotion Law

作者简介

余中根，华南师范大学教育管理研究所2009级博士研究生，研究方向为教育法学。

□湛中乐

论对学位撤销权的法律规制

——陈颖诉中山大学案的分析与思考

【摘　要】《中华人民共和国学位条例》第十七条规定："学位授予单位对于已经授予的学位，如发现有舞弊作伪等严重违反本条例规定的情况，经学位评定委员会复议，可以撤销。"学位证书是对被授予人专业资格或技能的认可，对于以舞弊作伪的方式取得的学位破坏了国家的学位制度，会给社会造成不良的影响，必须予以撤销。学位撤销权作为一种行政权力，像其他任何权力一样容易自我扩张，所以，必须对其进行规制。本文根据有关的行政法原理和行政法的基本原则，结合陈颖诉中山大学案件的分析，认为学位撤销权应受到以下几个方面的限制：第一，撤销学位应符合依法行政原则的要求；第二，撤销学位应符合信赖保护原则的要求；第三，撤销学位应符合法的安定性原则的要求；第四，撤销学位应符合正当程序原则的要求。

【关键词】行政撤销，学位撤销权，信赖保护原则，法的安定性原则

一、问题的提出

2005年12月31日，中山大学以中大研院［2005］25号文作出《关于撤销陈颖硕士学位的决定》。该文称：陈颖承认在报考我校1995年硕士学位研究生时，未取得大专毕业资格，伪造大专毕业学历，以同等学力人员身份报考的事实。我校1995年硕士研究生报考条件是根据国家招生的有关规定制定的，陈颖不符合报考的学历要求，而是凭伪造的学历取得入学资格，我校决定宣布陈颖的毕业证书无效。根据《中华人民共和国学位条例》（以下简称《学位条例》）第十七条的规定，经中山大学学位评定委员会第二届五次会议决定，撤销陈颖的硕士学位。陈颖收到上述决定后，向中山大学申请行政复议，中山大学不予答复。陈颖遂在法定期限内向广州市海珠区人民法院提起行政诉讼，要求法院撤销中山大学关于宣布其毕业证书无效并撤销其硕士学位的决定，责令中山大学向其赔礼道歉并承担本案诉讼费用。2006年6月27日，广州市海珠区人民法院一审判决驳回陈颖的诉讼请求。陈颖对此不服，并向广州市中级人民法院提起上诉。2006年12月14日，广州市中级人民法院二审判决撤销一审判决，并撤销中山大学《关于撤销陈颖硕士学位的决定》。中山大学不服，向广东省高级人民法院申请再审，要求撤销二审判决，维持一审判决，并维持该校《关于撤销陈颖硕士学位的决定》。为此，广东省高级人民法院指定原二审法院广州市中级人民法院再审，再审结果认定，中山大学再审请求有理，一审判决驳回陈颖的诉讼请求正确，本院予以维持。二审判决认定事实基本清楚，但适用法律错误，应予纠正，故判决二审判决无效，维持一审判决。

在本案的审理过程中，主要涉及以下焦点问题：第一，撤销学位证书行为的性质如何？是否属于行政处罚并适用《中华人民共和国行政处罚法》（以下简称《行政处罚法》）第二十九条规定的两年处罚时效？第二，陈颖是否应当承担“撤销学位证书”的法律后果？第三，中山大学未在法定期限内对陈颖的入学资格进行复查，是否可以视为中山大学对陈颖学籍的认可？第四，陈颖的违法行为已发生11年、离开中山大学6年后，中山大学能否再以“办学自主权”为由追究其责任？第五，中山大学是否有权撤销陈颖的学位证书，并宣布其毕业证书无效？第六，中山大学在对陈颖进行处理的过程中，是否存在程序不当的事由？

二、撤销学位的行为是否属于行政处罚？

本案二审中，陈颖的上诉请求称："中山大学对其以涂改学历材料取得考试资格行为作出决定在性质上属于行政处罚，应适用《中华人民共和国行政处罚法》'违法行为在二年内未被发现的，不再给予行政处罚'的相关规定。"① 中山大学则答辩称："中山大学宣布陈颖毕业证书无效并撤销其硕士学位的行为属特殊处理行为，并非行政处罚行为，不受《中华人民共和国行政处罚法》规定的两年处罚期限限制。"②二审判决也认为："中山大学所作的该'特殊处理行为'确实不属行政处罚，不受两年处罚期限限制。"③再审判决再次指出，"行政处罚行为依法只能以《中华人民共和国行政处罚法》所规定的种类进行认定，中山大学宣布陈颖毕业证书无效并撤销其硕士学位的行为不属于我国《行政处罚法》规定的行政处罚，不受《中华人民共和国行政处罚法》规定的两年处罚期限限制。"④我们认为，撤销学位的行为在本质上属于撤销行政许可的行为，而与行政处罚的相关法律特性不符。

（一）撤销学位在性质上属于行政许可的撤销

为充分论证这一观点，首先必须区分两个概念，即行政行为的撤销和行政行为的撤回。

行政行为的撤销，是指"由于行政行为而形成、消灭法律关系时，该行政行为具有瑕疵，因而撤销该行政行为，以使法律关系恢复原来状态。在这种情况下，撤销这种行为本身也是行政行为"（盐野宏，2008）。换言之，"所谓行政行为的撤销，是指行政行为因在成立之初就具有违法或者不当情形，有关国家机关作出决定，使其自始失

①②③ 广东省广州市中级人民法院行政判决书［2006］穗中法行终字第442号.

④ 广东省广州市中级人民法院行政判决书［2007］穗中法审监行再字第4号.

去法律效力，溯及消灭该行政行为。如，某人经他人代考，取得国家司法职业资格证书，司法行政部门事后发现代考情形，于是撤销已向该人颁发的司法职业资格证书，该证书视为未曾发放”（王太高，2005）。而行政行为的撤回，所指称的是下列一种情形：行政行为成立时没有瑕疵，但是由于后来客观情况发生了变化，使得该行政行为不宜再继续存在，而由行政机关予以取消使其失效（盐野宏，2008）。“依职权撤销和依职权撤回的根本区别在于，撤销是以行政行为的原始性瑕疵为理由的，而撤回则是以事后情况的变化为理由的。”（南博方，2010）

这种理解是与我国实定法的现行规定一致的。《中华人民共和国行政许可法》（以下简称《行政许可法》）第六十九条规定：“有下列情形之一的，作出行政许可决定的行政机关或者其上级行政机关，根据利害关系人的请求或者依据职权，可以撤销行政许可：（一）行政机关工作人员滥用职权、玩忽职守作出准予行政许可决定的；（二）超越法定职权作出准予行政许可决定的；（三）违反法定程序作出准予行政许可决定的；（四）对不具备申请资格或者不符合法定条件的申请人准予行政许可的；（五）依法可以撤销行政许可的其他情形。被许可人以欺骗、贿赂等不正当手段取得行政许可的，应当予以撤销。”上述行政许可因为自始违法或者不当，所以要予以“撤销”。同时，《行政许可法》第八条规定：“公民、法人或者其他组织依法取得的行政许可受法律保护，行政机关不得擅自改变已经生效的行政许可。行政许可所依据的法律、法规、规章修改或者废止，或者准予行政许可所依据的客观情况发生重大变化的，为了公共利益的需要，行政机关可以依法变更或者撤回已经生效的行政许可。由此给公民、法人或者其他组织造成财产损失的，行政机关应当依法给予补偿。”因此，对于依法取得的行政许可，只有在其所依据的法律、法规、规章修改或者废止，或者准予行政许可所依据的客观情况发生重大变化，行政机关仅可为了公共利益的需要，才能予以“撤回”。由此可见，行政撤销所指向的对象是自始违法或不当的行政行为，而行政撤回所指向的对象则是因为客观事实的变化而必须予以取消的合法的行政行为。

具体到学位授予领域而言，授予学位的行为作为一种行政许可，合法获得的学位具有终身性，不存在撤回的问题。① 学位证书的撤销是以学位授予单位已经根据学位申请人提供的一定的事实条件而授予了其学位为前提的，撤销的条件则是事后发现学位申请人根本不符合授予学位的条件，因而予以收回，视为申请人从未获得过该学位。就此而言，撤销学位证书的行为在性质上属于行政撤销而非行政撤回。

（二）撤销学位不符合行政处罚的法律特性

我国的行政处罚实行处罚法定原则，《行政处罚法》第八条列举了六种行政处罚的种类，即警告，罚款，没收违法所得、没收非法财物，责令停产停业，暂扣或者吊销许可证、暂扣或者吊销执照以及行政拘留。学位证书作为对被授予人专业资格或技能的认可，对其予以撤销的行为是否属于吊销许可证或执照的行政处罚呢？实践中，吊销许可证或执照有两种情形，有学者举例对这两种情形作了区分：“我们假设（第一种情形），某当事人秦某，在向某司法行政部门申领律师执业证时，在申请表上隐瞒了他被单位开除公职的事实，并伪造了有关单位的意见，司法行政部门审查不严，发给其律师执业证。事后被人揭发，司法行政部门吊销了秦某的律师执业证。这从性质上说，是属于具体行政行为的撤回，而不是行政处罚。再假设（第二种情形），秦某取得律师执业证是合法的，但他取得该证之后，在执业中向法官行贿，司法行政部门依据《中华人民共和国律师法》第四十五条规定吊销其律师执业证，这就属于行政处罚了”（胡建淼，2005）[44]。本案中，中山大学宣布陈颖毕业证书无效并撤销其硕士学位的行为与第一种情形更为接近（至于是

---

① 从中外学术造假所受处分程度的例子可知，作为受教育权的结果——合法获得的学位，具有终身性。2005 年韩国首尔大学黄禹锡教授的科研造假案发生后，他辞去了教授职位，被剥夺“第一号最高科学家”头衔，并遭到检察机关的刑事起诉，但无撤销其学位的处理。2005 年 12 月，汕头大学胡兴荣教授的学术造假（论文抄袭）事件发生后，他主动提出辞职，但也无撤销其学位的处理。2006 年 5 月上海交通大学陈进教授的学术造假案发后，学校撤销其微电子学院院长职务、撤销其教授资格、解聘其教授聘用合同，教育部撤销其“长江学者”称号等，但还是没有撤销其学位的处理。最近，同济大学对杨杰教授学术造假事件的处理，也只是作出“终止其聘用合同”和“解除教授资格”等处分，并无撤销其学位的处理。以上学者均是获得学位后，在进行学术研究中严重造假，以致受到的处分，但均无撤销学位的处理。参见：朱志辉．试论撤销学位的行政行为性质：由陈颖诉中山大学案引发的思考［J］．高教探索，2006（6）．

否属于具体行政行为的撤回，这里暂且不论），显然不属于吊销许可证或执照的行政处罚。那么，宣布毕业证书无效、撤销学位证书是否属于《行政处罚法》第八条第（七）项规定的“法律、行政法规规定的其他行政处罚”？

1995年开始实施的《中华人民共和国教育法》（以下简称《教育法》）在第九章“法律责任”第八十条规定：“违反本法规定，颁发学位证书、学历证书或者其他学业证书的，由教育行政部门宣布证书无效，责令收回或者予以没收；有违法所得的，没收违法所得；情节严重的，取消其颁发证书的资格。”该条虽然将“宣布证书无效”作为一种法律责任形式确定下来，但是从立法原意上讲，该条是对学位授予单位应承担法律责任的直接规定，而非学位申请人的法律责任。2005年开始实施的《普通高等学校学生管理规定》（中华人民共和国教育部令第21号）第三十八条规定：“对违反国家招生规定入学者，学校不得发给学历证书、学位证书；已发的学历证书、学位证书，学校应当予以追回并报教育行政部门宣布证书无效。”但是，根据《行政处罚法》第十二条第一款规定，《普通高等学校学生管理规定》作为部门规章无权设定行政处罚，只可以在法律、行政法规规定的给予行政处罚的行为、种类和幅度的范围内作出具体规定。因此，还不能就此认为撤销学位证书属于行政处罚。1982年由全国人大常委会通过实施的《学位条例》在性质上属于法律，《学位条例》第十七条规定“学位授予单位对于已经授予的学位，如发现有舞弊作伪等严重违反本条例规定的情况，经学位评定委员会复议，可以撤销”。我们是否就能因此将撤销学位这一行为归入“法律、行政法规规定的其他行政处罚”呢？

我们认为，对于行政处罚的认定，应注重考查某行为的本质属性是否符合“行政处罚”的“特性”：凡“立法者”表明某一行为属于行政处罚，或者列于“罚则”或“法律责任”章目之下，但其并不满足行政处罚的特性的，我们不能将它确定为“其他行政处罚”；反之，只要满足行政处罚的特性，即使没有被列入“罚则”或“法律责任”章目之下，我们也不能就此将其置于“其他行政处罚”范围之外（胡建淼，2005）[44]。行政处罚究其本质而言，是行政机关对违反行政管理秩序的行为人的行政制裁，通过强制违法者为其违法行为付出对应的、对其不利的代价，以达到维护行政管理秩序的目的。而根据《学位条例》第十七条的立法精神，撤销学位的直接功能不在于对不符合条件的学位申请人给予惩罚和制裁，而是学位授予单位对自己违法授予不符合条件的申请人以学位补救措施，其本质属性是一种纠错行为。

此外，从《行政许可法》的具体规定来看，《行政许可法》第六十九条第二款规定："被许可人以欺骗、贿赂等不正当手段取得行政许可的，应当予以撤销"。第七十九条的规定："被许可人以欺骗、贿赂等不正当手段取得行政许可的，行政机关应当依法给予行政处罚。"第六十九条条文置于第六章"监督检查"之下，意在对行政机关的违法与不当行为进行纠正，撤销违法授予的行政许可；第七十九条条文则置于第七章"法律责任"之下，意在撤销行政许可予以纠正之后，对被许可人依法予以制裁或惩罚。① 中山大学撤销陈颖硕士学位的行为，显然属于第六十九条规定的撤销行政许可的行为，而不是行政处罚。

有学者指出，区分撤销学位是行政撤销还是行政处罚，有三个关键点：（1）时间点，获得学位者的违法行为是发生在授予学位之前还是发生在授予学位之后；（2）本质点，是纠正违法、恢复原状（原本不具有学位资格）还是制裁违法、剥夺权利（已合法取得学位资格，事后又因违法行为而被剥夺）；（3）法定点，《学位条例》第十七条和《中华人民共和国学位条例暂行实施办法》第十八条规定的撤销学位情形，限于事前违法。而《行政处罚法》第八条规定的六类行政处罚和《教育行政处罚暂行办法》第九条规定的九类教育行政处罚，均无撤销学位的规定（朱志辉，2006）。因此，撤销学位的行为属于具体行政行为的撤销，而非行政处罚。

三、陈颖是否应当承担"撤销学位证书"的法律后果?

违法行为与法律后果相对应是行政法治原则的重要内容。陈颖的违法行为发生在 1994 年 11 月，应当按照当时生效的法律、法规的规定追究其法律责任，具体就是指 1988 年 5 月 15 日实施的《普通高等学校招

---

① 参见：王太高 . 2005. 撤销许可证就一定是行政处罚吗？［J］. 行政法学研究（1）；朱志辉 . 试论撤销学位的行政行为性质：由陈颖诉中山大学案引发的思考［J］. 高教探索，2006（6）.

生管理处罚暂行规定》（以下简称1988年《暂行规定》）和1990年1月20日实施的《普通高等学校学生管理规定》（以下简称1990年《管理规定》）。1988年《暂行规定》第八条第（一）项规定："考生有下列行为之一的，视情节轻重，分别给予通报批评、取消报名资格、考试资格、被录取资格，或者取消入学资格的处罚；情节严重的，并给予一至三年不准报考的处罚；在职考生，还要通报其所在单位，给予行政处分：（一）假报姓名、年龄、学历、工龄、民族、户籍、学籍，伪造证件，或者采取其他手段，骗取报名资格的"。1990年《管理规定》第六条规定："新生入学后，学校应在三个月内按照招生规定进行复查。经过注册后复查合格，即取得学籍。复查不符合招生条件者，由学校区别情况，予以处理，直至取消入学资格。凡属徇私舞弊者，一经查实，取消学籍，予以退回。情节恶劣的，须请有关部门查究。"根据上述规定，对陈颖伪造学历证明材料取得考试资格的行为，可以给予"通报批评、取消报名资格、考试资格、被录取资格，或者取消入学资格的处罚；情节严重的，并给予一至三年不准报考的处罚"；也可以"区别情况，予以处理，直至取消入学资格"或"取消学籍，予以退回"，甚至可以"请有关部门查究"。

中山大学本应在陈颖入学后三个月内根据1990年《管理规定》第六条进行复查并作出处理，但中山大学没有在规定期限内履行复查职责，并在法定复查期限过后准予陈颖注册并允许其参加学校学习、完成学业，应当视为对陈颖取得学籍的认可。在读期间，陈颖通过了各门课程考试和论文答辩、完成学业后，中山大学根据《中华人民共和国高等教育法》第二十条"接受高等学历教育的学生，由所在高等学校或者经批准承担研究生教育任务的科学研究机构根据其修业年限、学业成绩等，按照国家有关规定，发给相应的学历证书或者其他学业证书"的规定向陈颖颁发了毕业证书，并按《学位条例》第五条"高等学校和科学研究机构的研究生，或具有研究生毕业同等学力的人员，通过硕士学位的课程考试和论文答辩，成绩合格，达到下述学术水平者，授予硕士学位：（一）在本门学科上掌握坚实的基础理论和系统的专门知识；（二）具有从事科学研究工作或独立担负专门技术工作的能力"的规定授予陈颖硕士学位、颁发了学位证书。中山大学向陈颖颁发毕业证书和学位证书是符合法定条件的。

根据《教育法》第八十条“违反本法规定，颁发学位证书、学历证书或者其他学业证书的，由教育行政部门宣布证书无效，责令收回或者予以没收”，宣布毕业证书无效的条件是违反《教育法》的具体规定，即未完成修业年限或者学业成绩不合格。根据《中华人民共和国学位条例暂行实施办法》第十八条第八项规定，中山大学学位评定委员会有权作出撤销学位的决定，但撤销学位应当符合《中华人民共和国学位条例》第十七条“学位授予单位对于已经授予的学位，如发现有舞弊作伪等严重违反本条例规定的情况，经学位评定委员会复议，可以撤销”的规定。因此，撤销学位的法定条件应是学位申请人存在学术造假或者学术舞弊并且申请时的学术水平明显低于被授予学位的学术水平要求。

陈颖违反招生管理规定既不属于违反《教育法》规定的情形，也不属于违反《学位条例》规定的情形，不应承担“宣布毕业证书无效、撤销学位证书”的法律后果。陈颖只能依照1988年《暂行规定》第八条和1990年《管理规定》承担被通报批评、取消报名资格、考试资格、被录取资格，或者取消入学资格等处罚，中山大学要求陈颖对其1994年11月的违法行为按2005年9月1日实施的《普通高等学校学生管理规定》和2004年5月19日实施的《国家教育考试违规处理办法》承担法律责任既不公平，又违背法律适用原则。由此可见，本案一审判决认定中山大学撤销陈颖学位的决定符合《学位条例》的规定是错误的，二审判决的认定是正确的。

四、陈颖是否已经取得中山大学的学籍?

本案中，二审认为，“上诉人在1994年11月伪造学历证明时只是向被上诉人提供了一份将‘肄业证书’涂改为‘毕业证书’的复印件，只要被上诉人在当时审查时或者在上诉人入学后复查时与上诉人的毕业证书原件进行核对就可以发现上诉人的造假行为，可被上诉人连简单核对的形式审查工作都没做。中山大学在法定复查期限过后准予陈颖注册并允许其参加学校学习、完成学业，应当视为对陈颖取得学籍的认可。公民固然有诚实守信的义务，但行使公权力的国家机关和组织诚实守信、依法履行法定职权更为重要”。再审却认为，“中山大学在没有发现陈颖以假学历报考且实际不符合报考条件的情形下，按照其他符合条件的受高等教育者的同等权利待遇，向陈颖颁发毕业证书和学位证书，虽然包含了已经确认陈颖取得学籍的前提条件，但这种确认行为是陈颖伪造学历的过错行为以及中山大学未能发现陈颖伪造学历的情况结合而产生的结果，陈颖的行为是一种明显的故意行为，且妨害我国法律保护的平等教育权制度，具有违法性，中山大学纠正其先前的确认行为，符合公平、公正、诚实守信的行政原则”。其中争议的核心问题是，陈颖的行为应否适用信赖保护原则？

（一）信赖保护原则的内涵

一般认为，信赖是比单纯的希望（Hoffnung）更强烈，却比确信（zuversieht）较微弱的期待（Erwartung，expectation）（林合民，1985）。信赖保护原则发端于德国。在传统上，信赖的价值主要体现在民法中，最直接的体现就是民法的诚实信用原则。第二次世界大战以后，自然法思想在德国复兴，国家的任务也由社会管理转变为增进社会公共福利，诸多行政任务的实现都需要社会成员的鼎力支持。在此情形下，行政机关与社会成员之间的关系由纯粹的命令与服从关系转变为相互需要与相互依赖关系，社会成员也将行政机关视为自身谋求生存与发展的工具。这样，信赖关系从私人生活领域进入国家的公共生活中，并扮演着同样重要的角色。正如德国学者拉邦德谓：“诚实信用原则得支配公法领域，一如其于私法领域然。苟无诚实、善意，立宪制度将无法实行，故诚实、善意应为行使一切行政权之准则，亦即为其界限。”①

---

① 林孝元．诚实信用原则与衡平法之性质及其功能［G］//刁荣华．现代民法基本问题．出版地不详：（台湾）汉林出版社，1981．关于信赖保护原则与诚实信用原则之间的关系，目前学界存在三种主要观点。第一，“私法类推”说。该说认为，行政法中的信赖保护原则乃民法上诚实信用原则的合理类推所致。与民法相比，行政法这一新兴部门法，在许多情况下尚缺少具体规定，因此，完全可以从相关法域中类推适用有关规则。第二，“一般法律思想”说。该说认为，行政法中的信赖保护原则并非由民法规则类推而来，而是自始至终地存在于行政法中的，只是民法领域中较早地发现了该原则而已。行政法中未规定信赖保护原则，不等于说行政法中不存在信赖保护原则。信赖保护原则乃是一般法律思想的必然表现，在所有法律秩序中具有规范法律交易的任务。第三，“法本质”说。该说认为，法乃是由国民法意识所成立的价值判断。正当的事于公法和私法均予承认，不正当的事于公法和私法均不被承认。而这一判断的根本要求乃诚实信用。因此，该原则构成法规范，并全面直接适用于所有法规范之中。参见：黄学贤．行政法中的信赖保护原则［J］．法学，2002（5）．

行政法上的信赖保护原则，是指行政机关所实施的某项行为导致一定法律状态的产生，如果私人因正当地信赖该法律状态的存续而安排自己的生产生活，国家对于私人的这种信赖应当提供一定形式和程度的保护。信赖保护原则的宗旨在于保障私人的既得权并维护法律秩序的安定性（李洪雷，2005）。在信赖保护原则之下，行政主体在作出某种行为、承诺等具有一定可预见性的活动之后，不得随意改变，若基于维护公共利益的需要必须改变由此所形成的法律状态，应对公民、法人或者其他组织正当的既得权益和合理预期加以保护，否则行政主体应承担相应的法律责任（石佑启 等，2004）。

通说认为，信赖保护原则的适用需要具备以下三个条件。（1）信赖基础，即存在政府的一定行为，包括作为、不作为以及承诺，而不管该政府行为是否合法。（2）信赖表现，即相对人对该政府行为存在信赖，主要表现为相对人基于信赖，针对该政府行为采取了某种活动。如授益性行政行为赋予相对人某种物质利益，相对人对该物质利益进行了某种处分；或授益性行政行为赋予相对人某种资格，相对人依此资格从事了某种活动。（3）信赖值得保护，即相对人对行政主体及其行政行为的信赖必须是正当的。所谓正当，是指相对人不仅对行政主体作出的行政行为和某种法律状态深信不疑，而且在主观上是善意的，无过失的。这里的所谓“正当”，是指行政相对人对行政主体的行政行为或承诺深信不疑，而且对信赖基础是善意的；如果信赖的成立系可归责于相对人的事由所致或非善意的，此时信赖就不具有正当性，而不值得保护（吴坤城，1998）。亦即，“信赖基础的获得，如可归责于行政行为之相对人者，则其信赖不值得保护（蔡寅茂 等，2001）。”此外，还有学者强调信赖利益大于公共利益是信赖值得保护的条件之一。例如，德国的行政法学家毛雷尔教授认为，“信赖保护的条件是：受益人信赖行政行为的存在，并且根据与撤销的公共利益的权衡，其信赖值得保护”①。我国台湾地区有学者将信赖保护的条件归纳为两个。第一，受益人信赖

---

① 毛雷尔. 2000. 行政法学总论［M］. 高家伟，译. 北京：法律出版社：278. 联邦德国《行政程序法》第四十八条第二款规定：“下列情况下受益人不得以信赖为其依据：1. 受益人以欺诈、胁迫或行贿取得行政行为的；2. 受益人以严重不正确或不完整的陈述取得行政行为的；3. 明知或因重大过失而不知行政行为的违法性。”

行政处分的存续。第二，受益人的信赖值得保护，具体而言：（1）值得保护的排除，如我国台湾地区“行政程序法”第一百一十九条所列三种情形；（2）公益与私益的权衡。① 本文认为，信赖值得保护并不要求公共利益一定大于行政相对人的信赖利益，公共利益与信赖利益的衡量只能影响信赖保护的方式。这是因为“倘不具备前三个要件之任何一个，无由成立信赖保护原则，此时根本毋庸考虑公益的问题。只有三个要件皆具备后，方产生‘信赖利益’，才有衡量公益与信赖利益孰轻孰重可言，亦才能决定究竟系采‘存续保护’或‘财产保护’之方式”（吴坤诚，1997）[240-241]。“如果信赖利益大于公共利益，则采用存续保护的方式，即行政主体不得撤销或废止其作出的行政行为，或改变某种现存的法律状态；如果信赖利益小于公共利益，则采用财产保护的方式，即行政主体可以撤销或废止其作出的行政行为，或改变某种现存的法律状态，但应给相对人的信赖损失以合理的补偿。”（石佑启 等，2004）

学者一般认为，下列事由为信赖不值得保护：（1）行政机关的行为基于当事人恶意诈欺、胁迫、贿赂或其他不正当方法而作出的，因为任何人都有不得因自己的违法行为而获益；（2）当事人对重要事项提供不正确的资料或为不完全陈述，致使行政机关依该资料或陈述作出的行政行为；（3）当事人明知行政行为违法或因重大过失而不知道该行政行为违法的；（4）行政机关预先保留变更权、显然错误的行政行为等，都不值得保护。

（二）结合本案的分析

本案中，陈颖确实有伪造学历证明取得考试资格的事实，而且陈颖能够通过入学考试并取得学籍、完成学业、获得毕业证和学位证都是以此作弊行为为前提发生的后续行为，但是陈颖仅是凭此作弊行为取得了参加中山大学研究入学考试资格，取得中山大学研究生毕业证书和硕士

---

① 参见：洪家殷. 信赖保护及诚信原则［M］//台湾“行政法”学会. “行政法”争议问题研究. 台北：五南图书出版公司，2000：123－127. 我国台湾地区1999年所谓“行政程序法”第一百一十九条规定：“受益人有下列各款情形之一者，其信赖不值得保护：1. 受益人以诈欺、胁迫或贿赂方法使行政机关做出行政处分者；2. 对重要事项提供不正确的资料或为不完全陈述，致使行政机关依该资料或陈述做出行政处分者；3. 明知行政处分违法或因重大过失而不知者。”

学位证书并不是其作弊行为直接造成的。事实上，中山大学自身未能依法履行职责才是陈颖能够取得学籍、完成学业、获得毕业证和学位证的关键。因为陈颖伪造学历证明时只是向中山大学提供了一份将“肄业证书”涂改为“毕业证书”的复印件，只要中山大学依 1990 年《管理规定》第六条在新生入学的三个月内积极履行复查职责，将陈颖伪造的毕业证书复印件与陈颖的毕业证书原件进行核对就可以发现陈颖的造假行为，可中山大学连简单核对的形式审查工作都没做。而且，对于中山大学的不作为，陈颖并没有实施任何欺诈、胁迫、贿赂等不正当的行为，也没有提供不正确的资料或不完全的说明致使中山大学怠于履行职责。“撤销权者相当长时期不行使撤销权，相对方基于信赖而采取了某种准备活动或者行为的情况下，依所谓失效（失权）理论，不得再行使撤销权。”本案中，陈颖正是基于对中山大学怠于履行职责的信任，每学期开始均按规定向中山大学报到注册，并按规定取得学籍直至毕业，因此，中山大学应当对于其怠于履行职责承担全部的法律后果。

考研的“同等学力”是个软条件，它以承认通过不同的学习途径包括自学可以达到同等学识水平为前提，注重的是实际的水平，而不是毕业文凭。而入学考试成绩达到合格要求才是最终证明其具备“同等学力”的最好条件。一审法院判决过度地强调了大专文凭的重要性，而忽视了入学考试成绩达到合格要求的本质意义。本文赞同二审判决的观点，认为“中山大学在法定复查期限过后准予陈颖注册并允许其参加学校学习、完成学业，应当视为对陈颖取得学籍的认可”。中山大学应当对其怠于履行法定职责造成的结果承担责任，而不应把责任完全归咎于陈颖并由其承担全部责任和后果。

五、陈颖的违法责任是否因时效而消灭?

1990 年 1 月 20 日实施的《普通高等学校学生管理规定》第六条的规定：“新生入学后，学校应在三个月内按照招生规定进行复查。经过注册后复查合格，即取得学籍。复查不符合招生条件者，由学校区别情况，予以处理，直至取消入学资格。凡属徇私舞弊者，一经查实，取消学籍，予以退回。情节恶劣的，须请有关部门查究。”陈颖的做假行为发生在 1994 年 11 月，直至 2005 年 7 月 20 日广东省教育厅向中山大学发出《关于对陈颖研究生学历、学位提请复审的函》（粤教人［2005］106号），中山大学才发现陈颖的违法行为，时隔11年之久，中山大学还能否对陈颖再行处理？

对此，二审认为，“被上诉人在法定复查期限过后准予上诉人注册并允许其参加学校学习、完成学业，应当视为对上诉人取得学籍的认可。行使法定职责的国家行政机关或组织认可的事项具有对外的效力，被上诉人对其认可的事项应当承担责任。”“况且，在上诉人违法行为已发生11年、上诉人离开学校6年后，被上诉人再以办学自主权为由追究责任，无论从公平合理角度，还是从维护社会秩序稳定方面考虑，都是不合适的。除非法律法规有特别规定，学校的办学自主权原则上应当以学生在校期间为限。”再审则认为，“1990年1月20日实施的《管理规定》第六条关于高等学校应在新生入学后三个月内进行复查的规定，并不意味着高等学校在三个月后对发现的不符合招生条件者不能作出相应的处理，该规定也没有明确对超过三个月或者已经毕业的学生不能作出处理。二审判决以中山大学在法定复查期限过后准予陈颖注册并允许其参加学校学习、完成学业为由，认为中山大学不能再对陈颖作出处理，缺乏法律依据。”这里争议的核心问题就是法的安定性原则和依法行政原则冲突的问题。

（一）法的安定性原则及其与依法行政原则的冲突

人类在面对不规则和不可预知的未来时，本能上都会怀着无限的恐惧。而建立秩序与要求秩序安定，就成为人类的根本需求。当人类的生活秩序主要由法律所构筑的秩序组成时，人们对于秩序安定的需求，就演变为对法律安定性的要求（邵曼璠，1997）[272]。所谓法的安定性原则，具有以下两层含义。其一，法律关系和法律状态的安定性。在此意义之下的安定性，能保障既有存在的法律关系与状态，使其免于恣意的权力运作侵害。其二，法律文字中权利义务规定的明确性。在此意义之下的安定性，特别重在法律文字权利义务规定之明确性，不仅要求法律的构成要件、法律效果须具有明确性，还要求法律规定的主体、客体、权利和义务皆须明确。如此，相关的法律状态可获知可认知性，相关的法律行为亦可得可预见性。法的安定性要求法律除使人们的现实生活获得保障外，更通过提供对未来预见的可能性，避免新的事物关系突然冲击所造成的不利益（赵洪，2007）。

法的安定性原则和依法行政原则的冲突最早见于“二战”后的联邦德国。1956 年联邦德国西柏林高级行政法院接受了一个特殊的案例。在该案中，西柏林内政部书面承诺将给予民主德国一个公务员的寡妻以一定数额的生活补助，随即她从民主德国迁徙至西柏林。在她到达后，内政部即开始给予其安寡金，但是后来事实证明她并不符合法定条件，从而给予其安寡金是违法的。内政部于是决定停止对她发放补助并且通知她归还业已取得的补助。柏林高级行政法院作出了支持该寡妇的判决。法院认为，在本案中依法行政原则和法律安定性原则发生了冲突：给予津贴的决定确实是违法的，然而该寡妇又有正当的理由信赖这样的决定是合法有效的。法院认为，这两个原则都是依法治国原则的要素，没有哪一个原则自然地优越于另一个原则，要作出决定必须对依法行政原则所保障的公共利益和保护私人对行政行为合法性的信赖的需要进行衡量。只有在前者对后者占据优势时才可以撤销原行政处理（李洪雷，2005）。

当法的安定性与依法行政原则相冲突时，“为重建法律和平状态，或者一种权利必须向另一种权利（或有关的利益）让步，或者两者在某一程度上必须各自让步”（拉伦茨，1996）。“行政合法性原则虽然反对作出违法的行政行为，但并不要求在任何情况下撤销违法的行政行为。对已经作出的违法行为，法律制度并不要求硬性地、概无例外地撤销，而是要求区别不同情况作出处理。”如果法的安定性原则所保护的现有法律秩序之价值明显大于依法行政原则所保障的公共利益时，法律应当然地选择对既存秩序的维护。① 在我国行政管理立法领域，对此最为直接的体现就是《行政许可法》第六十九条，该条规定：“有下列情形之一的，作出行政许可决定的行政机关或者其上级行政机关，根据利害关系人的请求或者依据职权，可以撤销行政许可：（一）行政机关工作人员滥用职权、玩忽职守作出准予行政许可决定的；（二）超越法定

① 在这一点上，即使是刑法也有对所谓“罪”的追诉时效的规定，也并非为了单纯的实质正义而无视已经形成的社会秩序。这是因为“犯罪后经过一定时期，因犯罪破坏的某一社会秩序以及失衡的公众心理已经得到恢复，如再重新追究旧案，重提积怨，容易引发不安定因素，不利于社会稳定”。陈兴良．陈兴良刑法学教科书之规范刑法学［M］．北京：中国政法大学出版社，2003：275.

职权作出准予行政许可决定的；（三）违反法定程序作出准予行政许可决定的；（四）对不具备申请资格或者不符合法定条件的申请人准予行政许可的；（五）依法可以撤销行政许可的其他情形。被许可人以欺骗、贿赂等不正当手段取得行政许可的，应当予以撤销。依照前两款的规定撤销行政许可，可能对公共利益造成重大损害的，不予撤销。”

此外，还有多部法律体现对法的安定性原则的尊重，例如《中华人民共和国税收征收管理法》第八十六条规定：“违反税收法律、行政法规应当给予行政处罚的行为，在五年内未被发现的，不再给予行政处罚。”《行政处罚法》第二十九条规定：“违法行为在二年内未被发现的，不再给予行政处罚。法律另有规定的除外。”《中华人民共和国治安管理处罚法》第二十二条规定：“违反治安管理行为在六个月内没有被公安机关发现的，不再处罚。”尽管我国教育管理立法没有对教育行政处罚设置时效，但是基于教育行政处罚对行政相对人的负担性，行政机关过分拖延也会给业已形成的社会秩序带来破坏，所以也应当受到时效的限制。

（二）法的安定性原则对本案的适用

基于法的安定原则来审视本案，不难发现，中山大学不应该再以维护所谓“办学自主权”和“公平、公正的高等教育制度”的名义对陈颖再行处理。

首先，法的安定性原则要求相关的法律关系和法律状态的安定性。当行政行为按照一定的程序作出之后，行政机关就要受到其自身言行的约束。即便行政机关事后发现行政行为瑕疵情况的存在，也不能随意地宣称已经过的程序不算数而要从头再来。否则，任何一个理性的相对人都无法依据法律去合理地预测其行为的结果，也无法就行政机关对自身行为的态度作出可靠的判断，最终必然会导致相对人对行政机关的信任危机（章志远，2003）。“经过程序认定的事实关系和法律关系，都被一一贴上封条，成为无可动摇的真正的过去。”（季卫东，2000）本案中，陈颖虽然有伪造证件的不当行为，陈颖的违法行为发生在11年之前，且毕业已达6年之久，期间相关的法律关系和法律状态早已形成并趋于稳定，即使因该行为的违法而获得的是不正当利益，也随时间的经过而日渐“合法化”。如果中山大学再对陈颖予以处理，不仅会破坏既存的社会关系、社会秩序，而且对中山大学权威与信誉也是一种极大的侮辱。

其次，法的安定性原则要求法律文字中权利义务的安定性，根据这一要求，1990 年 1 月 20 日实施的《管理规定》第六条关于高等学校应在新生入学后三个月内进行复查的规定应当对高校的复查权构成限制。换言之，高等学校只能在新生入学后的三个月内进行复查并作出相应处理，不能对在三个月后发现的不符合招生条件者作出相应的处理，更不能对超过三个月或者已经毕业的学生作出处理。法谚曰：任何人都不能躺在权利上睡大觉。如同行政相对人必须在法定时效届满之前行使救济权一样，行政机关撤销权的行使也必须遵循法定的时限要求。否则，如果一味地听任行政机关随时行使撤销权，那么既存的社会关系、社会秩序都将陷入不稳定的状态，不但行政机关的权威性会每况愈下，而且行政相对人更难以合理地预见其行为的后果。如此一来，法治社会所追求的法律安定便无法达成（章志远，2003）。

最后，从维护法律秩序安定性的角度来讲，曾经违法的行为可以因时间的经过变为合法。例如我国《婚姻法》第十条规定："有下列情形之一的，婚姻无效：（一）重婚的；（二）有禁止结婚的亲属关系的；（三）婚前患有医学上认为不应当结婚的疾病，婚后尚未治愈的；（四）未到法定婚龄的。"而《关于适用〈中华人民共和国婚姻法〉若干问题的解释》（一）第八条则规定："当事人依据婚姻法第十条规定向人民法院申请宣告婚姻无效的，申请时，法定的无效婚姻情形已经消失的，人民法院不予支持。"因此，若当事人结婚时的违法状态因时间的经过而消失，则结婚证即由违法状态变为合法。这一理论在行政法学领域被称为瑕疵行政行为的治愈。所谓瑕疵行政行为的治愈，是指行政法律行为有违法的地方，但其违法程度比较轻微，不值得作为撤销理由来考虑时，或者由于日后情况变化，本来欠缺的合法要件，实质上已经得以补充时，作为瑕疵已经被的行政行为视其为合法的行政行为（杨建顺，1998）。陈颖获得硕士研究生毕业证书之时，其学问已经超过大专和本科毕业生，该大学的录取行为、陈颖的入学资格和学籍存在的瑕疵已经陈颖的主观努力而治愈。因此，中山大学在陈颖毕业后无须再对其作出处理。

综上所述，本文赞同二审法院的观点，认为"在陈颖违法行为已发生11年、陈颖离开学校6年后，中山大学再以‘办学自主权’为由追究责任，无论从公平合理角度，还是从维护社会秩序稳定方面考虑，都是不合适的”。

六、中山大学有无超越法定职权?

中山大学是否有权撤销陈颖的学位证书，也是本案争议的焦点之一。二审中，陈颖的上诉请求称“根据2005年9月1日起实施的《普通高等学校学生管理规定》第三十八条规定，宣布毕业证书无效的法定主体是教育行政部门而非中山大学，中山大学直接宣布其毕业证书无效超越了教育行政部门的职权”。而中山大学辩称：“根据《普通高等学校学生管理规定》第三十八条的规定以及《国家教育考试违规处理办法》第七条和第十一条的规定，中山大学有权宣布陈颖的毕业证书无效。”① 本文认为，本案中中山大学超越了法定职权。

首先，教育2004年颁布的《国家教育考试违规处理办法》（中华人民共和国教育部令第18号）第七条规定：“教育考试机构、考试工作人员在考试过程中或者在考试结束后发现下列行为之一的，应当认定相关的考生实施了考试作弊行为：(一）通过伪造证件、证明、档案及其他材料获得考试资格和考试成绩的”。该《办法》第十一条规定：“考生以作弊行为获得的考试成绩并由此取得相应的学位证书、学历证书及其他学业证书、资格资质证书或者入学资格的，由证书颁发机关宣布证书无效，责令收回证书或者予以没收；已经被录取或者入学的，由录取学校取消录取资格或者其学籍。”根据上述规定，陈颖将“肄业证书”涂改成“毕业证书”的行为属于典型的考试作弊行为，尽管陈颖能够通过入学考试并取得学籍、完成学业、获得毕业证和学位证都是以此作弊行为为前提发生的后续行为，但是陈颖仅是凭此作弊行为取得了参加中山大学研究入学考试资格，取得中山大学研究生毕业证书和硕士学位证书并不是其作弊行为直接造成的。因此，根据《国家教育考试违规处理办法》第七条和第十一条的规定，中山大学仅有权取消陈颖的录取资格和学籍。但是由于中山大学怠于履行复查职责，致使陈颖正常入

---

① 广东省广州市中级人民法院行政判决书［2006］穗中法行终字第442号.

学直至毕业，应视为对陈颖学籍的认可。陈颖入学后，通过了各门课程考试和论文答辩，顺利完成学业，其学历证书和学位证书的取得都没有任何作弊行为，所以中山大学无权宣布其毕业证书无效，并撤销其学位证书。

其次，根据1988年《普通高等学校招生管理处罚暂行规定》第八条的规定，违反国家招生规定的行为包括：（一）假报姓名、年龄、学历、工龄、民族、户籍、学籍，伪造证件，或者采取其他手段骗取报名资格的；（二）故意隐瞒本人和直系亲属及主要社会关系等重大问题的；（三）在考试中，夹带、接传答案、交换答卷、代考、找人代考、抄袭他人答案或者将自己的答案让他人抄袭（包括雷同卷），以及带走试卷的；（四）在体检中，故意隐瞒招生体检标准规定为不合格的既往病史、代检、找人代检，或者采取其他手段舞弊的；（五）采取不正当手段，涂改、偷换本人或者其他考生档案材料的；（六）有其他舞弊行为的。本案中，陈颖将“肄业证书”涂改成“毕业证书”的行为属于第（一）项中伪造证件的行为，是典型的违反国家招生规定入学的行为。同时，教育部2005年颁布的《普通高等学校学生管理规定》（中华人民共和国教育部令第21号）第三十八条也规定：“对违反国家招生规定入学者，学校不得发给学历证书、学位证书；已发的学历证书、学位证书，学校应当予以追回并报教育行政部门宣布证书无效。”根据该条款，对于违反国家招生规定入学的，已经颁发的学历证书，学校可以追回，但必须报教育行政部门并由教育行政部门宣布无效。所以本案中，依法有权宣布陈颖毕业证书无效的机关为教育行政部门即广东省教育厅。

最后，2005年7月20日广东省教育厅向中山大学发出的《关于对陈颖研究生学历、学位提请复审的函》称：“请你校接到此函后根据《普通高等学校学生管理规定》并结合你校《中山大学一九九五年研究生招生专业目录说明》中规定的有关条款，对陈颖的研究生学历、学位证书进行复审，并将复审结果报送我厅。”① 根据该函，中山大学的职责仅限于对陈颖的研究生学历、学位证书进行复审，至于是否要宣布陈颖的毕业证书无效，并撤销其学位证书，仍应由广东省教育厅根据中山

① 广东省广州市中级人民法院行政判决书［2006］穗中法行终字第442号.

大学复查结果作出。换言之，广东省教育厅并未授权对陈颖的研究生学历和学位证书作出任何具体决定。因此，中山大学直接宣布其毕业证书无效系超越法定职权的行为。

七、中山大学是否存在程序违法？

正当程序原则是行政法的一项重要原则，是指行政主体做出影响当事人权益的行政行为时，必须遵循包括事先告知、说明行为的根据和理由，听取相对人的陈述、申辩，事后告知相对人救济途径等行政程序要求，否则行政行为无效。程序不仅仅是实体公正的保障，程序本身就是公正的体现，没有程序保障的实体公正即所谓“毒树之果”，不可能实现公正。正如丹宁勋爵所指出的：“一个人如果拥有某种权利、利益或者未经表达意见即不应被剥夺正当期望，则其应享有程序权利。”（克雷格，2003）

中山大学作出的《关于撤销陈颖硕士学位的决定》既宣布陈颖的毕业证书无效，又撤销了陈颖的硕士学位，属于涉及陈颖重大权益的行为。所以，中山大学在作出该决定前应严格遵循正当法律程序的要求，包括告知陈颖做出该决定的事实和理由、听取陈颖的陈述和申辩。而中山大学在接到广东省教育厅发出的《关于对陈颖研究生学历、学位提请复审的函》以后，仅仅向陈颖调查核实其报考硕士研究生时的情况，既没有认真调查核实证据，也没有听取陈颖的陈述和申辩；违反了先调查取证、听取意见，再作出处理的正当法律原则。而且，庭审中，中山大学既不能提供陈颖当年报考时的涂改证件，也不能提供证据证明其履行过审查和复查的法定职责，在“在中山大学提供的2005年12月28日‘学位评定委员会第二届第五次会议的会议记录’中，对陈颖违法行为的讨论只记录了两个委员发表的‘学位撤销，毕业证无效’和‘毕业证不由学位委员会决定’的简单意见，没有陈颖违法情况的详细介绍和讨论情况以及表决和投票结果的记录，不能证明学位评定委员会已经对陈颖的违法行为进行了复议并形成了结果”①。这表明，中山大学的处理决定在程序上存在重大瑕疵，不具有可接受性。同时，该会议记录是

① 广东省广州市中级人民法院行政判决书［2006］穗中法行终字第442号.

由中山大学在一审庭审中当庭提交的，根据《行政诉讼法》《行政诉讼法若干问题的解释》以及《最高人民法院关于行政诉讼证据若干问题的规定》的举证时限，该会议记录在效力上不具有合法性，不能作为认定中山大学行政行为合法的依据。因此，中山大学作出的《关于撤销陈颖硕士学位的决定》，决定“宣布陈颖的毕业证书无效”没有事实依据和法律依据、程序违法；“撤销陈某的硕士学位”没有事实依据、适用法律法规错误、程序存在重大瑕疵。

八、对撤销学位行为的法律规制

《学位条例》第十七条规定：“学位授予单位对于已经授予的学位，如发现有舞弊作伪等严重违反本条例规定的情况，经学位评定委员会复议，可以撤销。”学位证书是对被授予人专业资格或技能的认可，对于以舞弊作伪的方式取得的学位破坏了国家的学位制度，会给社会造成不良的影响，必须予以撤销。但是，“一切有权力的人都容易滥用权力，这是万古不易的一条经验，有权力的人们使用权力一直到遇有界限的地方才休止”（孟德斯鸠，1995）。学位撤销权作为一种行政权力，会像其他任何权力一样容易自我扩张，所以，必须对其进行规制。根据有关的行政法原理和行政法的基本原则，学位撤销权应受到以下几个方面的限制。

第一，撤销学位应符合依法行政原则的要求。《学位条例》第十七条明确规定，只有“有舞弊作伪等严重违反本条例规定的情况”的学位授予行为才能被撤销，这是撤销学位应遵守的基本法律规制。何谓舞弊作伪？《学位条例》没有作出规定。根据《国务院学位委员会关于在学位授予工作中加强学术道德和学术规范建设的意见》（学位［2010］9号）第五条，舞弊作伪包括如下情形：（一）在学位授予工作各环节中，通过不正当手段获取成绩；（二）在学位论文或在学期间发表学术论文中存在学术不端行为；（三）购买或由他人代写学位论文；（四）其他学术舞弊作伪行为。从学位授予的性质看，授予学位是学位授予单位对学位申请人学术水平符合相应学位要求的肯定性评价，其核心条件是学位申请人的学术水平达到相应学位要求；反之，撤销学位的必要条件就必须是被授予学位者申请学位时学术水平没有达到相应学位要求。具体而言，应当具备以下三个要件：（一）学位申请人申请学位时学术水平没有达到相应学位要求；（二）学位申请人通过舞弊作伪的方式使得学位答辩委员会作出错误评价；（三）学位答辩委员会作出错误评价与学位申请人舞弊作伪之间存在因果关系。① 除此之外，不能因其他任何原因撤销已经授予的学位。

第二，撤销学位应符合信赖保护原则的要求。“行政合法性原则虽然反对作出违法的行政行为，但并不要求在任何情况下撤销违法的行政行为。对已经作出的违法行为，法律制度并不要求硬性地、概无例外地撤销，而是要求区别不同情况作出处理。”（罗尔夫，2001）在学位申请人并无违法或者不当行为的情况下，虽然学术水平明显低于申请学位的要求却被授予学位，该违法结果完全是由学位授予单位的过错行为造成的，加之学位授予行为是授益行政行为，如果允许学位授予单位撤销学位，则不仅损害了学位申请人对学位授予单位的信赖，同时也使学位申请人无过错遭受不利益之法律后果，显然有失法律追求的公正价值。因此，在学位申请人学术水平明显低于申请学位的要求而被授予学位但其并无过错时，法律应维持授予学位的效力，不能允许撤销学位。

第三，撤销学位应符合法的安定性原则的要求。依据法的安定性原则，行政机关撤销权的行使也必须遵循法定的时限要求，如同行政相对人必须在法定时效届满之前行使救济权一样。否则，行政相对人难以合理地预见其行为的后果，既存的社会关系、社会秩序也将陷入不稳定的状态。授予学位的行为是一种授益行政行为，即使申请人学位的获得是由于申请人的违法或不当行为引起的，学位授予单位也不可任意进行撤

---

① 已经合法获得学位具有终身性，即便学位获得人之后进行学术造假，也不得以此作为撤销其学位的理由。例如，2005年韩国首尔大学黄禹锡教授的科研造假案发生后，他辞去了教授职位，被剥夺“第一号最高科学家”头衔，并遭到检察机关的刑事起诉，但无撤销其学位的处理。2005年12月，汕头大学胡兴荣教授的学术造假（论文抄袭）事件发生后，他主动提出辞职，但亦无撤销其学位的处理。2006年5月上海交通大学陈进教授的学术造假案发后，学校撤销其微电子学院院长职务、撤销其教授资格、解聘其教授聘用合同，教育部撤销其“长江学者”称号等，但还是没有撤销其学位的处理。最近，同济大学对杨杰教授学术造假事件的处理，也只是作出“终止其聘用合同”和“解除教授资格”等的处分，并无撤销其学位的处理。以上学者均是获得学位后，在进行学术研究中严重造假，以致受到的处分，但均无撤销学位的处理。参见：朱志辉．试论撤销学位的行政行为性质：由陈颖诉中山大学案引发的思考［J］．高教探索，2006（6）．

销。违法的授益行政行为存续的时间越长，行政相对人的信赖利益越大，相应的社会关系的稳定性就越强，行政机关的撤销就越应当受到限制。有学者主张对非涉及不动产的“授益行政行为自做出之日起超过5年的，行政机关不得撤销”（王雪松，2004）。我们认为撤销学位虽然不是一种法定的行政处罚，但也会对学位申请人造成极大的不利益，因此必须受到一定的时间限制。有学者主张，可以比照我国《行政处罚法》第二十九条的规定，该实现以“授予学位生效2年后学位授予单位发现其违法不得撤销”较为合理（肖鹏，2008）。

第四，撤销学位应符合正当程序原则的要求。撤销学位是对已被授予学位人重大利益的剥夺，也应受正当程序原则的规制。具体而言，学位授予单位在作出撤销学位之前应告知相对人理由、听取相对人陈述与申辩，并告知相对人有权要求听证；相对人要求听证的，应当按照听证程序举行听证会。美国因学术问题撤销学位案最早发生于1986年的瓦里格诉肯特州立大学案。该案中，肯特州立大学的两名学生依靠伪造的分数和课程成绩获得了学位，并分别于1966年和1967年毕业。俄亥俄州最高法院认为在满足宪法要求的正当程序以后，基于正当的理由可以撤销学位。但是，“在撤销学位之前必须召开听证会，听证会必须公正进行，让毕业生有机会出示证据，维护自己的权益。比较停学和不授予学位而言，撤销学位后果更加严重，因此，程序要求更加严格”（田鹏慧 等，2008）。学位授予单位撤销学位的决定应当以书面形式，并书面告知学位申请人有权向主管的教育行政机关进行行政复议或者提起行政诉讼，以保证学位申请人不因法定的救济时效之经过而无法采取任何补救措施。

参考文献

蔡寅茂，李建良，林明锵，周志宏．2001. 行政程序法实用［M］. 第2版. 台北：学林文化事业有限公司：28.

洪家殷．2000. 信赖保护及诚信原则［G］//台湾行政法学会. 行政法争议问题研究. 台北：五南图书出版有限公司：123－127.

胡建淼．2005. “其他行政处罚”若干问题研究［J］. 法学研究（1）.

季卫东．2000. 法治秩序的建构［M］. 北京：中国政法大学出版社：19.

克雷格 . 2003. 正当期望：概念性的分析［J］. 马怀德，李洪雷，译 . 环球法律评论（2）.
拉伦茨 . 1996. 法学方法论［M］. 陈爱娥，译 . 台北：五南图书出版有限公司：313.
李洪雷 . 2005. 论行政法上的信赖保护原则［J］. 公法研究（2）.
林合民 . 1985. 公法上之信赖保护原则［D］. 台北：台湾大学法律学研究所：7.
林孝元 . 1981. 诚实信用原则与衡平法之性质及其功能［G］//刁荣华 . 现代民法基本问题 . 出版地不详：（台湾）汉林出版社 .
罗尔夫，等 . 2002. 行政法［M］. 高家伟，译 . 北京：商务印书馆：117－118.
毛雷尔 . 2000. 行政法学总论［M］. 高家伟，译 . 北京：法律出版社：278.
孟德斯鸠 . 1995. 论法的精神：上［M］. 张雁深，译 . 北京：商务印书馆：154.
邵曼璠 . 1997. 论公法上之法的安定性原则［G］//城仲模 . 行政法之一般法律原则：二. 台北：三民书局 .
石佑启，王贵松 . 2004. 行政信赖保护之立法思考［J］. 当代法学，18（3）.
田鹏慧，赵建亮 . 2008. 对学位撤销纠纷的思考［J］. 人民司法（1）.
王太高 . 2005. 撤销许可证就一定是行政处罚吗？［J］. 行政法学研究（1）.
王雪松 . 2004. 论授益行政行为的撤销限制［J］. 政治与法律（4）.
吴坤诚 . 1997. 公法上信赖保护原则初探［G］//城仲模 . 行政法之一般法律原则 . 台北：三民书局：242.
肖鹏 . 2008. 论撤销学位的法律规制：对中山大学撤销陈颖硕士学位案件的法律思考［J］. 中国高教研究（2）.
杨建顺 . 1998. 行政法通论［M］. 北京：中国法制出版社：401.
章志远 . 2003. 行政撤销权法律控制研究［J］. 政治与法律（5）.
赵洪 . 2007. 法治国下的行政行为的存续力［M］. 北京：法律出版社：114－115.
朱志辉 . 2006. 试论撤销学位的行政行为性质：由陈颖诉中山大学案引发的思考［J］. 高教探索（6）.

The Legal Regulation on the Power of Withdrawing Academic Degree

Zhan Zhongle

Abstract: Under the article 17 of Regulations of the People's Republic of China on Academic Degrees, after the review of the academic degree evaluation committee, the degrees can been withdrawn when the Degree-conferring units later find that the students had plagiarized and other behaviors which seriously violate Regulations of the People's Republic of China on Academic Degrees. Degree or certificate is the recognition of skills and academic qualifications. Plagiarism will not only violate academic degree system, but also bring great harms to the society, which must be punished. As the same as other administrative powers, the power of withdrawing academic degree is prone to self-aggrandizement, so it should be confined. According the principles of the administrative law and the analysis of the case Chen Ying vs. Sun Yat-Sen University, it can be concluded that the power of withdrawing academic degree must comply with the principle of administration by law, the principle of administration trust protection, the principle of the stability of law of and the principle of due process of law in administrative law.

Key words: administrative revocation, the power of withdrawing academic degree, the principle of administration trust protection, the principle of the stability of law

作者简介

湛中乐，法学博士，北京大学法学院教授、博士生导师，北京大学教育法研究中心主任，中国行政法学研究会副会长，中国教育学会全国教育政策与法律委员会副理事长，研究方向为行政法学、行政诉讼法学、教育法学等。

□M. David Alexander　Jennifer Sughrue　Wang Jianliang
王鹏炜

美国中小学随机药物检查的法律分析

【摘　要】本文首先回顾有关 RSDT 的争议，尤其是它在防止学生滥用药物的效果上的争议。在此基础上，通过介绍美国最高法院基于《宪法第四修正案》对药物检测政策和方法所作的相关司法解释，以及美国近些年来一些州关于学生随机药物检测的法律、案例及这些判例中的司法差异，对 RSDT 政策中涉及的主要问题做了讨论和总结。

【关键词】美国，中小学，毒品，RSDT

美国公众对中小学毒品①泛滥的日益不满，迫使学校负责人必须找出办法来向社区证明他们采取了各种办法让学校成为无毒品学校。他们从教育和管理两个方面入手，积极寻找应对的策略。从教育方面，他们把毒品以及酒精对人的危害列入卫生健康教育课程之中；从管理上，他们利用一切可能的办法拦阻毒品进入校园，如他们对学生使用的衣柜、书桌等进行抽

① 美国的毒品（Drug）泛指必须靠医生处方才能获得的麻醉药物、迷幻剂、酒等各种法律规定青少年不得使用的物品，本文中药物、毒品为同一含义。

查，使用警犬对学生搜身等方法，并且一旦发现毒品，立即没收。

在众多的措施中，毒品检测（Drug Testing）是被越来越多的州和学校采用并得到家长支持和理解的一个策略。它既可用来检测学生是否使用非法药品，也可以在其他项目中灵活使用。其中，对学生进行随机药物检测（Random Student Drug Testing，RSDT）主要针对某一群体学生或者某一类学生，诸如参加课外活动的学生和自己开车上学的学生，有时还包括被家长们主动要求检测的学生。

公众对RSDT很感兴趣，但往往对其可行性、具体政策、费用以及效果等都还需要更多的了解。本文并不试图对这些问题提供一个完美的答案，但会就一些州和学校正在实施的这方面的政策和法律进行介绍和讨论。

本文共分四部分，第一部分为综述，主要回顾有关RSDT的争议，尤其是它在防止学生滥用药物效果上的争议；第二部分主要介绍美国最高法院基于《宪法第四修正案》对药物检测政策及方法所作的司法解释；第三部分讨论了近年来一些州关于学生随机药物检测的法律、案例及这些判例中的司法差异；第四部分对RSDT政策中主要问题作了总结。

一、关于随机药物检测（RSDT）的争议

因为一些专业团体和政府组织一直在警示学生吸毒问题正在严重威胁整个国家儿童的健康，必须采取一切必要的办法制止毒品进入学校，所以对学生进行随机检测这种方法得到广泛的社会支持并不令人意外。

但问题是，有关学生滥用毒品的研究多数是由学生自述性的调查中得出的，而这些调查往往没有或者极少有基准数据，结论也是从暗示性证据中推断得出。同时，支持对学生进行检测的人则往往会夸大其比例以证明他们的观点。例如，哥伦比亚大学的全国吸毒与戒毒中心为更好地了解美国中小学毒品使用情况，一直不定期对青少年以及他们的家长

进行电话调查。① 该中心最近的调查发现，就读于“毒品成灾的学校”1100万高中生和500万的初中生，都曾见证了或多或少的各种与毒品有关的活动，如使用非法药物、携带非法药物、毒品及麻醉品交易等。② 该报告还指出，31%的高中生和9%的初中生几乎每周都能经历一次这样的活动。

> 该研究结果发现，美国的中小学里毒品泛滥成灾。对于许多学生来说，上学读书日实际变成了上学“过瘾”日。③

但其中需要指出的是，该研究报告并没有直接调查学生自己是否使用毒品、吸烟或喝酒，而只是询问学生是否在学校见到过这些行为以及他们的看法。学生药物检测联盟是另一个坚定支持对学生进行随机药物检测的组织。其宗旨是“帮助学生追求美好前景，抵制使用毒品和酒精，并通过提供资助的方式鼓励学校对学生采取非惩罚性药物检测。”④该组织宣称：

> 本网站目的是为学生药物检测提供技术、物质及信息支持，以及收集有关研究成果和学生药物使用的数据，及有关学生药物检测的法庭审判案例、学校有关这方面的政策汇总、其他网络资源链接等。⑤

该组织的网站主页声称RSDT是学校防止毒品泛滥的有效方法，但是用于支持RSDT是“被证明了的防范手段”的科学证据却不多。

---

① 参见：National Survey of American Attitudes on Substance Abuse XII：Teens and Parents［EB/OL］. http：//www. casacolumbia. org/ ProductSearch/aspx？CATID = 121920079233524. 该中心宣称这个调查在13年中已经进行了12次“back-to-school”的调查。该中心调查了1063名12—17岁的青少年。其中，554名男孩，509名女孩。550名青少年家长也参加调查，其中有53%是参加本次调查的青少年的家长。该报告宣称，调查的样本具有全国代表性，调查是通过电话进行的。但并没有说明在这次调查收集这1063名青少年和550名家长的汇报前，曾经与多少青少年和家长联系过。

② Id.，p. ii.

③ Id.，p. i.

④ 参见：Student Drug-Testing Coalition Mission and purpose statement［EB/OL］. http：//www. studentdrugtesting. org/toppage6. htm.

⑤ 参见：http：//www. studentdrugtesting. org/index. htm.

在奥巴马当选总统之前，小布什总统曾努力推动在学校进行药物检测。一份由国家药物控制政策研究所前主任约翰·沃尔特斯（John Walters）和教育部长玛格丽特·斯佩林斯（Margaret Spellings）联合签署的声明认为，RSDT 是学校对抗毒品的有力工具。

> 学校在帮助学生作出正确的人生选择方面起关键的作用。当前，多数学生开始使用毒品并非是由毒品贩子造成的。毒品的泛滥往往是由于学生与学生之间“传染”造成的。随机对学生进行药物检测可以成为学生不使用药物的理由之一，这样使他们在最易受到同伴压力而学坏的年龄受到保护……随机药物检测可以切断从最初尝试到无法自救这条流程，并有助于创建一种以吸毒为耻的安全的学校文化。①

自奥巴马上任以来，在美国药物控制政策办公室的网站上不见了对学生进行药物检测的强调，取而代之的是以药物危害性对学生们进行说服的传媒和教育方案。但如果各学区想要对学生进行药物检测的话，美国教育部仍然接受对其进行经费资助的申请。

（一）有关药物使用及检测的统计数字

有趣的是，从可靠渠道长期搜集到的数据显示，毒品使用的趋势在下降。当问及学生自己是否有滥用药物行为时，就全国而言，形势也在好转。于是，最新的“监测未来”（Monitoring the Future，MTF）的一项研究结果就出现了自相矛盾的情况。监测未来，是一项由密歇根大学社会研究所所作的对青少年进行的调查研究，自 1975 年以来每年进行一次。其旨在追踪某些方面的行为，如非法药物使用、特定的态度倾向

---

① http：//www. randomstudentdrugtesting. org/newsletter/summer_fall_08/page3. html.

如对使用药物的看法程度等。①

一方面，这个组织2008年的研究发现，学生中使用可卡因和安非他明等兴奋性药物的数量有逐渐下降的趋势。在一个新闻发布会上，密歇根大学高级统计师、MTF研究的主要调查者劳埃德·约翰斯通（Lloyd Johnston）宣布：

> 这些研究表明事情朝着积极的方向发展，特别在12年级学生中甲基苯丙胺使用在一个较长的时间中持续减少，这是十分重要的……从1999年初次检测到现在，青少年中这种高度上瘾的药物的使用率下降了大约2/3。②

但另一方面，美国中小学生中大麻、奥施康定（Oxycontin）和维柯丁（Vicodin）等镇静药物的使用率趋于稳定，大部分学生都保持在前些年所报告的水平，而在8年级和12年级学生中大麻的使用有所上升，约占0.06%和0.07%。这个数字在统计上并不显著，但却是未来研究中一个重要的参考。正如约翰逊所指出的，“总的来说，今年的研究只能作为一年时间内的一个特点，但这毕竟是一个温和的改变”③。

最新的MTF出版的大量研究数据也表明，在一个较长的时期内，除大麻外，年龄越小的学生使用非法药物的人数越少。然而，由于RSDT主要是在高中采用，因此这似乎说明是药物教育课程和方法阻止了学校中的药物滥用和学校初次尝试吸毒，而不是RSDT。

一直负责推动学校无毒品的政府机构坚持认为，非法药物使用率的下降是州政府和学区强力采用RSDT政策和方法的结果。联邦政府及其

---

① Monitoring the Future: National Results on Adolescent Drug Use [EB/OL]. http://www.monitoringthefuture.org/pubs/monographs/overview2008.pdf. 这一进行中的研究主要由美国药物滥用研究所资助。在这一最新调查中，全美有386所中学中8年级、10年级和12年级的大约46000名学生作为代表性样本参加，其中8年级16300名，10年级15500名，12年级14600名。数据是通过按照三个年级程度所设计的手工填写调查问卷获得，主要通过学生自述进行。除了对12年级的调查是秘密进行外，其他年级都通过匿名问卷进行。对12年级的调查收集了学生姓名和家庭住址，这主要是为了后续研究。

② http://www.monitoringthefuture.org/pressreleases/08drugpr.pdf.

③ Ibid., p. 2.

下属机构，如随机学生药物检测（Random Student Drug Testing，RSDT）①、白宫国家药物控制政策办公室（White House Office of National Drug Control Policy，ONDCP）②，在布什政府时期也曾倾向于研究不同的州和学区案例，并指出了药物使用的下降趋势。③ 但是这些单个案例研究并不能解释在全国范围内那些没有实施这一政策的州和学区在药物使用率上也显示出下降的趋势。

尽管如此，对学生随机进行药物检测的办法仍受到越来越多的学校支持。2006 年由全国疾病控制中心（Centers for Disease Control and Prevention，CDC）在中小学进行的健康调查结果显示：

1. 在占 25.5% 的采取对初高中学生进行随机药物检测的学区中，56.1% 的学区对一些特殊的学生进行药检……63.9% 的学区只对被怀疑的学生药检，73.6% 的学区对学生进行自愿药检，3.6% 的学区对特定学生群体进行自愿药检，13.4% 的学区使用其他标准；

2. 11.4% 的初中和 19.5% 的高中使用某种形式的药检；

3. 2000—2006 年，为学校提供成型化监测政策的学区都有所增加，其中采取对学生随机药物检测的学区从 64.0% 增加到 76.2%，采取防止使用酒精的学区从 64.9% 增加到 75.4%；④

4. 在 15.9% 的采用药物检测的初高中里，53.4% 的学校对特殊学生团体进行药检；⑤

---

① Random Student Drug Testing [EB/OL]. http：//www. randomstudentdrugtesting. org/news. aspx.

② The White House Office of National Drug Contorl Policy（http：//www. whitehousedrugpolicy. gov）.

③ http：//sdti. edu. gov.

④ SHPPS 2006：Alcohol-or Other Drug-Use Prevention [EB/OL]. http：//www. cdc. gov/HealthyYouth/shpps/2006/factsheets/pdf/FS_AlcoholOrOtherDrugUsePrevention_SHPPS2006. pdf. 每 6 年进行一次这项研究。注意，研究报告提到全国初高中的学校数量是 59364 所。另外也可以参考：Jones S E，Fisher C J，Greene B Z，Hertz M F，Pritzl J. Healthy and Safe School Environment，Part I：Results from the School Health Policies and Programs Study 2006 [J]. J. of School Health，2007，77（8）：522. 这篇文章是这项研究的报告全本，涵盖了学校中的药物检测政策和方法。用报告自己的话说，“SHPPS 2006 是第一个全国性的对学区层次药检政策和学校层次药检方法，包括如何选择要进行药检的学生，哪些学生需要检测哪些药物，检测方法等进行考察的研究”。

⑤ Jones S E，Fisher C J，Greene B Z，Hertz M F，Pritzl J. Healthy and Safe School Environment，Part I：Results from the School Health Policies and Programs Study 2006 [J]. J. of School Health，2007，77（8）.

5. 在25%采用无学生使用药物政策的学校中，基本上都指出了具体哪些药物为禁药。①

虽然总体上采用药物检测的学区和学校比例尚不到25%②，但采用药物检测政策的学区和学校仍在不断增加。一份1992年国家教育统计中心的研究显示，只有13%的学区在学校开展所有或部分教育项目和活动时，对学生进行药物检测。③ 到了2008年5月时，这一数字已接近16.5%。④ 然而，政策制定者和官员们并没有提供RSDT有效性和实际花费的相应数据。其研究方法上，尤其是在RSDT有效性的验证上，也还存在争议。另外，州和学区正面临的预算危机也可能暂时延缓了RSDT项目在全国的展开。

（二）药物检测的有效性

随机药物检测在使学生不去尝试或者不再继续使用非法药物的效果是否显著，仍有大量争论。有专业组织甚至认为，对学生进行药物检测应当暂缓，直到“它的安全性和功效得到证明，而且有足够的药物滥用评测和治疗机构可用之时”⑤。尽管已经有大量的研究，但并没有一个连贯的研究能提供给公众和政策制定者关于RSDT有效性的数据和分析（Yamaguchi et al，2003）。

有一些研究试图得出确定性结论，但没有成功过。最早的是一个名为利用随机通知的方法对学生运动员进行药物检测（Student Athlete Testing Using Randomized Notification，SATURN）的试验性研究，这个研

---

① Jones S E，Fisher C J，Greene B Z，Hertz M F，Pritzl J. Healthy and Safe School Environment，Part Ⅰ：Results from the School Health Policies and Programs Study 2006［J］. J. of School Health，2007，77（8）.

② 许多学区都有药物检测政策，但基于信息可获得的程度，少于17%的学区在学校实际采用着RSDT。

③ The Survey about the Public School Safety Discipline and Drug-free Schools［EB/OL］. http：//nces. edu. gov/surveys/frss/publications/92008.

④ Edwards C E. How Many Public School Districts Uses Illegal Random Student Drug Testing Now？［EB/OL］. http：//studentdrugtesting. org/aritcle/%20on%20number%20districts%20with%20SDT%20random%20may08. pdf.

⑤ Council of School Health Abuse and Counseling Branch. Child and Adolescent Drug Abuse Testing：Appendix-Detection of School and Family［J］. Pediatrics，119（3）：629.

究试图在Oregon地区两所高中的运动员中运用控制实验评估药物和酒精检测的不同效果①，干预学校采用了随机药物检测而控制校没有采用。研究结果一方面显示RSDT在减少运动员使用非法药物上可能有一定积极影响，另一方面那些接受检测的学生运动员又认为鲜有作用，例如药物检测并没有实际让运动受伤比控制组的对手更少。类似的，对那些从来没有使用药物的学生，初次药物使用率也没有区别。与联邦政府的看法形成鲜明对照，RSDT给了学生一个说“不”② 的好理由。SATURN的研究者这样来解释他们的发现：

> 随机药物检测政策监测表明，在青少年运动员中随机药物检测显著减少了近期的药物使用。尽管那些接受药物检测的运动员在学年末都有一个检测缓冲期，但态度和冒险因素的同时变化需要在结果解释时特别注意。大量随机研究，甚至需要持续好几年，是证明药物阻止效用的必备条件。③

戈德堡博士接着又在俄勒冈州学区的18所学校继续进行了两年研究。其中9所学校随机安排为SATURN药物检测采用校，另外9所在实验结束前作为不使用RSDT的控制校。参与研究的学生包括1400名新生和二年级学生运动员。结果显示，参与SATURN的学生所报告的前一年（药物）使用率比那些控制校中的学生要低。但是报告也显示，两组在过去一个月中药物使用上并没有显著的统计学差别（Linn Goldberg et al，2007）。而且，与前面研究的发现一致，实验组的学生对药物检测表现出消极态度，却更愿意冒险去尝试使用毒品。

值得特别注意的是，研究者由于方法论上的原因而放弃了一些研究

---

① Goldberg L, et al. Drug testing athletes to prevent substance abuse: background and pilot study results of the SATURN (student athlete testing using random notification) study [J]. J. of Adolescent Health, 2003, 32 (1): 16 -25.

② A Valid Block Policy [EB/OL]. http://www.randomstudentdrugtesting.org/effective_stategy.html. 其新闻公报宣称“为了解脱众多少年，药物检测去除了同伴压力的拖拉。通过提供一个不可磋商的、方便的出路，学生药物检测将决定不使用药物的负担从他们生活的学生时期移到了成人时期”。

③ Ibid. At 24.

细节。[①] 首先，18 个学校中的 7 个（占 39%）退出了研究，因此这些学校不能计在分析之中。这不仅对实验设计有影响，而且也对实验组和控制组之间的差异有影响。其次，还有人口基准的问题，比如 SATURN 的参与者年龄较大，更多是男性，或者更多地使用类固醇。没有证据显示研究者在最终分析时考虑到了这些差异。

还有一个由联邦教育部教育科学研究所（U. S. Department of Education's Institute of Education Sciences，IES）资助、RMC 研究所和教学政策研究所承担的研究，于 2010 年 7 月出版了他们的研究结果（James-Burdumy et al，2010）。这项研究持续一年，从 2007 年春季到 2008 年，共有获得安全和无药物学校办公室（Office of Safe and Drug-free Schools，OSDFS）2006 年资助的 7 个学区的 36 所高中参加。

> 实验主要关注 MRSDT（Mandatory RSDT）对学生报告药品使用的影响；另外，还探寻 MRSDT 的其他可能效果。研究还检验对那些要求接受药物检测的活动的参与程度的影响、对学校的态度、未来药品使用的意图和药品使用的认知后果（perceived consequences）。[②]

很明显，认为 RSDT 可以减少学生使用药物的观点，主要有三种理由：（1）因检测的威胁或者给学生一个不至于受到同伴压力的借口而阻止使用；（2）通过检测是否使用，反过来给学生管理者提供一个建议学生做药物治疗或者咨询的机会；（3）通过“外溢”效应阻止那些实验校中没有接受药物检测的学生（使用药物）。

研究者随机把 36 所高中指定为实验组（这些学校将采用 RSDT）或者控制组（这些学校在研究结束前不会采用 RSDT）。这样，得到 20 所实验组学校和 16 所控制组学校，在 7 个学区的 43292 名学生中，有 10983 人参加。这些参加的学校之间没有明显的人口差异，尽管偏南部的学区相比全国平均水平，有着较多的高中和学生人数。这里有四个主要发现：

1. 与项目目标一致，接受 MRSDT 的学生与没有实施 MRSDT 的高中学生相比，药物使用较少。特别是，在采用 MRSDT 的学校学生过去

---

① http://ies. ed. gov/ncee/wwc/publications/quickreviews/QRReport. aspx? QRID = 55.

② Ibid.，p. 1.

30天内药物检测的结果低于没有实施这一政策的学校。类似的，尽管统计上并不显著，在其他药物检测中也得到类似结果。

2. 根据没有接受检测的学生报告，MRSDT项目在药物使用方面没有"外溢"效应。在任何分组中，药物检测对学生未来使用药物的意图没有影响。

3. 相比于提出的对随机药物检测可能存在的不自觉消极后果，MRSDT在参与接受药物检测的活动比例或者对学校态度和使用的认知后果方面都没有影响。

4. 有证据显示，MRSDT项目的效果与项目实施的方式有关。大剂量药物的检测结果与使用少量药物但同时使用酒精、烟草的人的检测结果显著相关。但又不可能截然区分这两个因素，因为对大剂量药品使用的检测学区，也同时检测酒精或者烟草。MRSDT的效果与检验的其他特点关系并不明显。①

还有一点特别重要，就是研究者们也承认这些发现不能在所有学区通用，因为这些样本学校都来自已经决定采用RSDT的学区，并且这些学区已经从ONDCP那里申请了资助实施这一项目的联邦拨款，而获得资助的一个条件就是参与这项研究。最好的情况是，这些结果在那些同样申请了这项资助的学区可以通用。但还有一件事不清楚，就是如果指派是真正随机的话，为什么会在实验组有20所学校，而控制组只有16所。

还有其他试图证实RSDT是一种有效地阻止药物使用的研究②，但这些案例研究都倾向于依靠校长们对RSDT是否减少了他们学校学生药物使用的认知判断，并且很少有实证性论据来支持这种判断。

得益于互联网，学生们很快学会了适应RSDT的时间表。比如，他们已经知道不同的药品停留在身体内的时间长度。附录A列出了吸食药物从体内排出的时间，如一般情况下，大麻的痕迹会在一天或两天甚至一个月或更多时间内从体内消失，学区经常检测的酒精通常也会在

---

① http://ies.ed.gov/ncee/wwc/publications/quickreviews/QRReport.aspx? QRID = 55, pp. xvii-xviii.

② 例如，Mckinney J P. The Effectiveness and Legality of Random Student Drug Testing Programs Revisited. 201 Ed. Law Rep. 1（2006年2月23日）。麦金尼（Mckinney）博士是印第安那州曼西（Muncie）市波尔州立大学教育学院教育领导系主任和教授。很值得一提的是，麦金尼博士是学生药物检测联盟（Student Drug-Testing Coalition, Inc.）的一名会员。

24小时内从体内排出。

前任总统乔治·W. 布什认为药物检测是“积极的、以社区为基础的减少非法药物使用行动”的“一个有效部分”。① 在布什政府时期，白宫国家药物控制办公室（ONDCP）也宣称有证据显示药物检测在阻止药物滥用方面是有效的。

> 大部分学生不断受到同伴的压力和来自电影、音乐、电视和互联网上信息的轰击。这些信息告诉他们使用药品是一种很普通的行为，是青少年成熟的标志，没有任何后果。为了使这些青少年（从中）解脱（出来），药品检测减轻了同伴压力。它也有助于减轻他们决定在目前与成人之间的这一段生活不再使用药品时的负担。②

但是，坚信随机药物检测有效的观点被联邦政府的安全与无药品学校办公室浇了一盆凉水。在它对一个“校本学生药物检测项目拨款”的公众评论的回复中，这一机构承认这一策略的有效性尚未得到确证。“最近几项研究使知道药物检测潜在有效性的人越来越多……没有一个研究，采用一个随机控制的试验，而这一研究设计是作出有效的随机学生药物检测是否可以防止药品滥用判断所必需的。”③

（三）社会控制

在2006年发表的一篇名为《期待与监测：对我们学生的药物检测》

---

① 在他2004年国情咨文的演讲中，乔治·W. 布什总统以这样的语言作了描述：“自从2003年以来，教育部已经通过多年度拨款，向超过80个学区的400多所拨发超过3610万美元，来支持随机药物检测项目……教育部和白宫国家药物控制办公室也已经宣布拿出大约580万美元的新拨款用于校本学生药物检测。估计合格的申请者会于2008年夏季得到估计38项拨款。”然而，值得注意的是这一单一年度拨款总额从布什总统2006年财政预算的1500万美元已经降了下来。

② http：//www. randomstudentdrugtesting. org/faqs. html#faq4.

③ 在安全与无药品学校办公室接到的一个公众评论电话中，关于它提出的“校本药物检测项目拨款”问题上，美国教育部承认这一策略的有效性尚未被确证。“最近的几项研究有助于越来越多的人知道药物检测的潜在有效性……（但是）没有一个运用一个随机控制了的试验，而这一研究设计是作出有效的随机学生药物检测是否可以防止药品滥用判断所必需的”（Federal Register，2006-05-22）。

的文章中，布伦科罗（Brendtro）和马丁（Martin）认为宣传者们被他们现有的研究结论所束缚，进而用恐惧操纵了家长和学校（Brendtro et al，2006）。作者参考了尼尔的著作。尼尔是一名医药社会学家，也是格拉斯哥大学药物滥用研究中心主任。他认为，那些致力于药物检测的人把“监测”理论作为了社会控制的优先手段。但是，这一领域的研究要求监测技术，比如随机药物检测，必须具备三个条件才能达到希望的行为控制目的：（1）有清晰的社会规范与罪行相联系；（2）违反必致惩罚；（3）监测能应对所有隐瞒企图。

这些条件在学校中却并不存在。首先，许多学生并不把社会规范与药物使用联系在一起（Chambers，2002）。其次，那些经常接受药物检测的学生大多情况下也接受咨询或者其他干预措施，如果违犯行为重复出现，可能会被排除在课外活动之外。但他们不能被隔离或者开除出校，检测结果也不被法律判决所采用。而且，那些不能参加竞赛性课外活动的学生也不接受 RSDT。最后，诸如 RSDT 之类的监测技术也不是万能的。学生们在应对上也越来越聪明，比如周末喝的酒在周一早上就测不出来了，或者他们会根据课外活动的时间周期来使用药物，如足球运动员会等到赛季结束后才使用。

人权活动家、一些法学学者，甚至一些最高法院的法官也认为 RSDT 侵犯了美国《宪法第四修正案》所规定的学生私人权利。他们认为政府要求学生接受药物检测的行为触犯了宪法。但最高法院的大多数法官认为学校这种特殊环境和学校的权威需要这些措施。

二、联邦宪法标准对 RSDT 的限制

联邦宪法对公立学校 RSDT 政策和项目的审议是基于美国最高法院对《宪法第四修正案》中保护个人房屋、文件和自身不受政府无授权的搜查这一解释的：

> 人们保护其人身、住房、文件和财物不受无理搜查扣押的权利不得侵犯；除非有合理的根据认为有罪，以宣誓或郑重声明保证，并详细开列应予搜查的地点、应予扣押的人或物，不得颁发搜查和扣押证。

原则上，这一修正案禁止政府机关搜查和拘押一个人或其物品，除非提前向法院提供合理的理由，法院再根据这些理由来签发所申请的搜查或扣押文件。

然而学校管理者属于政府雇员，其行为的法律要求相对较低，因而可以采用合理化怀疑。① 最高法院认为，在学校的监管下，学生的隐私保护要求应当降低。他们认为，要学校管理者为了保证学校不受药品和枪支的影响而搜集证据并向法院提出搜查豁免是不切实际的。合理怀疑的标准与基于个体怀疑的搜查尤其相关，也就是说一个学校管理者基于可靠信息对一个被确信吸食了毒品的学生及其物品可以进行搜查。这一标准同样适用于其他安全话题，比如怀疑一个学生在校期间持有枪支。

相比基于合理化和特殊性怀疑对某个个体进行药物检测，随机和无怀疑的药物检测项目看起来具有更多的透明度和更高的公众支持度。因为作为典型代表，随机药物检测被视为主动的行为。它只对随机选定的学生群体中收集的尿样进行分析，而与检测时学生是否吸食药物无关。

接受随机检测的学生往往是参与课外活动或想要从事某种学校指定的活动如驾驶汽车上学的学生。但近来一些采用 RSDT 项目的学区又有一些新的发展，他们要求没有参加课外活动的学生的父母签署许可条约，以同意他们的儿女接受随机药物检测（Richmond，2009）。

美国最高法院为学校委员会和学区官员们提供了采用无怀疑药物检测制度的合法性。他们认为，现时的学区职员作为学生在校时的照看者，应当关注孩子们的健康和安全，“不仅学区有采取行动的必要性，而且那些承担着照看和指导孩子这一特殊职责的人也必须这样做”②。同时，如果学区以“全国性药物流行迫使人们开始打响在每一所学校禁止药物的战争”为由而采用药物检测，法官们也只好降低要求学校证明存在“药物滥用”的要求。③

本节将回顾美国最高法院和其他对学生和学校职员进行无怀疑药物

---

① New Jersey v. T. L. O.，469 U. S. 325，105 S. Ct. 733（1985）.

② Vernonia Sch. 47J v. Acton，515 U. S. 646，662；115 S. Ct. 2386，2395（1995）.

③ Dist. Bd. Of Ed Indp. Sch. Dist. No. 92 of Pottawatomie Co. V. Earls，536 U. S. 822，834，122 S. Ct. 2559，2567（2002）.

检测的机构提出的（政策）标准。首先我们谈到的是关于在一些情况下保障学生宪法性隐私权利与州政府在营造一个安全的学习环境这一公共利益之间的争议。其后是法院在对学生药物检测政策和方法进行分析的过程中形成的一些特殊的司法参考解释。

（一）平衡学生的宪法性隐私权

随机学生药物检测是一种搜查，因此该行为受美国《宪法第四修正案》约束。这里需要对学生或学校雇员，如教师，在校期间的隐私权范围进行分析。学生或教师在校期间隐私权的享有程度必须与州政府机关——学区——对隐私权进行限制的条件相统一。

很明显，学生拥有宪法权利①，但当这些权利处于学校这一特殊环境时应该被弱化。首先，美国最高法院认为学生在校时的隐私权应该减少。② 在后来解释运动员随机药物检测时，这一原则被解释如下。

> 对于学生运动员，法律规定的隐私权程度应有所减少。害羞者不适合参加学校的运动比赛。在每一次比赛前，运动员注册后都要去更衣室。学校的更衣室，显然不是为隐私而设……学生运动员身处其中时，隐私程度自然要求相对降低。既然选择了“代表队伍出战”，他们就自愿接受了比一般学生要求更高的规则（约束）。③

降低了的学生隐私权才能与州政府在 RSDT 中的核心利益相平衡。最高法院认为，核心利益必须是“相对于其他因素对真正的隐私造成的

---

① 例如，“很难说学生或者教师在学校大门口时自由言论和表达的宪法权利是否被削弱”，Tinker v. Des Moines Independent School District, 393 U. S. 503, 89 S. Ct. 733 (1969); Goss v. Lopez, 419 U. S. 565, 95 S. Ct. 729 (1975); “尽管这个法院注意到了今天公立学校维持训诫的难度，但认为在校学生没有隐私合法权的呼求还不那么迫切”，New Jersey v. T. L. O. 469 U. S. 325, 105 S. Ct. 733, 741 (1985); “《宪法第一修正案》关于宗教信仰和宗教表达的条款对于州政府无论是禁止还是规定都特别重要”，Lee v. Wesiman 505 U. S. 577, 112 S. Ct. 2649 (1992); “其所牵涉的无论是被拒绝的教育获益中的财产利益还是自由与声誉，学校所选择的任何程序被宪法性地强加于悬置议题时仍是那么单薄，” Goss v. Lopez, 419 U. S. 565 95 S. Ct. 729 (1975).

② New Jersey v. T. L. O. 469 U. S. 325, 105 S. Ct. 733, 741 (1985).

③ Vernonia Sch. 47J v. Acton, 515 U. S. 646, 662; 115 S. Ct. 2386, 2392 - 2393 (1995).

侵扰，但又能足以使当前进行的特定搜查行为合法化的利益”，任何搜查中的核心利益与搜查的合理性、侵扰性相联系。[①] 在 RSDT 这一问题上，法院相信州政府基于全美上下都关注的学生药物滥用，有充分的理由采取检测行动并且这种行动侵扰的程度也不高。

> 这种不仅发生在大量个体身上，而且发生在受照看和指导的孩子身上的罪恶行为，迫使政府必须采取行动。[②]尿样检测的情形与男女学生每天在使用卫生间时经常遇到的情形基本相同。在这一情形下，妥协于尿样检取过程的隐私权微不足道。[③]

更进一步，法院还认为在一些情况下学校管理者不得不去这么做。这一“特殊需求”的分析使学校管理者可以不受《宪法第四修正案》的某些约束，比如正当理由和搜查核准。[④] 这为授权给学校管理者对参加课外活动的学生进行随机药物检测提供了进一步的合法性。[⑤]

然而，肯定州政府在学生随机药物检测中利益的合法性并没有终止其合宪性分析。随机药物检测政策和项目仍需被正确执行和运用，也就是说，随机检测不会在所有情况下都免遭宪法性审议。下面一节将阐述法律上构成无怀疑药物检测项目的其他因素。

（二）联邦法院对好的 RSDT 政策的法理分析

公立学校中 RSDT 的操作标准是在最高法院对韦尔诺尼（Vernonia）第47J 学区诉阿克顿（Acton）[⑥] 和帕塔瓦米（Pottawatomie）县第92独立学区教育委员会诉伯爵[⑦]两个案件的审理中被建立起来的。韦尔诺尼

---

①② Vernonia Sch. 47J v. Acton, 515 U. S. 646, 662; 115 S. Ct. 2386. 2395.

③ Id. At 2393.

④ Ibid. T. L. O.

⑤ Vernonia Sch. 47J v. Acton, 515 U. S. 646, 662; 115 S. Ct. 2386, 2395 (1995) and Dist. Bd. Of Ed Indp. Sch. Dist. No. 92 of Pottawatomie Co. V. Earls, 536 U. S. 822, 834, 122 S. Ct. 2559, 2567 (2002).

⑥ Id. 515 U. S. 646, 115 S Ct. 2386 (1995).

⑦ Id. 536 U. S. 822, 122 S. Ct. 2559 (2002).

地区政府是在决定对校际间运动项目的参加者开展学区 RSDT 政策和项目时引进了随机药检。法院在帕塔瓦米一案中则进一步允许将药物检测扩展到参加任何课外活动的学生。

法院在权衡政府在药物检测中的利益与学生隐私权益时，对学区的检测政策作了分析。法院认为，恰当的尿样收集行为应在当时情形下最大限度地保证学生的隐私，正如在韦尔诺尼一案中所提到的“侵扰程度取决于尿样采样的方式”。①

> 学生……在同性成人的陪同下进入空的卫生间。男孩背对监督者来获得尿样，无须脱下衣物，监督者应站在学生背后 12—15 英尺的地方……女孩在一个封闭的卫生间获取尿样，保证能被听到而不被看到。尿样获取后，交由监督者检查尿样的温度和质地，然后转到样品瓶中。②

除了男生可以在封闭的卫生间采样这一更宽松的要求外，帕塔瓦米一案所审议的政策基本相同。

> 一名教师监督员在封闭的卫生间外等候学生获取尿样，并且必须“听到排尿的正常声音以防止篡改标本和确保准确的保管链”。监督者然后将尿样倒入两个瓶子，密封后放入邮袋，袋中要附有学生签名的同意书。③

合宪的好的政策的另一重要因素是保护那些被选定作检测的学生的身份，并严格限制检测结果的获得。

> 尿样被送往一个独立的实验室。在那里，对安非他明、可卡因和大麻进行常规检测。其他药物，如迷幻剂（LSD），会根据学区的要求进行筛检，但样本所代表的学生身份不能被认出……实验室并不知道所检测的样本代表哪个学生。书面检测报告只许寄给学监，对学区其他职员，必须通过验证身份代码

---

① Vernonia. At 658.

② Id. At 2389.

③ Pottawatomie. At 2566.

> 后才能获知结果。只有学监、校长、副校长和运动员教练可以知道检测结果，并且结果保存不应超过一年。①

类似的，帕塔瓦米要求学生检测结果被作为机密文件保存并且只有授权许可的人方可获取。其他类似政策还有：（1）确保随机选取学生和确认阳性结果的程序；（2）训诫不应与学业后果挂钩；（3）法律强制部门不介入。重要的是，RSDT仅仅涉及那些自愿参加课外活动的学生。至于它会不会发展到将所有学生都包含进行，尚不清楚。尽管布雷耶（Breyer）法官在他对帕塔瓦米一案的赞同性评论中，明确提到RSDT"为拒绝服从者保留了一个选项。他可以拒绝检测，但要为此付出严重代价（即不参加课外活动），这比开除出校的结果要轻多了"②。因为私立学校并不是政府机构，所以无权用RSDT来约束参加课外活动的学生。

（三）对联邦法律隐私权的总结

根据《宪法第四修正案》，州政府在行使药物检测这一强制权时必须考虑到学生的隐私权益。权益的估量，一定程度上要根据侵扰的程度和检测时的情形来推断。最高法院认为，学生在学校管理的监管下，其对隐私的期望应有所减弱。

很明显，对学生的隐私保密和不将阳性检测结果和与学业成绩相关的训诫联系在一起很重要。而且随机药物检测仅适用于那些参加课外活动的学生和家长已经签署了同意对子女进行药物检测的没有参加课外活动的学生。

联邦宪法和法院系统对这个问题仍没有最后决断。美国有50个州，每个州都有自己的宪法和法院系统。在一些情形下，州宪法对个人宪法权益的保护更甚于联邦宪法。在对学生进行药物检测的搜查和扣押这个问题上也有这样的例子。

---

① Vernonia. At 2389.

② Pottawatomie. At 2571.

三、州法院对随机药物检测的法理分析

如前所述，州宪法有时对个人宪法权益的保护更甚于联邦宪法，如华盛顿州最高法院的一例最新判决就认为 RSDT 是违宪的。在加利福尼亚也有人试图将 RSDT 项目判为违宪。2009 年 6 月，加州一个基层法院通过了一项抵制在加利福尼亚学区中实施 RSDT 项目的联名起诉，虽然后来又被上级法院推翻，但这些案例很具有讨论的价值和启发性。

华盛顿州最高法院受理了一项由学生家长提出的诉状。在这一诉状中，该学生被要求在参加高中运动会时接受随机药物检测。[①] 原告认为，学区的药物检测政策违反了华盛顿州宪法中"任何人的私人事务或家在无法律授权时，不受侵扰"[②] 的规定。

法院认为，虽然联邦最高法院裁决附有限制的无怀疑药物检测是合宪的，但州最高法院并没有依据州宪法认可这种搜查是合宪的。"法院必须决定州是要遵循联邦法院的标准还是要对本州学生给予更多的保护。"[③]

被告的学区认为，法院应当遵循美国最高法院在韦尔诺尼诉伯爵一案中的推断，但是华盛顿州最高法院并不同意。他们认为：

> 这些案例，虽然对本案有所帮助，但不能因此影响我们解释自己的宪法。两个宪法对权益保护的条款上有着明显的不同，不像《联邦宪法第四修正案》第一章第七节那样没有合理性标准……（本州宪法）十分健全，比如第一章第七节就比《联邦宪法第四修正案》的相应部分给予人们更多保护。[④]

法庭在分析认定个人的隐私权益足以对抗学校 RSDT 政策时，运用了两步分析。

首先，必须判断州政府的行动是否对个人私人事务构成了侵扰。

---

① York v. Wahkiakum Sch. Dist. No. 200, 163 Wash . 2d 297, 178 P. 3d 995 (Wash. 2008).

② Wash. Const. Art. 1, § 7.

③ York. At 303.

④ Id. At 303, 306.

这里，指要求一个学生运动员提供尿样是否侵犯了学生的私人事务。其次，如果一个人的隐私权益被侵犯，分析的第二步就是要看这一侵犯是否得到了法律许可。而根据州宪法第一章第七款，“法律许可”必须得到有效的核准，以防止出现那些我们谨慎防范着的意外。①

在回答第一个问题时，法院认为，要求学生提供尿样是一种违反学生意愿的、“对学生运动员身体机能（造成）干扰的政府行为”②。学区官员则认为学生应有较少的隐私权，学生运动员在更衣室时更应如此。这是联邦最高法院在伯爵一案中得出的结论，但华盛顿州的法官并不同意。

> 学区没有把法律和更衣室的氛围与学生应接受无怀疑药物检测这一被降低了隐私期望的事实联系在一起。我们看不到更衣室或者户外所发生的事情与强迫他或她提交尿样这一事实中学生隐私权之间的关系。学生运动员在控制他或她自己身体机能方面应拥有真正的、基础的隐私权益。③

在确认了学生的隐私权益和检测侵犯了学生“私人事务”后，法院又回答了学区进行药物检测是否必须有法律许可问题。

> 我们长期所采用的无核准搜查本身是不合理的，除非它在“谨慎小心地规定的意外”范围之内。这些例外包括紧急情况、同意、为合法逮捕进行的搜查、为清点而进行的搜查、一目了然法则（the plain view doctrine）和基于确信的制止行为(terry investigative stop)。而且证明随机药物检测总是符合这些狭义期待中某一条始终是政府的责任。④

在关于对学生进行随机药物检测的授权问题上，学区希望法院采纳联邦法院“特殊需要”这一思想。但在诸如管理性搜查等类似的擦边性问题上到底需不需要进行特殊需求分析上，州法院坚持认为，除了州

---

① York. At 306.

② Id. At 307.

③ Id. At 308.

④ Id. At 310.

宪法的第一章第七款外没有必要。另外，州法院认为，它和联邦法院的法令“是用相似的方法将授权需求分离开来，而不是用统一的方法”①。

> 我们没有创造一个通用的特殊需求或者采纳一个严格的审议形式，来分析宪法是否允许州法院在任何时候为了法律强制而采用将授权需求分离的方法来制造出一个超越普通需求的特殊需求。在学生运动员随机药物检测这一问题上，我们也没有任何理由去创造一个在普通法中也找不到的说法来对授权需求进行这样的宽义解释。②

根据这一点，华盛顿州最高法院裁定根据华盛顿州宪法，对学生进行随机药物检测是违宪的。

一般来讲，一个州法院遇到在对州宪法解释中为了对侵犯隐私和任何超出《联邦宪法第四修正案》所授权的不合理搜查提供更多法律保护时，都会裁定 RSDT 违宪。法院也会要求学区（政府实体）提供足够的压倒性权益来超越学生的隐私权，包括他们应该有建立在特殊需求理论的豁免这么一个强有力的认可。

四、结　论

这些争议和已经被宣判的法律问题作为 RSDT 的介绍和完善的结果，在联邦和州政府层次还在继续产生着更多的问题和关注。当然，关于 RSDT 的功效和有效性的断言仍需要被检验。只要有实验的试图，随机样本选取的有效性、收据收集和数据分析的有效性问题就仍然存在。还有就是，不管对这种努力的重要性如何修饰，目前联邦和州政府的财政状况是否会继续支持 RSDT 项目仍是问题。更重要的是，只有个别或者说没有一个研究，对 RSDT 项目的花费收益或者成本的有效性问题进行过研究。

同样重要的是，目前在推进 RSDT 项目中对侵犯学生社会权利和州在推进学校无毒品活动中的利益本质仍然在讨论中。而在无论是联邦还

---

① York. At 312.

② Id. At 314.

是州层次这样一个两极化的政治环境中，讨论这个问题值得特别研究，因为在这一环境中普通人群中相当大一部分人的社会权利都受到了威胁。

附录A

药物（包括酒精）会在你的身体中存在多长时间?①

药物（非法的或者处方性的）停留在人身体中的时间长短不一。相当大一部分，取决于你的体质（如身高、体重、脂肪量、年龄、当前的健康状况，以及你是温和地锻炼还是积极地锻炼或者根本不锻炼）。你是不是处于压力之中（比如你的“思想状况”）也会影响到药物的摄取。

还有一些因素包括在药物检测之前持续使用的频率（一天一次还是一天三五次?）、每次使用的药物量和每次的时间长度（每天？每周?还是每月?）也会有所影响，甚至一个人所摄取的药物量也会影响检测的时间。

然而，对于大多数人来说，如下面所列，在相应时间内身体中的相应药物是可被检测的（比如，在实验室药物检测中呈“阳”性）。

酒精（Alcohol），1小时到10—12小时。

安非他明（Amphetamines），1—2天。

合成代谢类固醇（Anabolic steroids），口服大约3周，注射可达3—6个月或更多。

巴比妥酸盐（Barbiturates），2—3天。

苯二氮（Benzodiazepines），大部分会存留2—3天，一小部分会存留4—8天。

可卡因（Cocaine），1—2天。

可待因（Codeine），1—2天。

γ-羟丁酸（GHB），1—2天。

海洛因（Heroine），1—2天。

吸入剂（Inhalants），几小时。

---

① Occupational Health Services［EB/OL］. http：//ohsinc. com.

氯胺酮（Ketamine），2—4 天。

迷幻剂（LSD），几小时到最长 5 天。

大麻（Marijuana），2—5 天，但每天使用或重剂量使用者在超过 30 天内都可以被检测到。

摇头丸（MDMA），1—5 天。

美沙酮（Methadone），1—7 天。

甲基苯丙胺（Methamphetamines），2—4 天。

安眠酮（Methaqualone），10—15 天。

尼古丁（Nicotine），1—2 天。

阿片类药物（Opiates），1—2 天。

羟考酮（Oxycodone），1—2 天。

五氯酚（PCP），1—8 天。

参考文献

Richmond E. 2009. More Schools to Test Students for Drug Use［N/OL］. Las Vegas Sun，03 – 06. http：//www. lasvegassun. com/news/2009/mar/06/more-schools-test-students-drug-use.

Susanne J-B，Goesling B，Deke J，Einspruch E. 2010. The Effectiveness of Mandatory-Random Anon. Student Drug Testing（NCEE 2010 – 4025）［M/OL］. Washington，DC：National Center for Education Evaluation and Regional Assistance，Institute of Education Science，U. S. Department of Education. http：//www. mathematica-mpr. com/publications/PDFs/education/random_student_drug. pdf.

Johnston L D，O' Malley P M，Bachman J G，Schulenberg J E. 2008. Various Stimulant Drugs Show Continuing Gradual Declines among Teens in 2008，most Illicit Drugs Hold Steady［EB/OL］.（2008 – 12 – 11）. http：//www. monitoringthefuture. org/pressreleases/08drugpr. pdf.

Anon. 2008. Strategies for Success：New Pathways to Drug Abuse Prevention：Vol. 1（3）［M/OL］. Washington，DC：Office of National Drug Control Policy，Executive Office of the President. http：//www. randomstudentdrugtesting. org/newsletter/summer_fall_08/page3. html.

Conlon C K. 2003. Urineschool：A Study of the Impact of the Earls Decision on High School Random Drug Testing Policies［J］. J. of Law and Education，34（3）：297 – 319.

Yamaguchi R，Johnson L D，O' Malley P M. 2003. Relation between Student Illicit Drug Use and School Drug-testing［J］. Journal of School Health，73（4）：159 – 164.

Random Drug Testing in Elementary and Secondary Schools in the United States

M. David Alexander, Jennifer Sughrue,
Wang Jianliang, Wang Pengwei

Abstract: This paper firstly gives an overview of the debate on RSDT, especially on the effectiveness of random drug testing in deterring student drug use, and then discusses the legal parameters of random drug testing policies and programs as interpreted by the U. S. Supreme Court with respect to the Fourth Amendment of the U. S. Constitution as well as the recent state statutory and case law that consider random drug testing of students. Finaly, the paper provides a summary of the primary topics discussed and the questions that yet remain regarding RSDT policies and programs.

Key words: United States, elementary and secondary schools, drug, RSDT (Random Student Drug Testing)

作者简介

M. David Alexander，博士，美国弗吉尼亚理工学院和州立大学教育学院教育领导与政策研究系主任，主要研究方向为教育政策与法律；Jennifer Sughrue，博士，美国奥多明尼昂大学（Old Dominion University）教育学院助理教授，主要研究方向为教育基本理论；Wang Jianliang，博士，美国西肯塔基大学教育与行为科学学院教育管理与领导系教授，主要研究方向为教育经济政策和教育研究方法；王鹏炜，博士，陕西师范大学教育学院讲师，主要研究方向为教育法律与政策。

□王　琳

美国中小学学校法律地位评析

【摘　要】本文从教育行政部门、教育中介组织、法院、学校的公私划分、实施变革措施的学校等角度对美国中小学学校的法律地位进行剖析，并分析了影响美国中小学学校法律地位的法律、教育、文化因素。

【关键词】公立学校，非营利组织，教育行政管理权

作为普通法系国家，美国中小学学校的法律地位具有自己的特点，了解这些特点及其形成的原因可以帮助我们更好地借鉴美国的教育制度和法律制度。

一、美国中小学学校法律地位特点

（一）公立学校与私立学校、营利学校与非营利学校法律地位不同

1. 公立学校和私立学校的法律地位不同

公立学校和私立学校的划分依据主要是根据举办主体和资金来源。在美国，那些由政府所举办并且学

校运转资金主要由政府提供的是公立学校，否则，则为私立学校。依据美国法律对营利机构和非营利机构的划分标准，不把扣除成本之后净收入分给机构成员的是非营利机构，不受这一限制的是营利机构。私立学校可分为营利学校和非营利学校。美国法律对这些学校给予不同的法律定位。

美国教育体制实行地方分权制，教育权属于州的自治权，联邦政府只拥有宪法明定的权限。政府部门通过立法机关、行政机关、司法机关对教育进行管理，但以行政管理权为主。一般来说，州之下教育行政部门分两级：州教育理事会和教育厅；学区、地方教育理事会和学监。

对于公立学校而言，州负有建立公立学校的法律责任。州教育行政部门权力有：制定政策和法律、选派行政官员、教师资格认定、分配教育经费、学区重组、强力推行教育法案、向公众报告教育情况、分配联邦政府划拨的经费、解决教育争议等。地方教育理事会对所属公立学校也享有广泛的权力：选派教育行政官员、订立教育政策、审订预算与综理财政、建设和维持中学和非年级制学校、订立教育人事规章、评估学校绩效、调整学校招生区划、停办学校、决定具体课程、争取各种社会资源等。综上所述，州和地方教育行政部门享有对学校各项事务的决策权，公立学校和教师只是在其决策范围内就具体执行享有自主权，同时，地方教育理事会也对所辖学校的决策失误承担法律责任，并享有“行政豁免”的特权（坎布朗-麦凯布 等，2010）。从美国教育行政机关与公立学校的权责划分来看，公立学校是不具有法人地位的，它是教育行政机关的行政相对人。①

美国政府并不直接介入私立学校的管理，各级政府对私立学校的管理集中在两个方面：私立学校的设立和教育教学事务。对于私立学校的设立，有的州实行许可制，有的州实行准则主义。② 约半数实施许可制的州对于许可程序和条件的规定差异很大。对于私立学校的教育教学活动，政府从教育内容、课程设置、教学标准、教师资格、安全设施、学

---

①　该界定参考：余雅风．新编教育法［M］．上海：华东师范大学出版社，2008：101，206. 该书中界定学校可有民事主体、行政相对人、行政主体三种法律地位。

②　许可制下，私立学校的设立通过政府部门审核；准则主义则较宽松，符合条件就可成立并不需要经政府部门专门的审核，政府部门只作登记备案。

生测验等方面进行规范。政府被禁止规范的事项有：（1）以规定何者不得教授的方式来限制“知识的获得”；（2）规范“宗教训练”；（3）私立教会学校不能征收失业补助税，也不受“国家劳动关系委员会”管辖。① 政府对私立学校进行干预还可以通过拨款，对此，私立学校有权利选择接受或放弃，但接受拨款的私立学校同时也要受到相关规定的约束。总之，政府对私立学校的管理多从外部通过立法、资格审核、监督、特定项目拨款、法院审判来约束，私立学校享有较大的自主权，并需要独立应诉本校所发生的各种法律纠纷。此外，私立学校的举办主体和经费来源多样化，因而，私立学校具有独立的地位②，其中符合法律要件的具备民事主体资格，成为法人组织；否则，将成为非法人社团。

2. 营利学校和非营利学校的法律地位不同

在美国，私立学校的历史早于公立学校。③ 美国本土第一所中学波士顿拉丁文法学校由清教徒所创立，教育目标为培养神职人员，学生上学要交纳学费，该学校属于非营利学校。事实上，多数非营利学校是宗教学校，它们具有较高的教学水平，而营利学校是于 19 世纪 90 年代萌芽，至 20 世纪初才发展壮大的。

依据对非营利组织的“三步测试法”④ 分析可知，非营利私立学校属于非营利公益组织，即非营利学校既不向其成员分配利润，也不是为了使其成员受益，而是为了实现公共目的。在美国，成立非营利组织不需要专门的程序，所以，有些非营利学校没有法人资格。非营利私立学

---

① 参见：周志宏．私人兴学自由与私立学校法制之研究［M］．台北：学林文化，2001：160－162，168．该概括来自最高法院的判例，而非制定法。

② 这种界定基本符合美国本土的概念。美国联邦教育部对私立学校主要从管理和资金两方面加以限定，它提出三条标准：（1）由州或州的下属机构或联邦政府以外个人或机构管理；（2）通常没有公共资金的援助；（3）私立学校不由公众选举或任命的官员进行管理。参见：余雅风．新编教育法［M］．上海：华东师范大学出版社，2008：197．

③ 美国免费的公立中等学校始于 19 世纪，而 1635 年和 1636 年清教徒在波士顿地区分别创设了公立拉丁文法学校和哈佛学院。

④ 第一步为“最大最小测试”：不从事商业经营活动的法人都是非营利法人，从事商业经营活动但不向其成员分配利润的也被认为具有非营利性；第二步为“互益性测试”：如果法人存续的目的是为了使其成员受益，则被认为是互益法人；第三步为“公益性测试”：如果一个法人存续的目的是为了公共目的，则该法人为公益法人。

校要取得法人资格，需要得到各州首席检察官的批准，这也是非营利学校获得免税资格的前提。对非营利法人学校审核和给予免税资格的是国家税务局，它依法免除非营利法人学校某些税款。非营利学校办学资金主要来源于捐赠，非营利学校决策机构为学校董事会（有成员的还有成员大会）。非营利学校董事会常常由热心公益事业的有一定威望的社会人士组成，他们的劳动报酬有限。有鉴于非营利学校的成员、董事、公众对非营利学校的监督缺乏动力，美国法律从禁止个人利益、限制商业活动、强化信息披露等方面对具备法人资格的非营利组织的董事权利进行限定。总之，非营利学校是不属于政府的民间自治组织，它属于与政府和市场相对的市民社会的产物，它们通过联邦宪法中结社自由权而组建，经政府权力认可而具有法人资格，或者成为非法人社团（非法人非营利社团）。①

营利学校大致可分为两类：第一类是直接教育学生的营利学校。它们通过收取学费获得利润。第二类是营利性的教育管理组织，它们不直接教育学生，而是通过管理下属学校获得利润。这些管理组织在美国也被称为营利学校（袁征，2010）。此类学校收取管理学校所得的管理费。营利学校的存在和发展主要依靠规模经济和节省开支。第一类营利学校的教师工资水平通常低于公立学校，甚至雇用没有教师执照的人教课；生源质量也不乐观。第二类营利学校所管理的学校多数为小学，有许多是公立特许学校和虚拟网络学校。营利学校依靠市场自主经营，能否生存以及发展得如何取决于市场。这类学校不享受政府的免税政策，以商业公司的模式运作。它们与商业公司的区别主要表现在对课程、教学、教师的管理方面，这些营利学校必须遵守所在州的法律规定或政策，接受教育行政部门就此类事项的管理。该类营利学校部分具有法人地位，有一些则不具有法人地位，只是商业社团。营利学校也是通过联邦宪法中结社自由权而组建，不属于政府，它属于由市场调节并接受政府管理的组织。

---

① 美国的非营利组织可以采取三种法律形式：非法人社团、法人社团、信托形式的社团。也有学者将其概括为：非法人非营利社团、非营利法人和公益信托。在美国一些州的立法中，符合法定程序要件成立的非法人社团和信托也具有法人资格，他们能以自己的名义拥有财产和起诉应诉。

（二）公立中小学受到政府较严格的控制

以下将进一步从对学校教师管理的视角来说明教育行政机关与学校权利的划分。

1. 颁发教师资格证。教师资格证由州来颁发，具体办法由各州制定。教师资格证是教师执教的资格证明，不能保证教师获得雇用。地方教育理事会有权在州教育资格证要求之外制定自己的雇用条件。教师资格证的撤销必须由州依法定理由进行。

2. 与教师签订雇用合同和终止雇用合同。这两项权力属于地方教育理事会。州立法机关对教师终身雇用作出规定，地方教育理事会拥有签订终身合同的自由裁量权，这项权利不能再进行委托。按照州法律规定，地方教育理事会有权判断教师是否适合教学并终止雇用合同。同时，地方教育理事会也要承担举证责任。

3. 设定雇用条件。地方教育理事会享有为学校人员设定工作要求和雇用条件的权力，但这些要求必须合理并遵守法律。除州宪法或制定法有专门规定的情况之外，与教师进行集体谈判属于教育理事会的自由裁量权。一般来说，集体谈判协议不可超越制定法的规定。

4. 安置教师。地方教育理事会有权在学区范围内安置教师，通常要求所作安排不得与教师的雇用合同内容相冲突。

5. 决定课程和教学内容。州立法机关拥有该项决定权，但州通常将一定的权力授权给地方教育理事会，由地方教育理事会来确定学习项目、规划课程内容，包括教学材料的范围和顺序。公立中小学校的教师一般无权决定教学内容。

6. 对教师课堂教学进行限制。地方教育理事会可以对教师在教室中表达个人观点的自由权进行限制，但这种限制需基于合法的教育理念。

7. 确定教师评价体系。尽管州很少确立教师评价体系，但是州法律通常要求地方教育管理人员制定评价标准。除非受到管理政策的限制，否则，地方教育理事会也可与教师工会谈判确定评价标准。

8. 限制教师的某些宪法权利。地方教育理事会可对教师的某些宪法权利加以限制，如结社权、言论自由权、隐私权等。

综上所述可见，教育行政部门（州和地方教育理事会）对学校的管理比较细致深入，在这样的权利架构之下，公立学校所拥有的权利是比较小的。

（三）民间力量参与对中小学的管理历史悠久

在美国，教育中介组织参与对学校的管理历史悠久，举例来说，成立于1857年的全美教育协会和1916年的美国教师联盟，兼有专业职能和工会职能，可进行教师集体谈判；全美专业教学标准委员会颁发全国性的教师资格证书和高级教师资格证书；全美教师教育认可委员会对教师教育机构进行认可；美国西部学校和学院认证协会对会员学校和参评学校办学水平给予认证；私立学校全国委员会则对私立学校教育教学进行评价等。这些中介组织尽管组织构成和行政隶属不尽相同，但通常都是独立组织，因存在的目的是为了公共事务而属非营利组织，又因组织运作经费部分来源于会员交纳的会费，而组织成员也是受益人，因而属于互益型非营利组织。

这些教育中介组织不属于政府的组成部分，它们代表不同利益群体的主张，与政府分享教育权，属于市民社会部分，其存在行使的是公民社会中的自治权。它们通过联邦宪法中结社自由权而组建，有的接受政府的认可而在公众心目中更具权威，有的因历史、品质而为公众所认同。其中，全美教师教育认可委员会是在联邦教育部的倡议和支持下而组建的，可见，教育中介组织与政府之间具有合作关系，甚至被称为缓冲组织或“减压阀”。但对于两者之间如何划分管理学校的权利却缺乏明确的法律界限。① 通常来说，学校接受教育中介组织的管理出于自愿。如果公立学校被界定为教育行政部门的行政相对人，没有独立的法人地位，但至少这种行政相对人的地位并不完整完全，它们有一部分事务可以选择或者需要接受教育中介组织的管理。

① 如：新泽西州的一个法院就裁定，地方教育理事会不得将其所具有的某部分权利让渡给教师协会，让教师协会来决定学生学习的课程或者裁决教室内所发生的争议。艾奥瓦州最高法院认为，教育理事会不能将其所拥有的规章制定权委托给州高中体育联合会。

（四）政府对公立学校的变革举措导致一批法律定位不清晰的学校产生

近 20 年来，美国教育行政机构对公立学校管理变革的举措可概括为加强民间对教育的参与，即民营化趋势。具体来说，变革形式有特许学校、契约形式学校、教育管理组织、社区学校、校本管理、教育券计划等。①

这些变革形式的公立学校存在许多未定的法律问题。其中，最突出的问题是教育行政机构在多大程度上可以将公立学校的行政管理权委托出去？公权力是不能放弃的，即使有委托和授权情况，应该也是按照法律的规定进行。在美国，由于教育权掌握在州政府，联邦政府并无统一的规定，而各州颁布的教育方面的法律并不相同。所以，考察教育行政部门的权力让渡是否合法一方面要依据州的宪法和制定法，另一方面需要法院根据具体情况来判定。②

对于这些变革形式的学校，它们是否拥有独立的法人地位，是否拥有民事主体资格与其他主体缔结合同？拥有决策权的校本管理学校、有较大自主权的特许学校是否具有行政主体的资格独立管理本校事务并应

---

① 特许学校是由教师、教育管理者、学生父母或当地居民申请，由州教育部、学区委员会或大学批准建立，经由立法特许可免受州及地方规章规范，享有较大的自主权。它们从政府获得教育拨款，不向学生收取学费。契约形式学校指的是以地方学校理事会通过契约将学校的部分事务委托出去。可委托辅助事项的服务，如学生交通服务、膳食服务、守卫、清洁、校舍和设施维修服务；可委托核心事项的服务，如提供教学服务、提供课程或教学方法、教学科技等；甚至还可委托一个学校或整个学区的管理服务。教育管理组织是指接受公共资金来管理学校的组织或公司。该类组织所管理的学校包括公立学校和特许学校，还可有私立学校和网络学校。社区学校是中小学利用学校社区的资源，与私营公司、政府机构、大学等结合而成立的新型学校组织。校本管理是政府部门将一部分决策权下放到学校，在学校层面组建由教师、家长、社区人士等参与的董事会对学校事务进行决策和监督。教育券计划是由政府将教育经费以教育券的方式发放到公民手中，而由公民自由选择包括私立学校在内的就读学校。

② 如：伊利诺伊州在 1988 年颁布的一部州法律，该法允许芝加哥地区的公立学校通过选举以成立校本管理委员会，并赋予该委员会以雇用员工、批准学校预算和项目的权利。虽然该项法律引起了广泛的争议，但联邦巡回法庭裁定该部法律合法（联邦最高法院则拒绝对该项裁决进行审查）。而在 1993 年的一起案件中，纽约州高等法院确认，依据《纽约州地方分权法》，纽约市教育总长有权力订立社区学监的选举程序，其中，校本管理委员会必须向纽约市教育总长提交一份综合评价说明，以评价每一位竞选社区学监的候选人。

独立承担法律责任？由商业公司管理公立特许学校后，公立学校的行政相对人地位如何实现？如果学校内发生法律纠纷，应由谁来承担法律责任？如果教育管理组织、社区学校中兼有公立学校和商业机构，其法律定位应是私人商业组织还是政府组织的一部分？教育券应用于私立学校是否导致政府经费的流失？接受政府经费的私立学校是否还能保持原有的法律地位？各州对这些法律问题的态度不尽相同：有的州禁止教育券在私立学校使用；有的州禁止由商业机构管理公立特许学校。由此可见，变革形式的公立学校法律地位并不清晰。

（五）司法对学校内宗教信仰自由和联邦宪法中基本权利的保护尤为重视

作为判例法国家，法院在规范和保障学校发展方面发挥了积极作用。但并非所有法院所审判的案例都被当作一般法律原则，法院也并非喜欢主动寻求标新立异，一般来说，法院倾向于保守地审判案件、对法律原则进行严格解释，而法院级别越高，其审理案件被当作判例遵循的可能性就越大。

美国法院所审理的教育案例比较集中在两个方面：教育与宗教相分离的案件和涉及公民基本宪法权利受侵犯的纠纷。对于前者，《联邦宪法第一修正案》规定：国会不得制定法律，建立宗教或禁止宗教自由。该条款确立了政教分离原则和宗教自由原则。私立学校关于宗教部分的课程和活动，各州政府很少干涉。但对于公立学校情况却不同。1971年在莱蒙诉库兹曼（Lemon V. Kurtzman）案中，最高法院确立了检验是否保持宗教中立的三个原则：该行为必须具有世俗目的；该行为的主要结果必须不支持宗教也不禁止宗教；该行为不得促成政府与宗教过多的牵连。自20世纪80年代以来，最高法院放宽了宗教活动在学校中开展的限制，最高法院已允许以研读《圣经》为主的社团平等使用学校资源，而之前，最高法院将各种读经和祷告活动拒绝于公立学校之外（秦梦群，2006）。

美国联邦宪法对公民基本权利的规定可分为对实体宪法权利的规定和程序宪法权利的规定。前者有公民自由权、生命权、财产权、受平等保护权等；后者为正当程序保护，包括告知、给予进行辩护的机会、公正地举行听证。美国法院所审理的学校案件许多都与此有关，如学生言论自由纠纷、出版自由纠纷、结社自由纠纷、学生惩戒纠纷、平等享受教育资源纠纷、教师学术自由纠纷、言论自由纠纷等；像有关学生分类的纠纷、学生安置的纠纷以及教师解聘的纠纷等，学生或教师也常常是以学校管理侵犯其宪法权利为由而起诉的。法院在平衡教育行政部门的行政管理权和公民宪法基本权利方面扮演了重要角色。

对于专业性较强的纠纷，如学生成就评价、教师评价等，法院倾向于认为属于教育行政部门的自由裁量权而不加以干涉。司法部门的审判权与教育行政部门的行政管理权的权限划分也在案件审理中不断被界定或重新被界定。

二、美国中小学学校法律地位特点原因分析

（一）美国法律体制建基的传统理念的影响

在美国公立学校与私立学校并存、政府和教育中介组织共同管理教育，这种现象虽然并非美国独有，但可以说，美国是将教育权由政府和社会共享实现最充分的国家。这很大程度上得益于美国的法律系统。美国法律体系给予公民和社会组织较大的自治权来源于美国对国家与社会关系的认识；而政府对学校管理放权的法律界限模糊性则源于美国对公法和私法的观念。

英美国家通常认为，国家和社会各有自己的定位和权利，社会不是通过政治组织来界定，社会是通过自我建设、自我协调、自我整合而形成的体系，其中，政权只是社会中人们所缔结的一个协议。

> 哈贝马斯的公民社会是独立于国家的私人领域和公共领域，私人领域是指以市场为核心的经济领域，公共领域指社会文化生活领域……公民社会的关键在于形成一种社会网络，对公共领域中人们普遍感兴趣的问题形成一种解决问题的话语体制。（任伊珊，2008）

此外，对英美法系影响较深的自然法传统认为，法律不是由人来创制的，而是一种自然存在于人类社会中的秩序，人们所需做的工作只是

发现这些规则。早在18世纪，自然法学说便与启蒙思想中的人本主义思潮相结合，确立了市民社会“自治”的原则，这一原则集中体现在财产权和合同自由的法律制度中。非营利组织（非营利学校和社会中介组织）正是社会中公共领域的部分，营利学校属于社会中的市场为主导的私人领域部分。非营利学校实现了在社会中进行教育教学的权利，而教育中介组织则实现了在社会中对教育进行管理的权利。

英美法系的另一个特点是普通法系的公法中没有公法和私法分立的观念。在英国，20世纪之前没有行政法院，所有案件都在普通法院中审理，公民和官员都以平等的身份在普通法院受审，适用的是普通法院的程序和原理。今天，公法、私法的观念和划分已然被英国和美国所接受，美国走的则更远些。美国在20世纪实施进一步加强政府权力、增进社会福利的政策，在美国的法律哲学中相应地体现为更多的关注和论证政府权力在保障社会公正和促进社会财富增长的合法性上。在实践中，出现了政府公权力较多干涉私人领域的倾向。正是这种公法、私法不能清晰划分的法律理念导致在政府对中小学的管理中出现矛盾的局面：一方面政府对公立中小学加以严格的控制，给予私立学校充分的发展空间；另一方面政府却对部分公立中小学只施加很少的限制，几乎把公立学校放给了市场。

（二）判例法国家在动态中界定法律问题的特点所致

普通法系的法律结构不是理性逻辑严谨的构建，而是以判例为基础的经验体系，通过一定的原理而不是概念，将主要散见于庞杂的有效判例的规则联系起来。这个体系是灵活的、不断发展的。这种法系中法官常常是法学家，他们依赖法律共识和经验进行审判，法官拥有较大的自由裁量权。如果学校纠纷中遇到了之前未曾遇到的新问题，法官可因时因势地来“定分止争”。

（三）美国民主传统和文化的作用

美国建国历史只有200多年，政治体制模仿欧洲三权分立的传统而建立，早先的建国者厌恶集权的心态又使整个国家采取地方分权制，因而美国的社会结构是比较松散的，全国统一一致的方面很少。今天的美国仍然接受大量移民，不同种族、不同民族的居民共同生活。大致来说，美国是三权分立和社会权实现最彻底的国家。这种历史和现实状况都促使美国社会朝向多元化和多样化方向发展，这很好地解释了为什么美国的学校形态多样。

对于美国的文化，杜维明教授这样描述：

> 在美国的立国精神中，（这种）宗教意味浓厚的超越思潮是一个非常重要的源头，也就是新英格兰地区——美国文明发展的最早起源——精神源头，有深刻的价值内涵。直到今天，依然有一定的影响力。……假如说爱德华兹所代表的精神方向是美感的、直觉的、强调内在良知灵明的深度心理方向，则富兰克林所代表的是实用的、功利的，即任何事情都要以实用的功能坐标系统来定位。（郭齐勇，2002）

在这样的文化牵引下，才会出现美国学校政策中存在的两种价值取向：重视实际效率、培养精英；关爱社会地位处境不利的儿童、关注给予个体平等的发展机会。这同时也是大量私立非营利宗教学校存在的文化基础。

（四）基础教育基本理念的影响

20 世纪 30 年代进步主义教育运动中，杜威个人本位论的教育思想影响深远，"教育即生长""教育即生活""学校即社会"这些教育理念尽管受到了许多批判，但因其契合美国的本土文化而对基础教育影响至深。从学校形态的多样化到学校教育教学注重个体差异都与这种教育思潮有关。美国今天的特许学校、宗教学校、社区学校等允许学校发展不同办学特色的教育政策并非特殊个案，早在 60 年代，美国就出现了一批以开放、自由、学生中心、弹性课程为特色的新型中学，及至今日如磁石学校等依然存在。

美国教育公平观念以能使每个个体最大限度地发展天赋为最高追求，美国学者也认可社会经济地位的差异将导致教育机会的不平等。但在义务教育制度颁布实施的最初，美国思想家并非将普及义务教育的经济意义放在第一位，而是强调普及教育对政治和社会民主的作用。在美国人眼中，只有民主的社会、民主的政治才是人们幸福生活的根本保障，同时也是国家繁荣富强的基础。因而，在美国的教育政策中才会出现国家既肩负起基础教育的责任，同时又放权给社会、放权给市场、放权给家长的现象。

(五) 追求效率和高质量教学的结果

20世纪80年代以来，美国开始关注学生成绩，因此而兴起了全国性的标准化建设运动和学校绩效评价运动。政府资金的流向、教育变革措施实施都以提高学生成绩为目标。许多学者花了大量的时间精力来测评不同制度环境不同教学情况下学生成绩提高的规律，以便为教育决策提供知识依据。① 尽管美国的教育政策受到全球均权化思潮的影响，但从根本来说，还是出于本土的现实和需要。

参考文献

郭齐勇，郑文龙.2002. 杜维明文集：第二卷［M］. 武昌：武汉出版社：400－401.

坎布朗-麦凯布，麦卡锡，托马斯. 2010. 教育法学：教师与学生的权利［M］. 第5版. 江雪梅，茅锐，王晓玲，译. 褚宏启，张冉，审校. 北京：中国人民大学出版社：461.

秦梦群. 2006. 美国教育法与判例［M］. 北京：北京大学出版社：241.

任伊珊. 2008. 非营利组织法律规制研究［D］. 北京：中国人民大学：56.

袁征.2010. 美国营利和非营利学校的分界［J］. 教育发展研究（10）.

The Analyze of Judicial Status of the Primary and Secondary School in the United States

Wang Lin

Abstract: This article analyzes the judicial status of the primary and secondary school in the United States from education administration, education intermediary body, court, public school and private school, schools with reformed style, and then, explains its lawful, educational and cultural basis.

---

① 参见：丘伯，默. 政治、市场和学校［M］. 蒋衡，等，译. 杜育红，校. 北京：教育科学出版社，2003. 书中比较集中地体现了一些测量数据。

Key words: public school, non-profit organization, right of education administration

作者简介

王琳，北京教育学院讲师，研究方向为教育法学、教育学。

□张　冉

美国大学章程的类型化分析及其对我国高校章程制定的启示[①]

【摘　要】本文以耶鲁大学、密歇根大学、纽约州立大学这三所不同性质的大学为例，对其与大学章程有关的法律文件进行辨析和分析。本文认为，我国对国外大学章程的学术讨论应该区分设立文件和组织文件，并需要结合大学的性质及其法律文件的内容和体系进行具体研究。

【关键词】章程，大学治理，教育法，美国大学

《国家中长期教育改革和发展规划纲要（2010—2020年）》中要求“各类高校应依法制定章程，按照章程规定管理学校。”从法律的角度来讲，我国于1995年颁布实施的《中华人民共和国教育法》（以下简称《教育法》）早已将“有组织机构和章程”作为设立学校及其他教育机构的必要条件，并赋予学校

① 中国人民大学科学研究基金（中央高校基本科研业务费专项资金资助）项目“高等教育法制的国际比较与最新发展”（项目批准号：10XNJ068）研究成果。

"按照章程自主管理"的权利。① 1998 年制定并于 1999 年开始实施的《中华人民共和国高等教育法》（以下简称《高等教育法》）更是对大学章程作出了进一步具体的规定。② 但是直至 20 世纪末，我国学界对学校章程鲜有研究。③ 近些年来，随着国内一些大学纷纷制定章程，大学章程一跃成为我国教育法学界研究的热点。在这一过程中，各国外知名大学"章程"的中译本也纷纷面世。

然而，正如《大学章程精选》一书的前言中所述，这些"章程"在其原始文本中可能被称为 Charter，Bylaws，Legislation，Statutes 或者 Ordinance，中文学术讨论中经常使用的"章程"仅是一个统称而已（湛中乐，2010）。《大学章程的法律透视》一文中也是将 Charter，Bylaws，Legislation，Statute，Ordinance，Organic-law 进行了合并处理，统称为大学"章程"（刘香菊 等，2004）。本文认为，"章程"这个统称虽然用起来很方便，但是却在无形之中抹杀了这些文件本身的法律性质，也掩盖了这些文件所能体现出来的相关大学的法律地位与性质。"章程"这个词可以继续用，但是在用的时候我们需要知道它所指代的到底是什么。本文以美国耶鲁大学、密歇根大学、纽约州立大学三所学校的法律文件为例，试图在这一模糊地带作些辨析和尝试的努力。

一、私立大学：以耶鲁大学为例

耶鲁大学是美国著名的私立大学，也是美国最早——事实上还是在殖民地时期——成立的大学之一。1701 年，康乃迪格殖民地议会通过法案（Act for Liberty to Erect a Collegiate School）成立一所大学，这所大学即是后来的耶鲁学院（Yale College）。康乃迪格的这项法案虽然没有使用特许状（Charter）的字眼，但是仍然起了最初的特许状的作用。之后，康乃迪格殖民地议会于 1722 年授权该学院使用其印章，并在 1723

① 《教育法》第二十六、第二十七条。

② 《高等教育法》第二十七、第二十八、第二十九、第四十一条。

③ 笔者在中国期刊网中国学术文献网络出版总库中以"章程"为关键词、并以全文中出现过"大学"为限制条件对发表于 1980 年 1 月 1 日至 2000 年 1 月 1 日之间的文献进行了搜索，一共才获得文献 154 篇。而且，这些文献主要是历史史料研究（如"京师大学堂创办述略"）或者对学会章程的全文刊载（例如"江西省金属学会章程"）。

年解释和扩展了最初的设立法案。1745年，康乃迪格殖民地总督为耶鲁大学签署了正式的特许状（Charter），以法案的形式赋予耶鲁学院更多的权力与特权（Yale University，1976）[8-11]。在此之后，康乃迪格议会又通过了若干项法案，对特许状进行了修订。1887年，经议会同意，耶鲁大学（Yale University）的名称开始使用。

在此过程中，耶鲁最高管理委员会得以诞生，并获得了独立的法律身份。1745年的特许状中明确写到，耶鲁学院“校长及董事委员会”（The President and Fellows of Yale College in New Haven）具有法人地位①，该委员会自1792年起又被称为“耶鲁法人”（The Yale Corporation），并至今保留该名称。“耶鲁法人”具有全面管理耶鲁学院的权力，是耶鲁的最高管理机构。1887年后，耶鲁学院更名为耶鲁大学，“校长及董事委员会”继续作为耶鲁法人存在，可以使用耶鲁大学的名称（Yale University，1976）[12-13]。这些变化由康乃迪格议会以法案的形式通过，并获得了耶鲁最高管理委员会的认可，可以被看作是对设立耶鲁的特许状的修订。

耶鲁大学诞生于美国早期，其法律身份的取得经历了一个持续的过程，并通过特殊法案的形式一步步得以确立。如今，成立私立大学或者申请私立大学特许状，要遵循各州相应的程序。有的州有针对教育机构设立的特殊法律，在另外一些州则需要适用慈善团体或者非营利性组织的一般性法律（Kaplin et al，2006）。一般来讲，大学设立发起人要向相关的机关提交大学设立章程（Articles of Incorporation）和特许状申请，相关机关批准后将颁发特许状（Charter）。完成设立或者特许（Incorporation or Chartering）程序之后，私立大学即获得了法人或者设立中的法人地位。

大学设立章程（Articles of Incorporation）和特许状（Charter）内容都比较简单、明了。耶鲁大学1701年的特许状不到1000字，1745年的特许状也只有大约2000字。West Law数据库中有大学设立章程和特许

---

① 在美国的高等教育中，可能是大学具有法人地位，也可能是大学的最高管理委员会具有法人地位。具体到每个学校而言，需要查看他们的设立文件。大多数学校属于前一种情况。就本文所讨论的三个学校而言，纽约州立大学属于前一种情况，耶鲁大学和密歇根大学属于后一种情况。

状的模板①，主要包括大学的名称、地点、目的、权力、董事会成员的数量、名字、产生方式等条款。大学设立人和州的审批机关可以填入具体的名称、数字进行使用，也可以删除或者增加一些条款。因此，各个学校之间的设立章程或特许状，除了在具体细节上，可能差别并不大。

本文认为，大学设立章程和特许状在本质上属于大学设立文件，解决的是大学法律地位的问题，从而使大学或者大学董事会能够与外部主体打交道。大学设立章程体现的是大学设立人自愿结社、设立大学的意思表示；特许状体现的是州对于大学设立章程及其申请的认可，标志着大学作为独立主体的诞生。美国联邦最高法院认为特许状构成大学设立者与州之间的合同，受美国联邦宪法中合同条款的保护。在著名的达特毛斯学院董事会诉伍德沃德案②中，美国联邦最高法院判决，除非州议会在颁发特许状的时候加入了权力保留条款，否则州议会不得单方面修改已经颁发的私立大学特许状。③ 该判决为私立大学的自治提供了制度保障。

大学设立章程或特许状中涉及大学内部权力分配的条款对于大学治理也有着非常重要的意义。可以说，大学设立章程或特许状同时也是大学本身的宪法，是大学中最高效力的文件。然而，大学章程或特许状篇幅都比较短小，仅对非常重要的事项作出了概要的或者原则性的规定。大学董事会一般都需要制定略为具体的内部管理文件来实现治理目的。

湛中乐教授主编的《大学章程精选》一书中包含的《耶鲁大学章程》即是这样的核心治理文件。其英文名为“The Yale Corporation By-Laws”。该章程（By-laws）基于特许状（Charter）中的授权条款，由耶鲁大学董事会——耶鲁“校长及董事委员会”或称为“耶鲁法人”——负责制定与修改。④ 耶鲁大学第一份章程制定于1795年，现

---

① American Jurisprudence Legal Forms 2d 2d § 60：6，§ 60：11（2010）.

② Trustees of Dartmouth College v. Woodward，17 U. S. 518（1819）.

③ 达特毛斯案以后，州立法机关在授予特许状时经常加入权力保留条款，从而为日后的更改留有可能。然而，美国联邦最高法院在伯利亚学院诉英联邦肯塔基州（Berea College v. Commonwealth of Kentucky）（1908）一案中判决，即使在有权力保留条款的情况下，州立法机关对特许状的更改也是受限制的。Berea College v. Commonwealth of Kentucky，211 U. S. 45（1908）.

④ 需要经校长及董事委员会2/3多数通过，并且该委员会成员需要在上一次开会时或本次开会前30天收到与表决有关的材料。

行有效的章程最后修订于2009年4月25日。这一份接近8500字的文件在宏观上系统勾勒出了有关大学的组织结构、教师的聘任、学生录取与注册、图书馆、博物馆、美术馆、教堂、医院、体育设施、校友会等方面的事务，基本上搭建起了耶鲁大学的治理结构。

除了《耶鲁大学章程》，耶鲁大学董事会还制定了八部主要的规章，统称为《耶鲁法人规章汇编》（Yale Corporation Miscellaneous Regulations）。① 这八部规章分别调整如下专门事务：董事会中校友代表的提名和选举、耶鲁大学名称的使用、专利政策、大学档案馆的研究性使用、住宿学院的成员资格、学位与毕业证书的补发、毕业服的使用规则、大学颁发的各种学位与证书列表。与章程相比，规章仅是针对专门事务，但其规定更加具体；章程在涉及相关事务时，会规定“按规章汇编办理”。同章程一样，规章汇编的制定与修改也需要经过耶鲁大学董事会2/3多数通过。

综上，和耶鲁大学密切相关的主要有特许状、章程、规章三种法律文件。特许状是大学的设立文件，由州立法机关颁发，赋予了大学董事会独立的法律地位，在性质上也可以被解释为州与大学设立者之间的契约。章程和规章由特许状授权大学董事会以2/3多数制定，是大学重要的内部治理文件，它们搭建起大学主要的治理结构并调整对大学具有普遍意义的专门性事务。

二、宪法性公立大学：以密歇根大学为例

密歇根大学是美国著名的研究型大学，也是美国最早的公立大学之一。《大学章程精选》一书中包含的《密歇根大学学校校董会章程》其英文名为“The Bylaws of the University of Michigan Board of Regents”。该文件是由密歇根大学校董会制定，并不断修订的。② 正如该文件前言说明的那样，该文件规定的是那些大学总体上有关组织和政策的重要事务。这一份长达83页的英文文件包括了14个章节：大学董事会、大学

① 参见：http：//www. yale. edu/about/corporation/regulations. html［2011－06－23］.

② 《大学章程精选》中翻译的版本是2008年7月最后更新的；本文写作之时，该大学网站上发布的最新版本是2011年2月最后更新的。

管理者、商业事务管理/财政/财产、大学评议会（University Senate）、教员与学术人员、院与学院、学生事务、学生录取和注册、毕业与学位、学生收费、院/学院及其附属单位、大学图书馆、大学其他部门与单位、其他规则。有的章节下面还包括了十几个甚至几十个小结，可见该文件规定得还是很具体的。

与前述所分析的耶鲁大学不同，密歇根大学自己的网站上并没有给出章程（Articles of Incorporation）或特许状（Charter）。密歇根大学是通过州法案的形式于1817年得以设立的。设立时的名称为Catholepistemiad，也就是University of Michigania。1821年，该大学正式更名为The University of Michigan，并进行了校董重组。①

密歇根大学属于美国法律上的“宪法性大学”（Constitutional University），也称为“自治大学”（Autonomous University）。密歇根州宪法第一章第八条第五款直接规定了密歇根大学的独立法人地位和核心组织架构。按照该宪法条款的规定，密歇根大学董事会监督大学事务，控制并决定大学经费的支出方向。大学董事会由八人组成，依据法律选举产生，如有临时空缺则由州长任命；董事会成员任期为八年。大学校长由大学董事会选任，大学校长是大学的首要管理者，并作为董事会无表决权的当然（ex-officio）成员出席董事会会议。② 密歇根州宪法中的这些规定与上文中提到的大学章程（Charter）范本中董事条款相去不远。

因为“宪法性大学”是基于州宪法设立的，它们并不受州行政法的限制，相对于州议会制定的法律而言也有一定的自由（Kaplin et al，2006）。密歇根最高法院曾经确认，公立大学董事会在其职能范围之内具有与州立法机关同等的权力，它们与州立法机关之间构成彼此协调的关系（1999）。在20世纪70年代，密歇根大学董事会曾经和密歇根州另外两所宪法性大学的董事会一起将密歇根州以及密歇根州教

---

① University of Michigan Timelines：General University Timeline. Bentley Historical Library，University of Michigan. http：//bentley. umich. edu/exhibits/umtimeline/general. php ［2011 - 03 - 22］. 事实上，密歇根大学设立之时，密歇根州还没有加入联邦。

② Michigan Constitution，Art. 8，§ 5（1963）. 需要注意的是，在美国，并不是所有的州立大学都是法人。参见：American Jurisprudence，Second Edition，Colleges and Universities，§3（2010）.

育委员会告到了州最高法院。他们认为，州议会拨款法案中的一些规定侵犯了大学自治，同时，他们还挑战州教育委员会对于大学专业变化以及建设项目的审批权。密歇根州最高法院审理后认为，就该案争议的具体事项而言，宪法性大学需要向州议会和州教育委员会报告；但是，法院也同时强调，这仅仅是报告而已，州议会并不具有监督和控制权，州教育委员会对于这些宪法性大学而言，也只是一个咨询机构，并不具有否决权。

宪法性大学的董事会对于大学事务的管理具有充分的控制与管理权，这其中包括为实现大学职能而颁布条令（Ordinance）的权力。在密歇根大学董事会的网站上，即有一部由该董事会通过的有关在大学停车、大学内交通以及大学建筑和财产使用的条令（An Ordinance to Regulate Parking and Traffic and to Regulate the Use and Protection of the Buildings and Property of the Regents of the University of Michigan）。该法令的制定一方面是源于密歇根州宪法中有关密歇根大学董事会权力的规定，同时也是基于密歇根州 1967 年通过的 291 号法案授权密歇根大学董事会制定校园交通与停车条令。这一条令虽然也是由密歇根大学董事会制定的，但是其效力应该低于《密歇根大学学校校董会章程》（Bylaws）。

综上，与耶鲁大学不同，作者并没有找到密歇根大学的特许状。作为“宪法性大学”，密歇根大学的独立法律地位是由州宪法直接规定的。除了州宪法以外，密歇根大学董事会制定了一份比较详尽的章程，系统地建立起大学的治理结构。基于宪法中对密歇根大学董事会的规定，以及州制定法中的特殊授权，密歇根大学董事会还制定了条令来规范大学内交通等特殊事项。宪法条款、章程、条令三者之间，效力逐级递减。州宪法条款既创设了如今的密歇根大学，也赋予了密歇根大学一定的对抗州行政机关和立法机关的权力。

三、基于制定法设立的公立大学：纽约州立大学

与密歇根大学不同，美国很多公立大学并不是出现在州宪法中，而是依据州议会通过的一般性法律成立并受其调整的，这一类大学被称为基于制定法设立的大学（Statutorily Based Institutions）。纽约州立大学

（The State University of New York[①]，SUNY）就是一例。纽约州立大学事实上是一个州立大学体系，正式成立于1948年，目前由64个学院或大学（例如，广为人知的SUNY-Albany分校和SUNY-Buffalo分校）组成。纽约州立大学是美国最大的州立大学体系。

纽约州立大学成立和治理的法律依据为美国纽约州教育法第一章中的第八条，该条共具有16个条款。[②]按照该法律的规定，纽约州立大学具有独立的法律地位，有权依照该法和其他法律管理和控制大学的土地、财产和设备。[③]该法律规定纽约州立大学应当由一个17人组成的董事会（A Board of Trustees）管理，并规定了董事会成员的产生程序与任期、董事会的会议规则（召集程序、最低出席人数等）、董事会工作人员的雇用以及可能的执行委员会的产生和工作规则。[④]董事会成员有权力同时也有责任制订大学的长期发展计划，管理和监督大学重要的行政、财政和人事事务，对大学内的交通他们也有管制权。[⑤]该法律还规定，纽约州立大学体系下的学校都要有一个10人构成的理事会行使监督职能监督，并规定了理事会成员的产生方式。[⑥]可以说，纽约州的教育法初步勾勒出了纽约州立大学的核心治理架构。

纽约州立大学董事会制定了两份文件：《纽约州立大学董事会章程》（By-laws of the Board of Trustees）和《纽约州立大学董事会政策》（Policies of the Board of the Trustees）。《纽约州立大学董事会章程》是一份只有四页的短小文件，包括如下几个部分：董事会（权力、组成、出席规则、会议召集与通知、董事会主席与副主席的职责）；董事会执行委员会（组成、秘书、会议、权力）；董事会常务或者特别委员会；董

① 注意“The State University of New York”不同于“The University of the State of New York”，后者包括了纽约州的整个教育体系，不论中小学还是高等教育，也不论公立还是私立，还包括图书馆、文化馆和其他文化机构。也就是说，后者是包括前者的。参见：About the University of the State of New York. http：//usny. nysed. gov/about/aboutusny. html［2011－03－24］. 另见纽约州宪法第六条。

② New York State Education Law，Article I，Art. 8. 此外，纽约州教育法其他部分（例如第七章）也有一些规定与纽约州立大学相关。

③ New York State Education Law，§ 352（2010）.

④ 同③，§353（2010）.

⑤ 同③，§354，355，355-a，355-b，355-c（2010）.

⑥ 同③，§356（2010）.

事会雇员；董事会的办公地点；大学印章；财务年度；投票表决方式；修订条款。① 该章程仅关注纽约州立大学董事会本身，其部分内容是对州教育法规定的重复，部分内容是对教育法的补充。该章程并未直接涉及大学的其他治理结构。更加确切地说，该章程就如同“纽约州立大学董事会”这一组织体本身的章程。

《纽约州立大学董事会政策》则是由大学董事会制定的有关大学治理的系统性文件。这份长达60页的文件没有再重复《纽约州立大学董事会章程》中关于董事会的规定，但是系统地规定了如下事项：大学管理者、大学教授会（University Faculty）、大学评议会（University Faculty Senate）、所属院校的理事会（Councils）、所属院校的管理者及组织结构、所属院校的教授会、雇员的聘任、学术与专业雇员的评价与晋升、雇员的休假制度、解聘、退休、所属医疗机构收入的使用计划、学生议会（Student Assembly）、大学校长顾问会（University Council of President）、该政策的可适用性。按照“大学管理者”部分的规定，纽约州立大学体系有自己的校长（Chancellor）、副校长、大学秘书长和法律顾问。纽约州立大学董事会《纽约州立大学董事会章程》和《纽约州立大学董事会政策》一起搭建起了该大学的宏观治理体系，应该说二者都具有纽约州立大学“章程”的性质。

本文之前提到，纽约州立大学下面有64个子院校，这些子院校也有自己的治理结构。本文以阿尔巴尼校区为例予以简要介绍。纽约大学阿尔巴尼校区源于1844年成立的一所师范学校，1914年演变成纽约州师范学院。1962年，该学院“加入”了纽约州立大学体系，成为纽约州立大学下的四所中心大学之一，该校也逐渐演变成一所公立综合性研究型大学。阿尔巴尼校区既然成为了纽约州立大学的一部分，前文中提到的纽约州教育法中关于纽约州立大学的条款以及纽约大学董事会制定的《纽约州立大学董事会章程》与《纽约州立大学董事会政策》自然适用于该校。在内部治理上，阿尔巴尼校区形成了管理—监督/咨询的双重治理结构。十余名职业管理者和专家构成了该校区的高级管理层（Senior Faculty），其中阿尔巴尼校区校长（President）负责校区的全面

① 《纽约州立大学董事会章程》可以在董事会会议上经全体董事会成员过半数通过而修订，当然修订提案需要事先告知董事会成员。

管理，其他人员分管学术、科研、学生发展、法律事务等各个方面。按照《纽约州立大学董事会章程》的规定，校区校长由大学校长（Chancellor）和校区理事会（Council）推荐，最后由大学董事会（Board of Trustees）任命，校区的其他高级管理者由校区校长任命，并报告给大学校长。① 除了高级管理层外，阿尔巴尼校区还有一个由 10 人组成的理事会，该理事会以纽约州教育法和《纽约州立大学董事会政策》成立，向阿尔巴尼校区以及阿尔巴尼校区的校长和高级管理者提供咨询意见，并监督他们的工作。

综上，与纽约州立大学密切相关的文件主要有州教育法、纽约州立大学董事会制定的章程（By-laws）和政策（Policies）。州教育法赋予了纽约州立大学独立的法人地位。同时，州教育法专门针对纽约州立大学订立了十几个条款，规定得也颇为系统，这些条款与纽约州立大学董事会制定的章程和政策一同创设出了大学的治理结构。

纽约州教育法中有关纽约州立大学的规定比密歇根宪法中有关密歇根大学的规定要详细很多，然而州教育法只是州议会通过的制定法，因此，纽约州立大学是基于制定法成立的大学。这就决定了纽约州立大学的自治空间比耶鲁大学和密歇根大学要小很多。与耶鲁大学相比，它享受不到特许状带来的联邦宪法中合同条款的特殊保护，州议会可以单方面修改教育法，进而改变纽约州立大学的权利和义务。同时，因为州教育法并没有州宪法那么高的法律效力，纽约州立大学并不像密歇根大学那样相对于州的权力具有比较“超然”的法律地位。20 世纪 70 年代，纽约州立大学的董事会成员、大学校长和大学的一些教授和博士生一起起诉了纽约州教育管理机构，因为后者不再承认纽约州立大学具有授予历史和英语专业博士学位的资格。纽约州最高法院审理后认为，纽约州教育部长有权对大学的学位授予资格进行审查，州议会对州教育部长的这项授权并不违宪，而本案中该教育部长关于纽约州立大学英语学位授予资格的审查结论具有合理的依据。② 与本文第二部分讨论过的涉及密歇根大学的案件相比，纽约州立大学作为基于制定法的大学，其通过制定章程进行自主管理的权力受到更多的限制。

---

① Board of Trustees Policies：The State University of New York，art. IX（2009）.

② Moore v. Board of Regents of University of New York，390 N. Y. S. 2d 582（1977）.

四、讨　论

本文中所讨论的三所大学的核心治理特征与重要法律文件可以被总结为表一。

表一：大学治理特征与重要法律文件一览表

	大学的性质	董事会名称	法人主体	设立文件	组织文件	董事会通过的其他文件
耶鲁大学	私立大学	The Yale Corporation	董事会	法案（Legislation）和特许状（Charter）；最早设立于1701年，不断有补充和修正	董事会 By-laws	董事会 Miscellaneous Regulation，共规范8项专门事务
密歇根大学	宪法性公立大学	Board of Regents	董事会	最早以法案形式（Legislation）设立于1817年，后以州宪法（Constitution）确立	董事会 By-laws	董事会制定的有关大学内停车、交通以及财产使用的 Ordinance
纽约州立大学	基于制定法设立的公立大学	Board of Trustees	纽约州立大学	依据州教育法（State Education Law）于1948年设立	董事会 By-Laws 以及董事会 Policies	

本文认为，第一，有必要区分设立文件和组织文件，二者的目的、侧重点、颁发机构和篇幅都有很大不同。设立文件主要解决的是大学独立主体的问题，一般最终由权力机关予以颁发。特许状是典型的设立文件。大学发起人制定的设立章程（Articles of Incorporation）也是一种设立文件，但是一般要经过权力机关批准或者颁发特许状才能使得大学真正成立。对于公立大学，州宪法或者州制定法中关于该大学的特殊规定

也可能成为该大学的设立文件。设立文件一般都比较短小，核心是规定大学董事会以及法人主体，依据文件特点的不同，有的也需要规定大学的基本信息以及治理的一些基本原则。设立文件在组织内部也具有最高的效力，组织文件必须遵循设立文件。大学的核心组织文件由大学董事会制定，比设立文件要详细，规范的内容也更加广泛，涉及大学董事会、管理者、教师、学生、图书馆等整体性的、重要的问题，其目的是系统地构建起大学的组织结构和运行原则。大学的核心组织文件会不断修改，而设立文件则相对稳定一些。大学董事会和其他机构可以根据设立文件和核心组织文件制定进一步的、具体的规则。

第二，Charter，Bylaws，Legislation，Statutes 以及 Ordinance 这些词虽然从最广义的层面上都可以翻译成“章程”，但是它们经常代表了不同的法律关系，而且与大学本身的性质密切相关。本文接下来将结合耶鲁大学、密歇根大学、纽约州立大学这三个例子，从大学外部和内部治理结构的角度，对这些词及表一中涉及的其他法律文件名称进行辨别与分析。

就本文所讨论的三所学校而言，“Charter”这一在国内使用得非常多的对“章程”的翻译仅出现在耶鲁大学中。Charter 对应的中文词应为“特许状”，在大学设立的语境下，它指的是权力机关（王室①、议会②或被授权机关③）许可大学成立，并赋予大学（在美国，有时是大学的董事会，例如本文中讨论的耶鲁大学和密歇根大学）独立的法人地位。“特许状”这个名称听起来像是单方法律行为，但是美国联邦最高法院曾经判决 Charter 构成了权力机关与大学设立者之间的契约，权力机关不可以单方面更改已经发出的 Charter。

耶鲁大学和密歇根大学最初都是以州法案（Legislation）的形式得以设立的。事实上，州或者殖民地议会采用特殊法案的形式来管理教育事务是美国早期教育法的主要形态（Mccarthy et al，2006）。与后来法典化的州教育法不同，这些法案规范当时的某一项具体事务（例如成立某一所特定的大学），一般不需要反复使用，法案与法案之间也不一定

---

① 例如威廉—玛丽学院。
② 例如本文中的耶鲁大学。
③ 例如一些州的教育委员。

有内在的联系。后来，特殊法案逐渐被一般性的、可以普遍使用的法律所代替。对于私立大学的设立许可（Chartering 或者 Incorporation），经常是由州教育委员会或者其他授权机构依照一般性规则进行。

密歇根大学和纽约州立大学，作为公立大学，前者是依照州宪法（State Constitution）中的特殊条款而确立，后者是依据州教育法（State Education Law）中的专门规定而成立。因此，前者被称为宪法性的大学（Constitutional University），后者被称为基于制定法的大学（Statutorily Based Institutions），二者分别代表了美国公立大学的两种主要形态。因为宪法或制定法中对其法律地位已经有了规定，二者并不再需要特许状来确立其法律地位。与纽约州立大学相比，密歇根大学依据的是州宪法而不是州议会通过的普通的制定法，具有更强的抗击议会和行政机关干预的能力。

与上面的这几种设立文件不同，By-laws（或 Bylaws）是大学内部的核心组织文件。By-laws 由大学董事会制定，调整的是大学内部关系。但是各个大学的 By-laws 也有所不同。很多学校的 By-laws 系统地搭建起整个大学内部治理结构的骨架，例如本文中讨论的耶鲁大学和密歇根大学。然而，对于本文中讨论的纽约州立大学而言，By-laws 仅仅规范了大学董事会的组织规则，该大学董事会同时制定了 Policies 来规定大学的具体组织结构和运行规则。还有的学校（例如本文并没有讨论的芝加哥大学）By-laws 中虽然包括了对大学管理层的规定，但是比较简单，By-laws 中同时规定大学董事会可以制定 Statutes 来规范大学的组织和运营。一般来讲，在大学内部，By-laws 的效力应该高于 Policies 或者 Statutes。需要注意的是，这里的 Statute 和前面提到的纽约州立大学作为基于制定法设立的公立大学中的 Statute 不同。这里的 Statute 是由大学董事会制定的大学内部治理文件，而作为纽约州立大学产生依据的 Statute 是由州议会制定的法律。《大学章程精选》一书中提到的 Statute 指的是第一种法律文件。

除了组织文件，大学董事会还可以制定其他法律文件来调整专门事务，比如耶鲁大学董事会制定的规章（Regulation）汇编以及密歇根大学董事会制定的 Ordinance。密歇根大学这一 Ordinance 的制定，一方面是源于密歇根州宪法中有关密歇根大学董事会权力的规定，同时也是基于密歇根州曾通过的一项法律的授权。需要注意的是，Regulation 和

Ordinance在不同的语境下也会有不同的含义，它们并不必然会代表大学董事会制定的规范。美国联邦政府的行政法规也叫 Regulation①，很多市政府颁布的法令以及早期非常著名的“西北宪令”（Northwest Ordinance）② 也使用 Ordinance 这个词。

事实上，当我们研究国外大学任何一部法律文件时，都不应该直接依据其题目中的用词判断它的法律性质，而应当在考察该文件的内容以及其在规范体系的地位后，再作出具体的判断。本文也仅是以耶鲁大学、密歇根大学、纽约州立大学这三所不同性质的大学为例，说明美国高等教育法律制度的多样性，并尝试对这三所学校涉及的与大学章程有关的法律文件进行辨析和分析。本文不力图——也不可能——对美国所有大学的章程进行穷尽的、结论性的判断。本文仅能对我国学界如火如荼的大学章程研究提供一些思路，并不能够推广到美国每一所大学。③

本文所作的这些辨析和分类的努力对我国目前的大学章程制定工作会有一些启示作用。鉴于设立文件与组织文件的区分，我国高等教育界目前轰轰烈烈的章程制定活动制定的至多只能是大学的核心组织文件。从时间上讲，这些大学已然成立，它们中的很多甚至是在《教育法》和《高等教育法》颁布之前成立的，重新制定设立文件从逻辑上讲不通，似乎也没有必要。我国《高等教育法》第三十条规定：“高等学校自批准设立之日起取得法人资格。”根据此条规定，应当认为，我国现有的经批准设立的高校都已然具有法人资格，包括那些在《高等教育法》生效之日前设立的高校。从章程制定活动的主体及其所反映的治理关系来看，我国目前正在进行的大学章程制定活动是大学内部的活动，主要围绕大学内部的组织、结构与管理进行。通过章程制定活动，大学

---

① 例如，美国联邦行政法规汇编就叫 Code of Federal Regulations，在法律检索中简称 C. F. R. 。

② 就与教育相关的方面而言，该法令体现了由政府对教育进行投入的思想。

③ 比较教育研究的可推广性经常体现在“深层次的典型性”（deeper-layer typicality），而不是“表层的典型性”（surface typicality）或者说是简单的可复制性。如果本文能够使读者对于大学章程的理解增进一点点，那么本文的目的就已经实现了。参见：Alexander R J. Culture and Pedagogy: International Comparisons in Primary Education [M]. Malden, M A: Blackwell Pub. , 2001: 276; Ginsburg M B, Gorostiaga J M. Relationship between Theorists/Researchers and Policy Makers/Practitioners: Rethinking the Two-cultures Thesis and the Possibility of Dialogue [J]. Comparative Education Review, 2001, 45 (2): 173 -196.

至多只能理顺大学内部治理关系，而不能直接改变大学的外部治理关系。结合本文对相关英文法律文件名称进行的辨析，各高校最近制定的或正在制定的大学章程，如果翻译成英语，应该被译成 Bylaws（或 By-laws），而不应该译为目前经常被使用的 Charter。对于将要设立的大学，其设立人按照《高等教育法》第二十七条的要求向审批机关提交的“章程”则可以被翻译为 Articles of Incorporation。因为这是设立方提交的文件，同样也不可以被翻译成 Charter。通过区分设立文件与组织文件，可以有效地解决现在我国很多大学在成立后还要制定章程的逻辑困境，也会使章程制定活动真正地成为大学理顺治理结构的契机，而不是使得大学的内外部治理结构更加混乱。

参考文献

刘香菊，周光礼 . 2004. 大学章程的法律透视［J］. 高教探索（3）.

湛中乐 . 2010. 大学章程精选［M］. 北京：中国法制出版社 .

Mccarthy M M, Zhang Ran. 2006. The Uncertain Promise of Free Public Schooling［G］//Bodenhamer D J, Shepard R T. The History of Indiana Law. Athens, Ohio; Ohio University Press: 213 - 254.

Alexander R J. 2001. Culture and Pedagogy: International Comparisons in Primary Education［M］. Malden, M A: Blackwell Pub: 276.

Ginsburg, J M. 2001. Gorostiaga. Relationship between Theorists/Researchers and Policy Makers/Practitioners: Rethinking the Two-cultures Thesis and the Possibility of Dialogue［J］. Comparative Education Review, 45 (2): 173 - 196.

Yale University, 1976. The Yale Corporation Charter and Legislation［EB/OL］.［2011 - 03 - 23］. http: //www. yale. edu/secretary/Charter_Legislation. pdf.

Kaplin W A, Lee B A. 2006. The Law of Higher Education: A Comprehensive Guide to Legal Implications of Administrative Decision Making［M］. 4th ed. San Francisco: Jossey-Bass: 1261.

Disintegrating the Discourse of "Zhangcheng" in Chinese Educational Research: Legal Documents in Three American Universities and Their Implications for China

Zhang Ran

Abstract: University charter, bylaws, legislation, statutes, and ordinance of foreign universities are often characterized under a single name "Zhangcheng" in Chinese academic discourse. Using the relevant legal documents of Yale University, the University of Michigan, and the State University of New York as examples, the paper illustrates the nature of these different documents and the internal and external governance features implied. The paper suggests that a distinction should be made between university founding documents and internal laws and that the study of these documents should take account into their place in the rules system as well as the distinct legal status and history of each university.

Key words: American university, education law, university governance, university charter (university by-laws)

作者简介

张冉，博士，北京大学教育学院讲师，研究方向为教育法、比较教育法、研究方法等。

后　记

借着2011年6月第七届中国教育学会教育政策与法律研究分会年会的东风，在国内外专家学者的大力支持下，《中国教育法制评论（第9辑)》顺利出版。作为中国教育法制研究的权威集刊，本书延续了记录中国教育法领域的新现象、探求现象背后蕴涵的真理，并力求探寻教育法学科发展的新趋势等学术传统。

回应中国教育法领域产生的新问题和介绍国际教育法领域的新成果是本辑的两大主题。在社会发生深刻变革的背景下，我国教育领域产生的教育法问题层出不穷：高校办学自主权、现代大学制度、法人治理结构等高校治理难题，义务教育阶段法律有效性、学校法律地位、校园事故责任等基础教育法律困境，民办教育机构的法律地位等民办教育法律问题，教育平等权、受教育权的性质、残疾人受教育权等教育法基本理论问题都是值得研究的时代命题，在本辑中这些命题一一得到了严谨而又系统的探讨。在本书的后半部分中着重介绍了国际教育法理论和实践的鲜活经验，主要介绍了美国中小学随机药物检查、中小学法律地位等问题，这些研究成果的呈现拓宽了我国教育法研究的视野。

集刊的专业性、学术性和针对性，为完善中国教育法制历程提供了智力支持。中国教育法制评论从创刊之初，就成为了中国教育法制研究的平台，并发展壮大，教育法领域的研究者队伍不断增多，研究成果的质量和数量持续增加，研究成果得到决策层的采用，对中国教育法制发展产生了有益影响。

北京师范大学教育法研究中心的余雅风博士、首都师范大学教育科学研究院蔡海龙博士为集刊的顺利出版作出了巨大贡献。北京师范大学博士研究生张瑞芳、硕士研究生茹国军参与了校对及文字整理工作。教育科学出版社为本书的出版给予了极大的支持，在此一并致谢！囿于篇幅，许多来稿未能刊用，在此深感歉意，希望您一如既往地支持本刊的发展。

劳凯声

2011 年 10 月

《中国教育法制评论》

中国教育法制研究专刊
教育科学出版社，北京

编辑宗旨

《中国教育法制评论》是以当代中国教育法制建设的理论与实践为主要研究内容的专门性集刊。本刊将始终致力于关注中国教育法制建设的理论与实践问题，汇聚中国教育法学研究领域的共同智慧和最新成果，展示教育法学领域研究者对我国教育法制建设的思考和探索。本刊也致力于为中国教育法学研究领域提供一个开放性的学术研究和学术推广平台，通过学术交流和学术争鸣，推进中国教育法学研究事业健康发展。本刊将积极为中国教育法制建设的实践服务，努力促进教育决策文化与学术文化的交流，致力于通过教育法学理论研究为中国教育立法和教育政策制定的实践活动提供建设性的学术支持。

本刊的读者对象主要包括：（1）中国教育研究特别是教育法学与教育政策研究领域的专家学者、研究人员和教学人员；（2）各级各类教育行政部门的教育决策人员、政策研究人员、行政管理人员和中小学校及其他教育机构的管理人员；（3）各级各类学校及其他教育机构的教师；（4）国家机关和社会各界关注与从事教育领域法律问题和政策问题研究的专业人员；（5）从事教育法学学习和研究的各级各类学校及其他教育机构的学习者，等等。

投稿须知

《中国教育法制评论》由北京师范大学劳凯声教授主编，计划每年出版一辑，每辑将围绕一两个主要的议题开展学术研究和交流，面向全国征集稿件，欢迎全国同人踊跃投稿。

来稿请提供英文标题、中文摘要（150字以内），参考文献格式请按《文后参考文献著录规则》（GB 7714—2005）著者—出版年制著录。著录项目应齐全，各项应核实无误。参考文献统一放在文章的最后面，说明性的注释以脚注的形式出现。

外国人名、地名、书刊名、文章名、机构名等在第一次出现时，用括号加注原文，并请核准无误。书名、期刊名用斜体。地名、人名的翻译，须参照相关辞典和译名手册（如《外国地名译名手册》《世界人名翻译大辞典》），按规范或惯例译出。

法律法规的名称、文件政策名、机构名称等规范性名称，须用全称，或者在第一次出现时用全称并加注简称，后文则可用简称。

文末作者简介的基本格式为：姓名，职务，职称/学位；研究方向……

来稿请提供规范的Word电子文本和书面文本。书面文本请用宋体小四号字格式，1.5倍行距，A4纸打印。来稿请注明作者姓名、通信地址、邮政编码、联系电话或电子邮件地址，并注明“《中国教育法制评论》稿件”字样。

来稿请寄：北京新街口外大街19号北京师范大学教育学院教育政策与法律研究所　余雅风（收）

邮　　编：100875

电子文本请发至E-mail：yuyafeng@bnu.edu.cn

出 版 人　所广一
责任编辑　何　艺
版式设计　孙欢欢
责任校对　曲凤玲
责任印制　曲凤玲

图书在版编目（CIP）数据

中国教育法制评论. 第9辑/劳凯声主编. —北京：教育科学出版社，2011.12
ISBN 978－7－5041－6232－8

Ⅰ.①中… Ⅱ.①劳… Ⅲ.①教育法令规程—研究—中国 Ⅳ.①D922.164

中国版本图书馆CIP数据核字（2011）第272633号

中国教育法制评论　第9辑
ZHONGGUO JIAOYU FAZHI PINGLUN

出版发行	教育科学出版社		
社　　址	北京·朝阳区安慧北里安园甲9号	**市场部电话**	010－64989009
邮　　编	100101	**编辑部电话**	010－64981167
传　　真	010－64891796	**网　　址**	http://www.esph.com.cn
经　　销	各地新华书店		
制　　作	北京大有图文信息有限公司		
印　　刷	保定市中画美凯印刷有限公司		
开　　本	169毫米×239毫米 16开	**版　　次**	2011年12月第1版
印　　张	19.25	**印　　次**	2011年12月第1次印刷
字　　数	295千	**定　　价**	40.00元